これがおれの高校野球だ！

―試合に学ぶ勝ち方のヒント―

素敵な山を目指して

阿井英二郎

一九七九（昭和五十四）年、中学三年生の夏の終わり、赤城山を望む高崎市にある東京農大二高のグラウンドで、私は齋藤先生とお会いしました。「とても大きな人だな」と思ったのと同時に、話し方や話しかけてくれる言葉が「とても丁寧で優しい人」。それが私の第一印象でした。

齋藤先生との縁は、父が結んでくれました。そのことを思い出すと、私は今でも父には感謝の気持ちでいっぱいになります。

私の父はＪＲＡ（日本中央競馬会）で働いていました。とてもスポーツの好きな人でした。本心では、後を継いで競馬に関わる仕事をしてほしいと思っていたでしょう。しかし野球に打ち込んでいた私を見て、「できるのであれば野球をやっている間は一番よい環境でやらせてあげたい」と考え、応援してくれたのです。私は中学三年生の頃には身長１７８㎝、体重も85㎏を超えていましたから、競走馬に騎乗する機会が多い競馬の仕事には向かないと思ったのかもしれません。

そんな父が「農大二高の試合を観に行こう」と言い出し、秋の関東大会に出場している農大二高の試合を茨城県から宇都宮まで二人で観に行きました。父が帰りの電車の中で「この監督に英二郎を託したい。この監督の下で学ぶことがお前のためになる。農大二高に行きなさい」と言われたのを、昨日のことのように鮮明に覚えています。しかし、この言葉は父の遺言になってしまいました。父は私と観戦した試合の三カ月後に病に倒れ、私の農大二高の入学を見ずに他界することになるのです。今自分自身の人生を振り返り、当時の父の年を超え三人の子の親になり、「親思う心にまさる親心」を、まさに実感しています。父の決断がなければ、齋藤先生にお会いしなければ、今の私は存在しなかったのです。

後日齋藤先生から「英二郎の親父に会いたかったな、英二郎の投げている試合を一緒に観戦したかったな」と話していただいたとき、私には「父のうれしそうな顔」が見えた気がしました。齋藤先生のおかげでやっと親孝行ができた思いでした。

それから約四十年後の二〇一九（平成三十一）年二月、農大二高野球部ＯＢによる「教員の会」に齋藤先生は車椅子で参加してくださいました。これが私にとっては最後の師の姿となりました。

「迷ったら、勇気のいるほうを選べ」。私が大切にしている基本信条です。齋藤先生は失敗を恐れるプレーを特に嫌われました。高校時代の私に対して「困難な山に挑め」が口癖でした。

私は東京農大二高卒業後さまざまな世界を通過、いろんな体験をしてきました。高校卒業後、プロ野球選手、会社員、大学の通信課程で高校教員免許の取得、高校教諭と野球部監督、プロ野球のヘッドコーチを経て、大学院での研究生活、現在は北海道にある大学で教鞭をとらせていただいています。自分の信条は、齋藤先生の教えを踏襲したからかもしれません。

そんな私と会うたびに齋藤先生はこうおっしゃるのです。「英二郎は、いい人生を送ってるなぁ。いい選択をしているなぁ。最高の生き方だよ」。教員の会でお目にかかった時も、いつものように私の生き方を褒めてくださり、さらには次の言葉を遺されました。「俺もお前のような生き方をしてみたかったよ」。そうおっしゃることで、おそらくは渡り鳥のように職場を転々とする私を励ましてくださったのだと思います。ただ、同時に胸の奥に秘めた本音の部分では、俺だって体を壊さなければもっともっと自由に空を飛んでみたかった、と思っていたのではないでしょうか。

齋藤先生の人生、それはまさに野球一筋と呼ぶにふさわしいものでした。

立教高校から立教大学野球部。社会人野球をはさんで、教員免許を取得。東京農大二高での監督生活は自身二十代後半から五十代後半まで、昭和から平成にかけて高校野球という名の山に挑み続けました。その過程で私は齋藤先生と出会い、先生の下で困難な山道を歩いていくことを決意しました。

一九八二（昭和五十七）年夏、齋藤先生率いる私たち東京農大二高野球部は、「激闘」を勝ち抜き、ついに甲子園の夢をつかみました。齋藤先生にとって悲願だった初めての夏の甲子園でもありました。この時を含めて齋藤先生は春二度、夏四度、計六度チームを聖地へと導いています。しかし、一方では山の九合目での敗退も少なくなく、齋藤先生ご自身も二十七年間を「負けの監督人生」だったと評しています。

勝てないことの焦りやいら立ちが試合中の選手たちにも伝わります。たとえば勝負の大事な場面を迎えると、にわかにベンチの中で齋藤先生の動きが激しくなります。怒声も響きます。当然チームの雰囲気や選手のモチベーションも下がっていきます。八二年夏の県大会四回戦の時でした。そんな監督に対して私はその雰囲気から逃れる思いで反発し、ベンチの壁に向かってグラブを投げつけたこともありました。（後年、私自身高校野球部の監督となってあの時の齋藤先生の気持ちが痛いほど分かり、後で二人になった時に何度も陳謝することになるのですが）。

ところが、いざ甲子園に乗り込むと、呪縛から解放されたかのように試合中の齋藤先生に笑顔があふれるようになりました。後年、私に向かってこうおっしゃいました。「それまで負けた選手には申し訳ないが、敗戦の傷つきがあるから成長できるということが俺にも分かった。確かにみんな勝ちたいんだけど、それ以上に野球を通して人間性とか、人の心が分かるとか、より良い生き方とか、そういうことを学ばなきゃいけないんじゃないかな」。

俺についてこい、では誰もついてこない。齋藤先生は新たに構築した野球観を「心のキャッチボール」という言葉に集約させたのではないでしょうか。そして、この言葉は私の指導者生活の道しるべとなりました。齋藤先生が踏破した高校野球という名の山。もしかしたらご自身の想定より低い山だったかもしれません。しかし、２０００ｍに満たない赤城山が美しい山容を誇るように、「齋藤山」もまた立派で素敵な山容でした。いま、麓では多くの教え子たちが山を見上げています。どんなことを考えながら齋藤先生は山道に足跡を刻んでいたのだろう。

本書をめくることで、改めて人生の師と心を通わせてみようと思います。

令和三年四月吉日

あい・えいじろう

一九六四（昭和三十九）年生まれ。東京農大二高卒業後、ヤクルトスワローズ入団、移籍後、千葉ロッテマリーンズ退団。日本大学通信教育部卒業後、つくば秀英高校教諭・野球部監督、川越東高校教諭・野球部監督、北海道日本ハムファイターズヘッドコーチ。筑波大学大学院人間科学部を卒業し、現在、札幌国際大学スポーツ人間学部教授。

もくじ

2012年（平成24）

第84回選抜高校野球大会

第94回全国高校野球選手権群馬大会

第94回全国高校野球選手権大会

2013年（平成25）

第95回全国高校野球選手権群馬大会

第95回全国高校野球選手権記念大会

2014年（平成26）

第86回選抜高校野球大会

第66回春季関東地区高校野球大会県予選

第96回全国高校野球選手権群馬大会

第96回全国高校野球選手権大会

2015年（平成27）

第87回選抜高校野球大会

第97回全国高校野球選手権群馬大会

第97回全国高校野球選手権大会

もくじ

【お読みになる前に】

○本書は農大二高野球部監督として群馬県の高校野球をリードしてきた齋藤章児元監督に、群馬県内の高校野球各大会予選、全国大会を観戦してもらい、上毛新聞紙上で、高校野球の醍醐味、さい配や試合ポイントなどを解説していただいた観戦記を再録した。

○掲載した試合は、春季・秋季関東地区高校野球大会県予選、選抜高校野球大会、全国高校野球選手権大会と群馬大会から、見開きで一試合ずつ紹介している。新聞掲載された写真と、スコア、試合の大まかな流れ、出場選手の成績などで構成、左ページには元監督の観戦記を置いた。

○１９９３年は記事のタイトルとして「斎藤章児のワンポイント」、２００６年～２０１２年までは「斎藤章児の目」、２０１３年には「心のキャッチボール」、２０１４年から２０１６年にかけては「斎藤章児の目」「熱球解説」が交互に展開され、２０１７年、２０１８年は「熱球解説」となった。

○後半は齋藤元監督が上毛新聞や雑誌などに寄稿した記事を掲載し、監督の高校野球に取り組む姿勢や考えの一端を明らかにした。

1993年（平成5）

斎藤章児のワンポイント

勝負は試合前か

大会初日の1回戦。選手は硬くなるなといっても意識する。特に投手の心理状態は先頭打者を打ち取るまでは落ち着かない。経験豊富な佐藤投手が低めへ丁寧に投げていたのに比べ、高崎の関根投手は先頭打者を2―1と追い込んでから内角の見せ球を死球。リズムを崩し、二死から2点適時打を打たれ立ち直りのきっかけをつかめなかった。

開会式、城南球場への移動に加え、雨が降り、気温も低い。こんな悪条件が重なっている時は身体づくりを入念に行い、時間をかけて肩をつくらないと立ち上がりに試合を優位に進めて

略歴

さいとう・しょうじ　東京都生まれ。中学の時から野球を始め、立教高校、立教大学でチームのかなめの捕手を務める。卒業後、

第45回春季関東地区高校野球大会県予選〈準決勝〉

▲6回裏太田商1死一、三塁、加藤が稲村をかえすスクイズを決める

「関東」へ太商、6回に猛攻

太田商は初回に熊倉、茂木の長短打と敵失で2点を先取。六回には中村、赤石、栗原が3連打。さらに犠打を挟んで稲村、熊倉も連打して貴重な中押し点を追加。エース石井も緩急を使い分けて富岡打線を1点に抑える巧みなピッチングを見せた。

富岡は三回無死から坂本の三塁打で好機をつかむが、後続が凡退。七回に敵失で1点を挙げて追い上げた。八回にも坂本の二塁打で無死の走者を出すものの、打線がつながらなかった。

富岡		打	安	点	振	球
⑧	斉藤直	4	1	0	0	0
②	白石	3	0	0	0	0
⑨	池田	4	0	0	1	0
③	新井伸	3	0	0	0	1
⑦	木村	4	2	0	0	0
⑤	神戸	4	0	0	0	0
⑥	河内	3	0	0	1	0
④	坂本	3	2	0	0	0
①	小幡	3	0	0	0	0
犠盗失残	1015	31	5	0	2	1

太田商		打	安	点	振	球
⑨	熊倉	4	2	0	0	1
④	加藤	3	0	1	1	0
②	茂木	2	1	1	0	2
①	石井	4	0	0	2	0
⑤	中村	4	1	1	0	0
⑦	赤石	4	3	0	0	0
③	栗原	4	1	1	1	0
⑧	阿部	2	1	0	0	1
⑥	稲村	3	1	2	0	0
犠盗失残	4018	30	10	6	4	4

▷**三塁打** 茂木　坂本　▷**二塁打**　坂本　▷**審判**　須藤　皆川　中島　川端

1993年5月3日（月） 高崎城南球場

	1	2	3	4	5	6	7	8	9	10	計
富岡	0	0	0	0	0	0	1	0	0		1
太田商	2	0	0	0	0	4	0	0	×		6

斎藤章児のワンポイント

光る切れ目ない打線 太商

勢いで勝ち上がってきた太田商の強さが本物になりつつある。最大の要因に打線のつながりを挙げたい。

六回の攻撃。中村、赤石、栗原の3連打でまず1点。中村と赤石の入れ替えが成功している。送って一死二、三塁から稲村は右翼線へ2点適時打。下位が追加点を奪った。

攻めはしつこい。稲村を一塁に置いて一番熊倉が2度エンドランを敢行、2度目に成功して一、三塁。積極的な攻撃がうまくいった。だめ押しと思える6点目は、やや当たりの止まっている加藤がスクイズを決め、チームで一番バットの振れている茂木に二死二塁のチャンスを残すベンチのさい配も見事だった。

個々の打者を〝線〟でつなぐのが太田商の特徴であり、持ち味だ。好調の原因を、この打線に見た。

半面、失点は間に合わないタイミングでの二塁手の一塁悪送球。守備にも穴のない面がほしい。本物に「なりつつある」というのはこの点だ。

ゲームの大勢が決まってもメリハリのある野球が求められる。素質面で際立つ選手がいるわけではない太田商の野球は、各チームに見習ってもらいたい要素が多い。強豪の前橋工と、どんな試合をするか、決勝戦も楽しみだ。

第45回春季関東地区高校野球大会県予選〈決勝〉

▶3回裏前橋工無死三塁、高見沢が青木をかえす中犠飛を放ち3点目

前工 4年ぶりV、関東へ

前橋工は初回、一死二塁から高見沢の左中間三塁打であっさり先制。三回には秋本も長打を放ち加点。四回にも四球で出塁した須田を小林がきっちり返して1点を追加。六回には高見沢の適時打、八回には小林のスクイズと、長打攻勢と小技を決めた。

太田商は六回、敵失と連続四球を足掛かりに石井が左前打。2点を挙げて追い上げたが、初回に一死三塁と先制の好機を逃したのが痛かった。

太田商	打	安	点	振	球
⑦ 熊倉	3	1	0	0	0
④ 加藤	2	0	0	0	1
② 茂木	3	0	0	0	1
⑨ 石井	4	2	2	0	0
⑤ 中村	4	0	0	1	0
③ 栗原	4	0	0	0	0
⑧ 阿部弘	4	0	0	0	0
① 斉藤	1	0	0	1	0
1 赤石	2	0	0	1	0
⑥ 稲村	3	1	0	0	0
犠盗失残 2205	30	4	2	3	2

前橋工	打	安	点	振	球
⑤7 小林	4	3	2	0	0
④ 青木	2	0	0	0	2
⑨3 高見沢	3	2	3	1	0
⑧ 秋本	4	1	0	2	0
⑦ 真隅田	3	2	1	0	0
5 三田	1	0	0	1	0
③ 井上	4	1	0	1	0
9 本多	0	0	0	0	0
① 須田	3	0	0	0	1
② 阿部一	3	1	0	0	0
⑥ 中村	2	1	0	0	0
R6 須藤	0	0	0	0	0
犠盗失残 6328	29	11	6	5	3

▷**三塁打** 高見沢　秋本　▷**二塁打** 熊倉　▷**審判** 今井　艸香　須川　堀込

1993年5月4日（火） 高崎城南球場

	1	2	3	4	5	6	7	8	9	10	計
太田商	0	0	0	0	0	2	0	0	0		2
前橋工	2	0	1	1	0	1	0	1	×		6

斎藤章児のワンポイント

投打整い「前工復活」

前橋工にとって、決して会心の試合とは言えなかったが、全盛期の底力の片りんを見た。

第一点は、打線の力強さ。今大会、準決勝まではベストオーダーを組まず、調子のいい選手を優先してきたが、決勝戦では実力優先のオーダーを組んだ。振りの鋭さ、打球の速さの点で高校生離れしている高見沢、秋本が三、四番に座ったことで、打線の軸が確かなものになった。

高見沢は初回の適時打から始まり三回の犠飛、さらに六回の適時打と、巧みなバットさばきをみせた。秋本はこの日こそ三回の三塁打一本にとどまったが、あの豪快な当たりには、さすが四番といった感があった。ともに主軸の役割を確実に果たしていた。

また今年のチームで特徴的なのは投手力。金子、山口、須田の三人がすべて完投能力を持ち、余裕のある計画的な起用が可能となる。これは夏に向けて大きな力。他チームにとっては脅威となる。

「前工復活」と言っても過言ではなさそう。この日組んだ言わば理想的なオーダーで臨み、エース金子がひるまず実力を発揮しきれば、関東でも十分に頂点を狙える戦力を持ったチームだ。

▲1回裏前商2死満塁、高瀬の左翼線打で藍場、佐藤が相次ぎかえり2点を先取

高崎は佐藤崩せず

前橋商は立ち上がり制球に苦しむ高崎のエース関根をとらえ、初回二死満塁から高瀬の2点適時打で先制。その後も攻撃の手を緩めず五回まで毎回得点を重ねた。投げてはエース佐藤がカーブなど横の揺さぶりで的を絞らせずに4安打に抑えた。

高崎は三回、四球と犠打で二死二塁とし速水が中前打。1点を返したが、前半に上体が大きく揺れて制球にやや苦しんだ佐藤を攻めきれなかったのが悔やまれる。

高崎				打	安	点	振	球
⑤	加藤	(3)	群馬中央	４	０	０	０	０
⑧	速水	(2)	高崎矢中	４	１	１	１	０
③	湯浅	(3)	高崎中尾	４	０	０	２	０
②	滝川裕	(3)	安中一	４	２	０	０	０
⑦	岡野	(3)	高崎佐野	４	０	０	２	０
⑨	小林	(3)	高崎豊岡	３	１	０	１	０
①	関根	(3)	高崎高松	３	０	０	１	０
④	桜井	(2)	高崎八幡	１	０	０	１	１
Ｈ	石井健	(2)	安中一	１	０	０	０	０
６	滝川将	(1)	安中一	０	０	０	０	０
⑥４	阿久津	(2)	高崎一	２	０	０	０	０
			犠盗失残					
			１０２４	30	４	１	８	１

前橋商				打	安	点	振	球
④	藍場	(3)	群馬中央	３	１	０	０	１
⑨	上原	(3)	中之条	４	１	１	０	０
①	佐藤	(3)	高崎佐野	４	１	１	１	１
⑧	粟飯原	(3)	前橋箱田	５	２	１	１	０
⑤	小渕	(3)	群馬中央	３	１	０	０	１
③	高瀬	(3)	粕川	５	２	２	０	０
⑦	新井	(2)	伊勢崎殖蓮	５	１	０	０	０
②	金庭	(3)	前橋五	４	２	１	１	０
⑥	塚越	(3)	高崎佐野	３	２	１	０	１
			犠盗失残					
			３１２12	36	13	７	３	４

▷**三塁打** 金庭　新井　▷**二塁打** 滝川裕　小渕　高瀬　粟飯原　▷**審判** 中島　飯塚　須川　尾池

1993年7月10日（土） 高崎城南球場

	1	2	3	4	5	6	7	8	9	10	計
高崎	0	0	1	0	0	0	0	0	0		1
前橋商	2	2	1	1	1	0	0	0	×		7

勝負は試合前から

斎藤章児のワンポイント

大会初日の1回戦。選手は硬くなるなといっても意識する。特に投手の心理状態は先頭打者を打ち取るまでは落ち着かない。経験豊富な佐藤投手が低めへ丁寧に投げていたのに比べ、高崎の関根投手は先頭打者を2—1と追い込んでから内角の見せ球を死球。リズムを崩し、二死から2点適時打を打たれ立ち直りのきっかけをつかめなかった。

開会式、城南球場への移動に加え、雨が降り、気温も低い。こんな悪条件が重なっている時は身体づくりを入念に行い、時間をかけて肩をつくらないと立ち上がりに試合を優位に進めていくことが難しい。レギュラー捕手はブルペン捕手に調子を聞くことも必要だ。

三年生にとって最後の夏の大会、試合前の体調づくりに悔いを残さず、万全とはいかなくてもやるだけのことはやり、ベストに近い状態で試合に臨んでほしいものである。関根が後半に立ち直っただけに、惜しい立ち上がりだった。

▲1回裏前商2死満塁、左翼線打を放つ高瀬

1993年7月11日（日） 高崎城南球場

	1	2	3	4	5	6	7	8	9	10	計
高崎工	2	0	1	0	0	0	0	0	0		3
桐生	1	1	0	0	0	2	3	0	×		7

桐生が7回5連打3点

桐生は1点を追う六回、先頭岡田の中越え三塁打をきっかけにスクイズと園田、石田の下位打線の連打で逆転。七回にも三番石原から5連打を集中して3点を挙げ、突き放した。

高崎工は初回、桐生主戦の岡田の立ち上がりを攻め、2四球、1犠打の後、四番茂木の右中間二塁打とスクイズで2点を先制。同点とされた三回にも1点を加えて突き放したが、継投策が裏目に出て桐生打線につかまった。

高崎工				打	安	点	振	球
③	黒崎	(2)	高崎高松	3	1	0	0	1
④	宮原	(3)	高崎南八幡	3	1	0	1	0
⑨	木村	(3)	新町	3	1	0	0	1
⑦	茂木	(2)	富岡	3	1	1	0	1
②	萩原	(2)	高崎南八幡	2	0	1	0	0
2	中嶋	(3)	安中二	1	0	0	0	0
⑧	吉岡	(2)	安中二	3	0	0	1	0
H	新宮	(3)	松井田南	1	1	0	0	0
⑤	高橋	(3)	高崎豊岡	4	0	0	1	0
①	岡野	(3)	富岡南	2	0	0	0	0
1	亀倉	(2)	松井田北	1	0	0	1	0
1	今井	(2)	下仁田東	0	0	0	0	0
⑥	太田	(2)	高崎中尾	3	1	0	1	0
			犠盗失残					
			2 1 1 4	29	6	2	5	3

桐生				打	安	点	振	球
⑧	田村	(2)	桐生北	5	2	0	0	0
④	小向	(2)	桐生梅田	3	0	0	0	2
⑥	石原	(3)	太田強戸	5	2	0	0	0
①	岡田	(3)	桐生広沢	5	3	2	0	0
②	桑原	(2)	薮塚本町	4	1	1	0	1
③	北爪	(2)	大間々	1	1	1	0	1
⑦	荻野	(2)	粕川	3	1	0	0	1
⑤	園田	(2)	桐生川内	3	1	1	0	0
⑨	石田	(3)	桐生南	4	1	1	0	0
			犠盗失残					
			3 2 0 10	33	12	6	0	5

▷**三塁打** 岡田　石原　▷**二塁打** 茂木　岡田2　黒崎　新宮　▷**審判** 小山　石川　青木　田島

斎藤章児のワンポイント

それぞれが自分の役目を

桐生の主戦岡田のピッチングに注目した。一回裏に自ら長打で打点を挙げ、二回から立ち直ったとはいえ、初回の2失点は残念だった。捕手を含め先発のうち六人が二年生という若いチーム。自分が抑えねばという重圧が、立ち上がりの悪さを招いたか。

二年生も、試合に出ている以上、遠慮しないで上級生に声を掛けるべきだ。特に捕手は「扇の要《かなめ》」の役目を果たしてほしい。ボールが先行した初回や、二盗に気づかず送球できなかった三回。こんな時こそ間髪入れず、積極的にマウンドに行っていればピンチも防げたかもしれない。

捕手がマウンドに行く時は、投手の気持ちを切り替える意味と、自分の心を落ち着かせる意味もある。失敗を引きずったままのキャッチングは消極的になっていなかったか。扇の要のポジションは、それぐらい重要な意味を持つ。

勝ち上がっていくには、捕手に限らず、それぞれが自分の役目を果たし、積極的に大黒柱に育っていくことだ。名門桐生の復活を待ち望んでいるのは、筆者だけではあるまい。

▲4回裏農二1死二、三塁、茂木のスクイズで大谷が本塁を突き4点目

農二 ソツない攻めで加点

前半に効率的に加点した農大二が逃げ切った。農大二は三回、先頭の主将古川の右前打から連続四死球の後、岡野の中前打、伊藤の右犠飛で3点を先制。さらに四回にはスクイズ、五回にも犠飛で加点するソツのない攻めで突き放した。

伊勢崎東は四回、七回を除いて毎回走者を出しながら、農大二の先発伊藤の前に七回まで三塁を踏めず。九回二死二塁から高橋、高柳篤の代打攻勢で1点を返したものの、自慢の強打を抑え込まれた。

農大二

				打	安	点	振	球
④	茂木	(3)	前橋木瀬	2	0	1	0	1
4	椎名	(3)	伊勢崎三	0	0	0	0	0
⑦	坂本	(3)	高崎片岡	3	1	0	0	2
⑤	岡野	(2)	伊勢崎殖蓮	4	1	2	0	0
②	植原	(2)	高崎倉賀野	4	1	0	0	0
①	伊藤	(2)	甘楽一	2	0	2	0	0
⑨	木村	(3)	北橘	4	0	0	1	0
⑥	大谷	(2)	伊勢崎三	4	2	0	0	0
③	須藤	(3)	前橋三	3	0	0	0	1
⑧	古川誠	(3)	埼玉神川	3	2	0	0	0

犠盗失残 5206 29 7 5 1 4

伊勢崎東

				打	安	点	振	球
③	古川英	(3)	伊勢崎三	4	2	0	1	1
⑤	天田	(3)	境西	3	0	0	1	1
⑥	春川	(3)	伊勢崎三	3	0	0	1	1
⑦	高柳哲	(3)	伊勢崎四	4	1	0	1	0
⑨	笠原	(3)	玉村南	4	0	0	1	0
④	田島	(3)	境西	3	1	0	0	1
②	高山	(3)	伊勢崎一	2	0	0	0	0
H	阿久津	(3)	佐波東	1	0	0	0	0
①	新海	(2)	玉村	1	0	0	0	0
1	本木	(3)	伊勢崎四	2	0	0	1	0
H	高橋	(3)	境南	1	1	0	0	0
⑧	菅野	(3)	尾島	3	1	0	1	0
H	高柳篤	(3)	境南	1	1	1	0	0

犠盗失残 1009 32 7 1 7 4

▷**三塁打** 植原 ▷**二塁打** 古川 田島 ▷**審判** 船津 前沢 浦辺 田島

1993年7月17日（土）　高崎城南球場

	1	2	3	4	5	6	7	8	9	10	計
農大二	0	0	3	1	1	0	0	0	0		5
伊勢崎東	0	0	0	0	0	0	0	0	1		1

斎藤章児のワンポイント

鉄則通りの打撃　勝因

両チームの安打はともに7本ずつ。数字的には差のない一戦だったが、好機に有効打が出た農大二に軍配が上がった。

序盤に先取点を挙げ、試合を有利に進めたい両チーム。三回、農大二に無死満塁という絶好のチャンスが巡ってきた。安打と四死球の走者だ。三番岡野は「四球のあとの初球」の鉄則通り、1球目をたたき中堅右へ痛烈な2点タイムリー。投手の心理としては四死球の後は、どうしても初球にストライクが欲しいところ。そこをすかさず狙った岡野の読みは見事だった。この一打で流れは完全に農大二に傾いた。特に、点をもらった伊藤投手は硬さがほぐれ、カーブでカウントを奪い内角へ直球、外角へスライダーと幅のあるピッチングを展開。最終回こそ、1点を許したが、まずまずの投球だった。

農大二の勝因は「鉄則通りのバッティングをした岡野が伊藤投手の幅のあるピッチングを引き出した」ことにある。そう言っても過言ではあるまい。

第75回全国高校野球選手権群馬大会〈2回戦〉

▶八回表富岡1死一、三塁、斉藤が河内をかえすスクイズを決め4点目

斉藤（富岡）決勝スクイズ

同点で迎えた八回、富岡は一死後、河内が中前打で出塁。小幡の犠打が敵失を誘って一、三塁と好機を広げ、斉藤のスクイズで貴重な１点をもぎ取った。先手を取ったのも富岡。二回に河内の内野安打で先制、三回には池田、新井、木村の３連続長短打で２点を加点した。

勢多農は四回、相手内野の乱れでつかんだ好機に近藤が中前適時打、さらに橋詰の内野安打の後、塚田の一塁線を破る二塁打で一度は同点に追いついた。敗れたとはいえ、勢多農の善戦が光った。

富　岡

				打	安	点	振	球
⑧	斉藤	(3)	甘楽三	4	1	1	1	1
④	坂本	(3)	富岡	3	1	0	1	2
⑨	池田	(3)	吉井西	5	1	0	0	0
③	新井	(3)	富岡	5	1	1	3	0
⑦	木村	(3)	甘楽三	4	2	1	0	1
⑤	今井	(3)	甘楽一	3	0	0	0	1
⑥	磯貝	(2)	富岡	3	0	0	2	1
②	河内	(2)	藤岡西	4	2	1	1	0
①	小幡	(3)	甘楽一	3	0	0	0	0

犠	盗	失	残	打	安	点	振	球
2	2	0	11	34	8	4	8	6

勢多農

				打	安	点	振	球
⑥	川村	(1)	前橋東	4	0	0	1	0
④	榎原	(2)	富士見	4	1	0	2	0
⑦	小暮	(3)	富士見	3	2	0	0	0
⑧	近藤	(3)	富士見	3	1	1	2	1
①	橋詰	(3)	前橋桂萱	4	1	0	0	0
②	塚田	(3)	前橋四	4	2	2	1	0
③	小室	(3)	前橋春日	4	0	0	2	0
⑨	押江	(3)	子持	4	0	0	1	0
⑤	糸井	(3)	前橋芳賀	3	0	0	0	0

犠	盗	失	残	打	安	点	振	球
1	1	3	5	33	7	3	9	1

▷**三塁打** 新井　▷**二塁打** 木村２　塚田　▷**審判** 川端　須藤　青野　酒井　尾池　小林

1993年7月18日（日） 高崎城南球場

	1	2	3	4	5	6	7	8	9	10	計
富岡	0	1	2	0	0	0	0	1	0		4
勢多農	0	0	0	3	0	0	0	0	0		3

斎藤章児のワンポイント

自信と誇り忘れるな

勢多農が互角以上の試合をした。シード校の富岡相手にだれがこの展開を予想しただろうか。序盤、押され気味の勢多農ナインは橋詰投手の熱投（153球）に奮起した。バックの拙守から3点リードされた四回、中軸打線が右本格派の好投手、富岡小幡に襲いかかり4安打を集中して同点にした。

高橋監督が日ごろ、練習を通じて教えている「ナイン・イコール・ワン」（全員は一人のために、一人は全員のために）を実践したイニングだった。

結果的には勢多農の善戦という形で終わったが、選手諸君は高校野球生活で「最高の思い出」と「一生を語れる仲間」という大きな「宝物」を得ることができたと思う。みんなで力を合わせれば、やってやれないことはないという「自信と誇り」を持ち、これからの人生に役立ててほしい。

最後に勢多農ナインに言いたい。野球を通じて人生を教えてくれた監督、そして、雨の中断の時、献身的にグラウンドを整備し、君たちの舞台を整えてくれた高野連の先生方、審判、そのほか関係者の人たちへの感謝の気持ちも忘れてはならない。

第75回全国高校野球選手権群馬大会〈3回戦〉

▶1回表前工1死一、三塁、秋本が小林をかえす先制の左前打を放つ

前工 初回に猛攻、一挙4点

前橋工は初回、三塁打の先頭小林正が秋本の左前打で生還。さらに二死から三田の三塁打、金子の右前打とたたみかけて一挙4点を先制した。七回に1点を加え、九回には高見沢の3点二塁打などで高崎商を振り切った。先発金子は8回3分の1を投げ、12奪三振。

高崎商打線は七回まで散発3安打と金子に苦戦。八回、11個目の三振を喫した後、二死から中曽根、山口昭、小林利の3連打で1点を返し意地を見せた。

前橋工

				打	安	点	振	球
⑦	小林正	(3)	前橋桂萱	4	1	0	0	0
④	青木	(2)	新里	5	3	0	1	0
③9	高見沢	(3)	前橋箱田	5	4	4	0	0
⑧	秋本	(2)	高崎八幡	4	1	1	1	0
⑨	河内	(3)	桐生相生	1	0	0	1	0
H9	本多	(2)	草津	1	0	1	0	2
1	山口大	(2)	前橋五	0	0	0	0	0
⑤	三田	(2)	足利協和	3	1	2	1	0
①3	金子	(2)	桐生川内	4	1	1	0	0
②	阿部	(2)	水上	4	1	0	0	0
⑥	中村	(2)	足利坂西	4	1	0	1	0
			犠盗失残					
			5 1 1 6	35	13	9	5	2

高崎商

				打	安	点	振	球
⑧	岡田	(3)	吉井西	4	1	0	2	0
④	中曽根	(3)	榛名	4	1	0	2	0
⑦	山口昭	(3)	大胡	4	2	1	0	0
②	小林利	(3)	玉村	4	2	0	1	0
③	飯塚	(3)	吉井中央	4	0	0	1	0
⑨	伊倉	(3)	吉井入野	3	0	0	2	1
①	関	(3)	新田綿打	2	0	0	1	0
1	山口孝	(2)	松井田東	1	0	0	0	0
1	清水	(3)	吉井中央	0	0	0	0	0
H	篠原	(3)	高崎中尾	1	0	0	0	0
⑤	岸	(3)	渋川古巻	3	0	0	2	0
H	折茂	(3)	甘楽一	1	0	0	1	0
⑥	須藤	(3)	高崎八幡	2	0	0	1	0
H	深町	(3)	高崎塚沢	1	0	0	0	0
6	植杉	(3)	榛名	0	0	0	0	0
			犠盗失残					
			0 0 1 7	34	6	1	13	1

▷**三塁打** 小林正　三田　▷**二塁打** 高見沢2　中曽根　▷**審判** 川端　松浦　酒井　荒井

1993年7月21日（水） 県営敷島球場

	1	2	3	4	5	6	7	8	9	10	計
前橋工	4	0	0	0	0	0	1	0	4		9
高崎商	0	0	0	0	0	0	0	1	0		1

斎藤章児のワンポイント

高商追い込んだバント

優勝候補の筆頭前橋工に高崎商がどう挑むか、伝統の一戦に注目した。前橋工のエース金子の好投を勝因の第一に挙げたいが、「ワンポイント」では前橋工打線のバントによる攻撃を取り上げたい。初回一死三塁、高見沢のセーフティーバント。三塁走者はそのままで得点にこそならなかったが、チャンスは広がり、四番以下の連打で一挙4点を挙げ勝利を呼び込んだ。その後も三番高見沢、四番秋本らがセーフティーバント、送りバント、スクイズを決めた。前橋工打線のスキのない攻撃が高崎商を圧倒し、結果は9―1の大差。

バントによる攻撃はつなぎの野球に欠かせない。最も重要な戦術であるばかりでなく、相手を受け身にさせ、ジワジワと心理的に追い込んでいく効果もある。

いずれにしても前橋工打線は打率3割の打撃よりも7割の打席の内容（走者を送る攻撃）を重要視していると見た。久々にスキのない攻撃で「必勝の形」ができた前橋工を見たような気がする。と同時に、打線のつながりにバントは欠かせない戦術だということを改めて教えてくれた一戦でもあった。

第75回全国高校野球選手権群馬大会〈3回戦〉

▲9回表中央1死三塁、狩野が福井をかえす右中間ランニング本塁打を放ち生還、7点目

藤工・高橋光が意地の適時打

中央は四回、一死二、三塁の好機に宮下史が中前にはじき返し田中、宮内を迎え入れ先取。五回にも加点し、八回には四球をはさんだ四連打でだめ押しの2点を挙げた。九回には狩野のランニング2点本塁打も飛びだした。

藤岡工は先取された四回裏、無死一塁から岡本知が送ったが失敗。チャンスをつぶしたかに見えたが、続く高橋光が左中間を破る二塁打を放ち岡本が返り1点差とした。しかし、その後は散発2安打に封じられた。

中　央

				打	安	点	振	球
⑥	狩　野	⑶	前橋広瀬	4	2	2	0	1
③	田　中	⑶	群馬中央	4	3	1	0	0
⑦	中　野	⑶	前橋桂萱	5	1	0	0	0
⑧	宮　内	⑶	前橋広瀬	3	1	1	1	1
②	宮下史	⑶	前橋七	2	1	2	1	1
④	武　井	⑶	箕郷	4	2	0	1	0
⑤	村　田	⑵	前橋桂萱	4	0	0	0	0
⑨	福　井	⑶	前橋東	4	1	0	0	0
①	丸　山	⑵	高崎塚沢	3	0	0	0	0

犠	盗	失	残	打	安	点	振	球
3	3	0	5	33	11	6	3	3

藤　岡　工

				打	安	点	振	球
⑤	新井政	⑶	藤岡東	3	1	0	0	0
⑥	宮下知	⑵	高崎南八幡	4	0	0	1	0
6	青　木	⑴	玉村南	0	0	0	0	0
⑦	野　中	⑵	高崎寺尾	4	1	0	0	0
②	岡　本	⑶	高崎高南	4	1	0	0	0
①	高橋光	⑶	富岡北	4	2	1	0	0
⑧	信　沢	⑶	高崎高南	4	0	0	0	0
⑨	速　水	⑵	高崎大類	3	0	0	1	0
④	前　川	⑶	藤岡北	3	0	0	1	0
③	山　宮	⑵	藤岡西	3	1	0	2	0

犠	盗	失	残	打	安	点	振	球
1	0	3	5	32	6	1	5	0

▷**本塁打** 狩野　▷ **三塁打**　狩野　▷ **二塁打**　福井　岡本　高橋光　▷**審判** 小山　海川　星野　手島

1993年7月22日（木） 県営敷島球場

	1	2	3	4	5	6	7	8	9	10	計
中央	0	0	0	2	1	0	0	2	2		7
藤岡工	0	0	0	1	0	0	0	0	0		1

斎藤章児のワンポイント

投球にメリハリを

中央・丸山喜史投手は、ややインステップから右打者の外角へクロス気味に決まる直球が武器。打者は遠く感じるはずだ。しかし、藤岡工戦ではカーブが甘く、その球を打たれている。結果的には被安打6、四死球0の1点に抑えたが、これから対戦する上位校には工夫が必要だ。

一般的にサイドスロー投手は、両コーナーを使った横の変化で勝負する。が、高めの直球と低めに落ちる球種をマスターし、高低の攻めを加えると、さらに投球に幅が出る。

丸山には①カーブのスピードを落とし、打者のタイミングをはずして直球との緩急をつける②内角を思い切り厳しく攻めて、外角の持ち味をいかす―ことが求められる。この二点はすぐにもできるだろう。そして、①カウントをかせぐ球②見せ球③誘い球④決め球、と投げ分け、メリハリのある組み立てがほしい。

まだ二年生。大きく育ってほしい投手の一人である。

第75回全国高校野球選手権群馬大会〈準々決勝〉

▲7回表桐生第一1死一、二塁、田村の中前打で三浦が本塁を突き同点

桐一粘勝 第1シード前工破る

桐生第一は五回無死二塁から、渡辺順の右前打を野手が後逸する間に、園田がかえり同点とした。再リードされた七回には、2四球で一死一、二塁とし田村の中前打で三浦がかえり同点。渡辺功が送った二死後、代打松島の打球はボテボテのゴロだったが内野安打となり、渡辺順が勝ち越しの本塁を踏んだ。

前橋工は四回、四球と敵失で一死二、三塁とし、三田がスクイズを決め無安打で先制。六回にも三田の適時打で加点したが、自慢の打線が散発3安打に終わった。

桐生一

				打	安	点	振	球
⑥	吉沢	(3)	新里	4	0	0	1	0
④	中里	(3)	桐生桜木	4	0	0	2	0
⑤	関	(3)	桐生北	4	0	0	1	0
⑨	三浦	(3)	大阪道明寺	3	0	0	0	1
⑦8	園田	(3)	桐生川内	4	1	0	2	0
①	渡辺順	(3)	桐生相生	3	2	0	0	1
②	田村	(3)	桐生川内	4	1	1	0	0
③	渡辺功	(3)	桐生北	2	0	0	1	0
⑧	長谷川	(3)	甘楽一	2	1	0	1	0
H	松島	(3)	新里	1	1	1	0	0
7	星野隆	(3)	沼田	0	0	0	0	0
			犠盗失残					
			1134	31	6	2	8	2

前橋工

				打	安	点	振	球
⑦	小林	(3)	前橋桂萱	4	0	0	2	0
④	青木	(2)	新里	3	1	0	0	0
③	高見沢	(3)	前橋箱田	2	1	0	0	1
⑧	秋本	(2)	高崎八幡	3	0	0	1	0
⑨	河内	(3)	桐生相生	2	0	0	1	0
9	荒木	(3)	伊香保	0	0	0	0	0
9	本多	(2)	草津	2	0	0	0	0
⑤	三田	(2)	足利協和	3	1	2	1	0
①	金子	(2)	桐生川内	1	0	0	0	2
H	真隅田	(3)	宮城	1	0	0	0	0
②	阿部	(2)	水上	4	0	0	1	0
⑥	中村	(2)	足利坂西	3	0	0	0	0
			犠盗失残					
			4026	28	3	2	6	3

▷**審判** 須藤　宮沢　須川　清水

1993年7月23日（金） 県営敷島球場

	1	2	3	4	5	6	7	8	9	10	計
桐生第一	0	0	0	0	1	0	2	0	0		3
前橋工	0	0	0	1	0	1	0	0	0		2

試合決めた三塁　コーチャーの判断

斎藤章児のワンポイント

優勝候補同士の対戦、桐生第一―前橋工は、県ナンバーワン右腕の桐生第一・渡辺順高投手を前橋工のスキのない機動力野球がどう攻めるかが興味の的だった。

気力が充実していた渡辺順が、今大会最高とも思えるピッチングを展開。前工打線を3安打に抑え、3―2で逃げ切った。この日の渡辺順は、前半はカーブから入り、中盤直球主体。リードした後半はカーブを低めに決め、前橋工打線に的を絞らせなかった。勝因の第一は渡辺の好投だが、試合を決定づけたのは七回の桐生第一の攻撃にあった。

決勝点は二死二、三塁から、代打松島の詰まった内野安打で入った。このプレーの前、同点時の三塁コーチャーの好判断が見逃せない。一死一、二塁で七番田村は高めに入ってきたカーブを中前打。三塁コーチャーは躊躇なく二走に本塁を指示、同点に追いついた。三塁コーチャーに一瞬でもためらいがあったら、おそらく腕を回していなかったろう。

三塁コーチャーは、自分の判断一つで試合の行方を左右する大事なポジションだ。この日のゲームでは、まさに「勝利への信号機」の役目を果たしていた。コーチャーが十人、十一人目のレギュラーであることを強く印象づけた。

▶第1シード前橋工を1点差で下し、ガッツポーズで喜ぶ桐一のエース渡辺順

第75回全国高校野球選手権群馬大会〈準決勝〉

▲健闘むなしく敗れ、一礼をし球場を去る富岡ナイン

利根商 強運、9回サヨナラ

得点の機会を見いだせずにいた利根商は九回、先頭茂木が内野安打で出塁。次打者のピッチャー前へのバントが二塁へ悪送球を誘い（公式記録は犠打野選)、中堅手がボールをそらす間に、茂木が一挙にホームを突いてサヨナラ勝ちを収めた。

富岡の先発小幡は一、二回を三者凡退と好調な立ち上がり。外角低めへスライダーを丁寧に集め、利根商打線を八回まで散発４安打に抑えて打線の援護を待った。七回、一死一、三塁、セーフティースクイズの場面で、打者と走者の呼吸が合わなかったのが惜しまれる。

富　岡

				打	安	点	振	球
⑧	斉藤	(3)	甘楽三	4	0	0	1	0
④	坂本	(3)	富岡	2	0	0	0	2
⑨	池田	(3)	吉井西	4	0	0	0	0
③	新井伸	(3)	富岡	3	1	0	1	1
⑦	木村	(3)	甘楽三	3	1	0	0	0
⑤	今井	(3)	甘楽一	3	0	0	1	0
②	白石	(3)	富岡北	3	2	0	0	0
⑥	河内	(2)	藤岡西	2	0	0	0	1
①	小幡	(3)	甘楽一	3	0	0	0	0

犠盗失残
2026　27 4 0 3 4

利　根　商

				打	安	点	振	球
④	見城	(2)	昭和	4	0	0	1	0
⑥	茂木	(3)	中之条	4	2	0	0	0
⑧	角田	(2)	沼田薄根	3	0	0	2	0
H	矢代	(2)	吾妻東	0	0	0	0	0
②	徳江	(3)	中之条	3	1	0	2	0
⑦	宮田	(3)	渋川	2	0	0	0	1
③	塩原	(3)	新治	3	0	0	1	0
⑨	高橋保	(3)	昭和	3	0	0	1	0
①	唐沢	(3)	嬬恋東	3	2	0	0	0
⑤	原沢	(3)	月夜野一	1	0	0	0	0

犠盗失残
3105　26 5 0 7 1

▷**三塁打** 白石　▷**二塁打** 新井伸　▷**審判** 小林　布施　飯塚　海川

1993年7月25日（日） 県営敷島球場

	1	2	3	4	5	6	7	8	9	10	計
富　　岡	0	0	0	0	0	0	0	0	0		0
利根商	0	0	0	0	0	0	0	0	1x		1

完封導いた7回の守り

斎藤章児のワンポイント

好投手小幡と堂々とわたり合った利根商の唐沢投手は、これまで五回以上を投げたことはない。準決勝の大一番にも、ベンチの仲間を信じて、無心で投げていたはずだ。そして、0―0で迎えた七回の〝守り〟で完封勝利を導いた。

　七回表の富岡の攻撃。一死一、三塁、両軍を通じて唯一の得点機に、打者の八番河内は、1ボールからセーフティースクイズの構えを見せた。富岡がこの大会で二度成功させている作戦を、利根商バッテリーは見逃さなかった。3球目に外角低めへ、カーブでストライクからボールになる配球を見せた。打者は、バントの構えでボールに付いていきながら、バットを引いた。カウントは0―3。しかし、この動きに、三走がスタートを起こしかけ、捕手の送球に戻れなかった。

セーフティースクイズは、バントがいいコースに決まれば、三走の判断で本塁を狙うプレーであるが、3球目に高めにウエストをせず、三走をおびき出したのは利根商バッテリーのファインプレーであった。

　敗れたとはいえ、富岡の小幡投手もカーブでカウントを稼ぎ、外角に直球、再びカーブで誘って、内角に直球、そして、外角に現役時代の大須賀監督を彷彿《ほうふつ》とさせるようなスライダーと多彩なピッチングで、全く危なげなかった。

　それだけに昭和三十三年以来、三十五年ぶりの決勝進出なるか、小幡投手の右腕に期待がかかっていたが、九回、自らの二塁暴投で幕、夢を断たれた。

第75回全国高校野球選手権群馬大会〈決勝〉

▶夢の甲子園行きを決め大喜びの桐生第一ナイン

1993年7月26日（月） 県営敷島球場

	1	2	3	4	5	6	7	8	9	10	計
利根商	0	0	0	0	0	0	0	0	0		0
桐生第一	0	0	0	0	0	2	0	0	×		2

渡辺順 利商を完封

両チームとも失策ゼロと、決勝戦にふさわしい引き締まった好試合を展開した。桐生第一は六回、吉沢の死球を足掛かりに一死二塁から関の適時打で先制。なおも三浦の中前打で、一、三塁とし、園田が三塁線上に絶妙のスクイズ。関が2点目のホームを踏んだ。エース渡辺順は5安打されたが、要所を三振で締めてこの2点を守りきった。渡辺順は10奪三振を記録。

利根商は四回に見城の右前打と犠打などで二死三塁。七回には一死から角田、徳江の連打などで渡辺順を苦しめたが、低めに決まるストレートを打ちあぐね後続を断たれた。リリーフした贄田が好投しただけに唐沢の交代時機が悔やまれた。

利根商

				打	安	点	振	球
④	見城	(2)	昭和	4	2	0	1	0
⑥	茂木	(3)	中之条	3	0	0	1	0
⑧	角田	(2)	沼田薄根	3	1	0	1	0
H	小野	(3)	中之条	1	0	0	0	0
②	徳江	(3)	中之条	3	1	0	1	0
⑦	宮田	(3)	渋川	3	1	0	1	0
③	塩原	(3)	新治	3	0	0	0	0
⑨	高橋保	(3)	昭和	3	0	0	1	0
①	唐沢	(3)	嬬恋東	2	0	0	1	0
1	贄田	(3)	伊香保	1	0	0	1	0
⑤	原沢	(3)	月夜野一	3	0	0	2	0

犠	盗	失	残	打	安	点	振	球
1	3	0	3	29	5	0	10	0

桐生第一

				打	安	点	振	球
⑥	吉沢	(3)	新里	2	0	0	0	2
④	中里	(3)	桐生桜木	2	0	0	0	0
⑤	関	(3)	桐生北	4	2	1	0	0
⑨	三浦	(3)	大阪道明寺	4	2	0	1	0
⑦	園田	(3)	桐生川内	3	2	1	0	0
①	渡辺順	(3)	桐生相生	3	0	0	1	0
③	渡辺功	(3)	桐生北	2	1	0	0	1
②	田村	(3)	桐生川内	1	0	0	0	0
⑧	長谷川	(3)	甘楽一	2	1	0	0	0

犠	盗	失	残	打	安	点	振	球
5	1	0	5	23	8	2	2	3

▷**二塁打** 渡辺功　▷**審判** 小林　野沢　中島　堀込

斎藤章児のワンポイント

光った桐一の守り　不運に泣いた利商

各チームが天候不順で調整に苦労した大会であったが、終わって見れば優勝候補の桐生第一が62校の頂点に立った。試合は決勝戦にふさわしく、桐生第一の渡辺順、利根商の唐沢両投手の投げ合いで序盤は0―0で進んだ。

唐沢はスローカーブを巧みに使い、直球と緩急をつけて好投した。対する渡辺順は低めの制球力が良く、追い込んでからの高めのつり球が生きた。最初に連投の疲れがみえたのは唐沢。六回裏、この回打順のいい桐生第一は死球の走者を二塁において三番関が中前打で先取点。続く三浦にも高めに浮いた直球を中前に運ばれ一、三塁。利根商ベンチはここで、農大二を完封した左腕贄田投手にスイッチ。園田は2―1から三塁前にスクイズ。利根商バッテリーは見送ったが、無情にも打球はラインの上で止まり2点目となった。

利根商は攻撃でも不運に泣いた。七回表一死から三番角田が中前打、四番徳江の時二盗を決め、送球が中前に抜けたのを見て三塁へ走ったが、桐生第一の中堅長谷川から矢のような送球が返り憤死。直後に徳江の中前打が出た。

攻守の、この二つのプレーが大きく勝負の明暗を分けた。

桐生第一は、渡辺順の好投だけではなく堅実なバックの守りが光った。堅い守りが利根商の〝運〟、あるいは〝つき〟を奪った。敗れたとはいえ下馬評にものらなかった利根商は一戦一戦力をつけ、この決勝に臨んだのは立派だった。それを支えたのも、やはり堅守だった。高校野球で勝ち抜く基本を身につけた「北毛の雄」は健在だった。

桐生第一は候補に挙げられながら苦戦が続いたのは、力のあるチームにありがちな過信にあるような気がする。その点では利根商のひたむきで粘りのあるプレーはお手本ではなかったか。①チャンスを点に結びつけるのが遅い②準決勝前に体調を崩した選手がいる。甲子園では、この2点に気をつけて県下61校の分まで戦ってきてほしい。

▶5回裏桐生第一1死三塁、長谷川の内野ゴロで渡辺功が本塁を突くが捕手徳江の好ブロックでタッチアウト

第75回全国高校野球選手権大会〈1回戦〉

▶校歌を歌い終え、アルプス席の応援団に向かってダッシュするする桐一ナイン

1993年8月9日（月） 甲子園球場

	1	2	3	4	5	6	7	8	9	10	計
光	0	0	0	0	0	2	0	0	0		2
桐生第一	0	0	0	1	0	1	1	1	×		4

桐一 投打かみ合い逆転

本県代表の桐生第一は第1試合で山口県代表の光と対戦。四回に先制した桐生第一は、中盤にエース渡辺順が長打を浴びて一時リードを許したが、後半、関、園田の中軸が適時打して小刻みに加点。渡辺順も七回以降は光の打線を１安打に抑え、４―２で、「夏の甲子園１勝」を挙げた。

１点を追う桐生第一は六回、中里が二塁内野安打で出塁。関の敵失で無死一、二塁とした後、三浦が確実に送り、園田の三遊間打で同点。七回には中前打の田村を長谷川が送り、吉沢の中前打、関の右前打で田村をかえし勝ち越した。八回には二死一、三塁で長谷川が遊撃内野安打を放って決定的な４点目を加えた。渡辺順も光打線を５安打に抑え、大舞台で好投手の片鱗《へんりん》をみせた。

光		打	得	安	点	振	球
②	岡村③	3	1	0	0	0	1
⑧	福原③	4	0	2	0	0	0
⑥	岡田③	3	1	1	1	1	0
⑨	勝本③	4	0	0	0	0	0
⑦	網永②	3	0	1	1	2	1
①	前田夏②	4	0	1	0	2	0
③	松並②	3	0	0	0	1	0
H	関永②	1	0	0	0	1	0
⑤	藤本②	3	0	0	0	1	0
④	杉村②	3	0	0	0	1	0
	計	31	2	5	2	9	2

桐生第一		打	得	安	点	振	球
⑥	吉沢③	4	0	2	0	0	1
④	中里③	4	1	1	0	1	0
⑤	関③	4	0	2	1	0	0
⑨	三浦③	2	1	0	0	0	1
⑦	園田③	3	0	1	1	0	0
①	渡辺順③	4	0	1	0	0	0
③	渡辺功③	4	1	0	0	1	0
②	田村③	4	1	2	0	0	0
⑧	長谷川③	2	0	1	1	0	1
	計	31	4	10	3	2	3

斎藤章児のワンポイント

「3点勝負」と見られたこの一戦、勝敗のカギを握る渡辺順のピッチングに注目した。

初戦ということもあり、立ち上がりやや硬さはあったが、六回を除いてはまずまずの内容だったと思う。前半は直球主体、中盤はカーブから入り、後半はコンビネーション良く高低を攻めていった。六回に左打者の内角を厳しく攻められず、真ん中に甘く入った直球を痛打されたが、2回戦以降にこの反省を生かせば、さらにナイスピッチングを披露してくれるはずだ。

攻撃面だが、低めへ丁寧に投げ込む光・前田投手を、前半はバントを交えじっくりと攻めた。四回一死からの四球走者をバントで送り、渡辺順の打球が敵失を誘って無安打で先取点を挙げた。甲子園では「バント戦法」と「先取点」がいかに重要であるか、改めて言うまでもない。

1点をリードされた六回の同点機には、無死一塁で三番関に送らせずエンドランを敢行。この「打開策」は、後半の伝令を出すタイミング同様、福田監督の好さい配といえる。派手さはなかったが、渡辺順、中里の好守備も光った。

反省点としては、四回の渡辺順の二盗。六回の関の初球バスターに見られたサインの不徹底。六回の大飛球を右翼手がフェンスに激突してしまった点―風を計算し、フェンスに早く付くことなどだ。

1回戦の反省を生かし、2回戦の活躍を期待したい。

光る同点機のさい配

▲7回裏桐一2死一、三塁、関が田村をかえす右前打を放ち勝ち越し

第75回全国高校野球選手権大会〈2回戦〉

▶4回表桐一2死二、三塁、中里の中前打で田村②に続き長谷川もかえり5点目

1993年8月16日（月） 甲子園球場

	1	2	3	4	5	6	7	8	9	10	計
桐生第一	0	1	1	3	0	0	1	1	0		7
宇和島東	0	0	0	0	0	0	0	0	2		2

平井攻略 渡辺順が力投

剛腕・平井を擁し優勝候補の一角と言われた宇和島東から、桐生第一は機動力を駆使し7安打で7点を奪って快勝した。

桐生第一は二回、四死球の走者が重盗を決めて一死二、三塁とし、渡辺功が着実にスクイズを決め、無安打で先制した。三回には二死二塁から三浦が甲子園初安打を放ち中里が生還。四回にもスクイズで加点し、なおも二死二、三塁。中里は低めの難しいカーブを中前に運び、この回3点目。七、八回にも二死からの適時打で1点ずつを加えて大量7点を奪った。

エース渡辺順は九回、本塁打と連打で2点を奪われたが、八回までは散発3安打に抑え込む力投。四、八回の二死二、三塁のピンチには、いずれも三振を奪い、八回までは完ぺきな投球内容、奪三振も10を記録した。

桐生第一

		打	得	安	点	振	球
⑥	吉 沢③	3	1	0	1	0	1
④	中 里③	4	1	1	2	0	0
⑤	関 ③	5	0	0	0	2	0
⑨	三 浦③	3	1	2	2	0	1
⑦	園 田③	3	0	0	0	2	1
①	渡辺順③	4	1	1	0	2	0
③	渡辺功③	3	1	1	1	0	0
②	田 村③	2	1	0	0	0	2
⑧	長谷川③	4	1	2	1	2	0
	計	31	7	7	7	8	5

宇和島東

		打	得	安	点	振	球
⑦	宇都宮③	3	0	0	0	1	0
7	曽 根③	1	0	0	0	0	1
⑤	宮 本③	3	0	0	0	1	1
①	平 井③	3	0	0	0	3	1
⑧	岩 村③	4	0	1	0	0	0
⑨	橋 本②	4	1	1	1	1	0
③	広 瀬③	4	0	0	0	1	0
④	大 空③	3	0	0	0	1	0
H	豊 岡③	1	1	1	0	0	0
⑥	松 瀬②	4	0	1	1	1	0
②	田 中③	3	0	2	0	1	1
	計	33	2	6	2	10	4

斎藤章児のワンポイント

功奏した積極策

桐生第一が優勝候補の宇和島東に、どんな戦いを挑むか。本県の高校野球のレベルを知る上でも重要で興味ある一戦であった。

戦前の予想では四分六分で不利とされた桐生第一が勝つための条件は①機動力を駆使し、先取点を奪うこと②渡辺投手がベストピッチングで相手打線を2点以内に抑える―であった。

機動力については、ベンチの積極策が功を奏した。二回無死一、二塁で無謀とも思える重盗（エンドラン崩れ）の後、一死からのスクイズで無安打で先取点をもぎ取った。三回のエンドラン崩れの二盗に、チーム初安打の四番三浦の適時打が続いて2点目。いずれもサインを受けた打者がカーブで空振りをしたのが、逆に幸いした。

ラッキーな面もあったが、相手が上位の時の打開策は、積極的に仕掛ける以外にない。四回、初球スクイズで3点目を挙げ、福田監督のしたたかな面が出たころから、ベンチと選手のリズムが、がっちりとかみ合ってくる。打って、送って、走るという攻撃で、予想以上に得点を重ねた。

渡辺投手は、宇和島東の平井投手よりも数段出来が良かった。力みがなく、安定感のあるバランスのいい投球フォームが制球を良くしていた。さらに、いつもよりボールを長めに持ったことで体重が乗った。腕も良く振れて球の回転も良く、見た目よりも伸びがあった。

予選から一戦一戦、調子が上がってきた桐生第一は、エース渡辺が安定したことと、四番三浦に当たりが戻ったことによって、次の市立船橋戦で、さらにいい試合を見せてくれるはずだ。

▶宇和島東打線から10三振を奪う力投を見せた桐一のエース・渡辺順

第75回全国高校野球選手権大会〈3回戦〉

▶9回裏桐一2死三塁、渡辺功が園田をかえす右前打を放ち6点目

1993年8月20日（金） 甲子園球場

	1	2	3	4	5	6	7	8	9	10	計
市船橋	2	0	0	1	3	0	3	1	1		11
桐生第一	0	0	4	0	1	0	0	0	1		6

桐生第一 守備の不運、リズム崩す

試合は打撃戦となり、一時は逆転したが6—11で敗れ、ベスト8入りは果たせなかった。エース渡辺順はカーブの制球がつかず、ストライクを取りに行った直球を痛打された。打線は10安打を放ち6点を奪ったが失点が多く、追い上げも届かなかった。相手投手の荒れ球に狙いを絞り切れず、三回二死一、二塁、五回二死満塁など追加点の好機にいずれも三振、追撃ムードに乗れなかった。

市船橋

		打	得	安	点	振	球
⑥	藤井③	4	3	1	0	0	2
⑧	佐藤③	5	1	1	0	0	0
⑤	須永②	4	2	2	2	0	1
⑦	小川②	4	2	2	1	0	0
④	長尾③	4	1	1	1	0	1
4	角田③	0	0	0	0	0	0
②	石神③	4	1	2	3	0	0
③	中山③	4	1	2	1	0	1
⑨	小島③	3	0	0	0	0	0
H	岩下②	1	0	1	0	0	0
R	大谷③	0	0	0	0	0	0
9	加納③	0	0	0	0	0	0
①	小笠原②	4	0	1	1	1	0
	計	37	11	13	9	1	5

桐生第一

		打	得	安	点	振	球
⑥	吉沢③	4	0	0	0	1	1
④	中里③	2	0	0	0	2	2
H	松島③	1	0	0	0	0	0
4	松井③	0	0	0	0	0	0
⑤	関③	4	1	1	1	0	0
⑨	三浦③	4	1	1	0	0	0
⑦8	園田③	4	3	2	0	1	1
①71	渡辺順③	4	1	1	2	0	0
②	田村③	4	0	2	0	0	0
③	渡辺功③	5	0	3	3	0	0
⑧	長谷川③	1	0	0	0	1	2
1	斉藤③	0	0	0	0	0	1
7	星野③	0	0	0	0	0	0
H	森③	1	0	0	0	0	0
	計	34	6	10	6	5	7

斎藤章児のワンポイント

全国上位を証明

エース渡辺順が降板(六回3分の2)しては、桐生第一に勝ち目はない。この日の渡辺は1、2回戦とは別人のような出来だった。

　身体が早く開き左サイドに壁がなく、そのためにひじが下がり腰の横回転で押し出すような投げ方になっていた。球離れも早くカーブが決まらず、真ん中高めの直球を狙い打たれた。

　不調のエースを打線が前半カバーし、三回に逆転（打線組み替え成功）したのは見事だったが、五回の守備の乱れ（2失策）が惜しまれた。特に4—4の同点時に二死二、三塁でベース寄りのゴロを二塁手が一塁へ高投（ワンバウンドの送球が基本）で2点を献上したのが痛かった。バックの乱れは投球にも微妙な変化をもたらした。5—6で1点リードされた七回には、二死二、三塁でいつもなら踏ん張れるはずのエースがカーブを続け、2点適時打され万事休した。ここは強気で攻めてほしかった。

　甲子園で尻上がりに調子が上がってきただけに、中三日の渡辺順の不調は意外だった。精神面、健康管理面のコンディション調整は非常に難しい。選手たちは長い滞在期間にミーティングやマッサージなどを繰り返し、精神的な疲労もある。くつろげる畳の部屋が欲しくなるのは当然で、シャワーだけでなく風呂にも入りたい。ビジネスホテルでは十日間が限界ではないだろうか。今後、県勢が勝ち上がっていくためには、宿舎の一考を願いたいものである。

　敗れたりとはいえ、桐生第一は2回戦で優勝候補の宇和島東に勝ったことで本県のレベルは全国上位にあることを証明してくれた。桐一ナインと福田監督に拍手を送る。

▶3回裏桐一2死二塁、渡辺功の中前打で渡辺順かえり4点目。⑧は次打者長谷川

第46回秋季関東地区高校野球大会県予選〈準決勝〉

▲1回裏前橋工1死一塁、秋本の右翼線二塁打で阿部が一挙本塁を突き3点目

前工完勝 初回がすべて

前橋工は初回、先頭青木が二塁打すると、一死から三田の三塁打を皮切りに阿部、秋本が3連打。さらに敵失も絡み、この回打者11人、7安打の猛攻で一挙7点を挙げた。先発金子和は10奪三振。

高崎商の先発山口は、初回二死で降板。後を受けた大前が七回まで6安打に抑えたが打線の援護がなく、二回に矢端の本塁打で一矢を報いるのにとどまった。

高崎商		打	安	点	振	球
⑤	宮沢	4	1	0	0	0
⑥	田口	4	2	0	1	0
⑦	塩原	4	0	0	2	0
③	金子善	4	0	0	3	0
3	坂本	0	0	0	0	0
⑨	矢端	3	1	1	2	0
⑧	浅川	3	2	0	0	0
④	高梨	1	0	0	0	0
4	小板橋	2	0	0	2	0
①	山口	0	0	0	0	0
1	大前	2	0	0	0	1
②	干川	3	0	0	0	0
犠盗失残	0216	30	6	1	10	1

前橋工		打	安	点	振	球
⑧	青木	5	3	2	0	0
⑥	中村	5	1	1	0	0
⑤	三田	4	2	1	0	0
②	阿部	3	1	1	0	1
⑦	秋本	4	3	1	0	0
③	井上	3	0	0	0	0
①	金子和	4	0	0	0	0
⑨	本多	4	3	0	0	0
④	五十嵐	3	2	1	0	0
犠盗失残	2307	35	15	7	0	1

▷**本塁打** 矢端 ▷**三塁打** 浅川 三田 ▷**二塁打** 宮沢 青木 秋本2 三田 ▷**審判** 艸香 田島 須藤 須川

1993年10月9日（土） 桐生市営球場

	1	2	3	4	5	6	7	8	9	10	計
高崎商	0	1	0	0	0	0	0	0			1
前橋工	7	0	0	0	0	0	0	1×			8

斎藤章児のワンポイント

苦い経験生かせ　高商

県予選ベスト４の対決は、関東大会をかけての大事な一戦。総合力で勝る前橋工は、当然のことながら選抜を見据えての試合に、高崎商は今夏の県大会３回戦で前橋工と対戦、１—９の大差で敗れており、この試合は雪辱戦の意味もあった。

試合は初回、前橋工が猛攻で大量点奪い、結果的には八回コールド。またしても高崎商は屈辱的な敗戦を喫してしまった。かつて、農大二が昭和五十三年秋、五十四年春・夏と、３季連続決勝で前橋工に苦汁をのまされたことがある。その苦い経験が、その後の農大二野球に生かされた。名門高崎商の選手諸君も、今回の敗戦に屈することなく、来年の夏に向かって大きくたくましく成長してもらいたい。

一方の前橋工だが、ここ数年あとひとつ勝ち運に恵まれていないが、常に全国を狙い、甲子園で戦えるチームづくりを行っている。レベルの高い試合になればなるほど「1点の重みが増す」ことを理解している県内唯一のチームだろう。全国の強豪、甲子園の常連校は、この１点の攻防に強いチームであり、常に、新しい戦略戦術を研究している。

前橋工は、昨年あたりから着実に復活に向かって歩んでいる。耐えて忍んで〝花咲く春〟が来るのも間近だろう。

第46回秋季関東地区高校野球大会県予選〈決勝〉

▲6回表前橋工無死三塁、秋本が阿部をかえす右翼線二塁打を放ち10点目

重圧はね返し9年ぶりV

前橋工が攻守に太田を圧倒した。初回、5四球と制球を乱す広瀬から3点を奪い流れをつかんだ。その後も6打点を挙げた阿部、2本の二塁打を放った秋本、二回に右中間適時三塁打の三田らクリーンアップ三人が活躍。さらに3スクイズを決めるなど大量17点を奪った。先発金子和は被安打1で完封勝ち。

太田は11三振を喫するなど打線が沈黙。初回の一死二塁、初安打の出た七回の無死一、三塁も後続が連続三振に倒れた。投手陣も力を出し切れないままに敗れた。

前橋工		打	安	点	振	球
⑧	青木	4	0	1	1	1
⑥	中村	3	1	1	0	2
⑤	三田	5	2	1	0	1
②	阿部	3	2	6	0	2
⑦	秋本	5	2	1	0	0
③	梅沢	5	2	1	0	0
R	塚田	0	0	0	0	0
3	井上	1	0	0	0	0
①	金子和	4	1	2	0	2
⑨	本多	6	4	3	0	0
④	五十嵐	3	1	0	0	1
4	飯塚	0	0	0	0	0
犠盗失残	5309	39	15	16	1	9

太田		打	安	点	振	球
④	若林宏	3	0	0	0	1
⑤6	大島	2	0	0	0	1
⑨	日野	4	1	0	1	0
⑦	岡田	4	0	0	4	0
②	関口	3	0	0	2	0
③	野口	2	0	0	1	0
H3	富岡	1	0	0	1	0
①	広瀬	1	0	0	0	0
1	小島	0	0	0	0	1
1	若林泰	1	0	0	1	0
⑧	大隅	3	0	0	1	0
⑥	坂井	0	0	0	0	0
6	中島	2	0	0	0	1
R5	小沢	0	0	0	0	0
犠盗失残	1124	26	1	0	11	4

▷**三塁打** 三田　阿部　▷**二塁打** 梅沢　秋本2　本多　阿部　▷**審判** 尾池　堀込　田島　宮内

1993年10月10日（日） 桐生市営球場

	1	2	3	4	5	6	7	8	9	10	計
前橋工	3	2	2	1	0	3	0	6	0		17
太田	0	0	0	0	0	0	0	0	0		0

斎藤章児のワンポイント

立派な太田の文武両道

前橋工と太田。点差ほどの力の差があるとは思われなかったが、日ごろの練習でどれだけ一球一打に集中力を持って取り組んでいるか—が結果に結びついたように思う。その意味で「高校野球の試合に明日はない」という精神で臨んできた前橋工が優勝という形で結果を出した。

一方、決勝こそ大差で敗れたが、太田も立派だった。勉強とスポーツ、いわゆる文武の両道を極めることは、よほどの努力と素質がないと難しい。練習から帰っての遅い夕食。それからの勉強は、強い意志がなければ思い通りにはいかないだろう。

ましてや進学希望の生徒の多い太田の選手諸君は、勉学と野球の両立に苦しみながら毎日ボールを追ってきたはず。進学校と言われる太田の選手が、仲間と連携して練習に励む姿は美しい。汗とほこりにまみれて白球を追った日々はかけがえのない青春の思い出として忘れることはないはずだ。

こんなチームがあってこそ高校野球は健全に発展していく。勉強一筋に明け暮れるのも青春、スポーツに打ち込むのも青春。それぞれに価値がある。学生野球協会の初代会長、早稲田大学の安部磯雄先生の言葉に「知識は学問から、人格はスポーツから」というのがある。

上毛新聞 1993年（平成5年）8月10日（火曜日） （18）

第75回全国高校野球大会 第2日

見せた"桐一野球"

堅守 巧打 大舞台で持ち味発揮

桐一ナイン ひと言

もっと伸び伸びと

留守部隊も歓喜爆発

光る同点機のさい配

桐一――甲子園の夏

「悔いのない打席を」

上毛新聞 1993年8月10日付

2006年（平成18）

斎藤章児

桐一一農二戦

人はあまりに調子が悪かった。制球力が持ち味のお手なのに投げた瞬間にボールと分かるような球で四球を重ね、打たれたら……

農大二の先発が間違いだったとは言わないが、鹿島農

第88回全国高校野球選手権群馬大会〈3回戦〉

▲2回表太田2死一、三塁、楠の内野安打で、梶塚に続き福地が本塁を突き2点先制

投打がっちり 中盤突き放す

投打が安定した野球で自らのペースを守った太田が、4回戦へ駒を進めた。中盤で太田が突き放した。二回、楠の内野安打で2点を先制。同点の五回、中島の2点本塁打でリードすると、続く六回は小倉の適時二塁打で3点を加えた。藤岡は5点を追う七回、上原の犠飛で1点を返すが、追撃も一歩及ばなかった。創部 80 年の伝統を持つ藤岡硬式野球部の歴史が、この日幕を閉じた。

太田				打	安	点	振	球
④	川島	(3)	大泉南	3	1	0	0	3
⑤	平出	(3)	太田強戸	4	2	0	1	1
⑥	田部井	(3)	太田生品	4	0	0	1	0
②	小倉	(3)	太田生品	5	2	3	0	0
①8	中島	(2)	伊勢崎四	4	1	2	1	1
③	天沼	(3)	館林多々良	2	1	0	0	3
⑧7	梶塚	(3)	太田南	5	1	0	1	0
⑨	福地	(2)	太田南	5	2	0	1	0
⑦	楠	(3)	太田生品	3	1	2	0	0
1	玉尾	(2)	太田宝泉	0	0	0	0	1

犠	盗	失	併	残	打	安	点	振	球
3	1	0	1	13	35	11	7	5	9

藤岡				打	安	点	振	球
⑧1	上原	(3)	吉井西	1	1	1	0	1
⑦	金子忠	(2)	吉井中央	3	1	0	1	0
④	西村	(3)	吉井中央	4	1	1	1	0
⑤	高橋	(3)	高崎大類	4	2	1	0	0
①8	金子俊	(3)	藤岡北	4	0	0	1	0
⑥	堀口	(2)	藤岡鬼石	4	1	0	0	0
③	古賀	(3)	高崎新町	3	1	0	0	0
⑨	家柄木	(3)	高崎新町	3	0	0	1	0
H	亀山	(2)	前橋鎌倉	1	1	0	0	0
②	吉田	(3)	神流万場	4	2	0	0	0

犠	盗	失	併	残	打	安	点	振	球
4	2	1	0	6	31	10	3	4	1

▷**本塁打** 中島　▷**二塁打** 小倉　天沼　高橋　▷**審判** 桑原　角田　栗原　田村

2006年7月20日（木） 県営敷島球場

	1	2	3	4	5	6	7	8	9	10	計
太田	0	2	0	0	2	3	0	0	0		7
藤岡	0	0	2	0	0	0	1	0	0		3

斎藤章児の目

人の和に如かず

　1930年から本大会に出場、決勝に2度進んでいる伝統校・藤岡の〝最後の夏〟に注目した。2校の連合チームは一体感をつくるのも難しかったに違いない。さらに歴史の幕引きを託された重圧は計り知れない。

　試合は五回表のツーランで太田に傾いた。金子俊也投手にとっては無念の失投だったろう。立ち上がりは不安定だったが、三、四回はコーナーを突く制球がさえた。ツーランの場面、捕手は得意の外角に逃げる球を要求したが、真ん中に入る甘い球だった。六回の失点も不運だった。点差ほど実力の差はなかった。

　敗れはしたが、藤岡の選手個々の表情を見ていたら、ふと「不如人和（人の和に如《しか》ず）」の言葉が浮かんだ。小さな力を補い合う信頼関係や、心と心の結び付き、「みんなのために」という豊かな精神が伝わってきた。こんなチームがあってこそ、高校野球は健全に育つ。少しうれしい気分になった。

第88回全国高校野球選手権群馬大会〈準決勝〉

▶6回表農二2死二塁、島方が蜂須賀をかえす右前打を放ち、4点目

桐生第一 仲沢がアーチ、反撃断ち切る

ノーシードから勝ち上がった桐生第一が相手投手の立ち上がりを攻め立て、打ち勝った。初回一死一、二塁から、伊藤と仲沢の連打で3点を先制。2点リードの八回には仲沢のソロ本塁打で試合を決めた。3点を追う農大二は二回無死一塁、臼田の三塁打などで2点を奪取。五、六回に加点したが、投手陣が与えた12四死球で好守のリズムが崩れた。

農大二

				打	安	点	振	球
⑧	桜井	⑶	安中一	5	1	0	1	0
⑨	矢島	⑶	榛名	5	3	0	1	0
④	井野	⑵	伊勢崎二	4	0	0	1	0
⑥	小柴	⑵	高崎中尾	3	1	1	0	2
⑤	臼田	⑶	藤岡東	5	1	1	1	0
③	蜂須賀	⑶	群馬中央	5	2	1	0	0
⑦	林	⑶	前橋春日	1	0	0	0	1
7	田沼	⑵	藤岡北	1	0	0	0	0
②	糸井	⑶	吉井中央	4	1	0	0	0
①	鹿島	⑶	安中二	1	0	0	0	0
1	島方	⑵	榛名	2	1	1	0	0
1	奥木	⑶	渋川金島	1	1	0	0	0

犠	盗	失	併	残	打	安	点	振	球
2	1	0	0	11	37	11	4	4	3

桐生第一

				打	安	点	振	球
⑦	川岸佑	⑶	栃木足利坂西	1	1	2	0	4
④	野口	⑶	太田南	4	0	1	2	0
⑧	矢島	⑶	高崎群馬南	4	0	0	1	1
③9	伊藤	⑵	太田休泊	4	1	2	1	1
②	仲沢	⑶	沼田南	5	2	2	1	0
①5	射越	⑶	栃木足利北	5	1	0	0	0
⑨	藤岡	⑵	渋川子持	1	1	0	0	2
6	中村	⑵	桐生桜木	1	0	0	0	1
⑤3	渡辺	⑵	桐生桜木	2	1	0	0	2
⑥	青木	⑵	太田城西	2	1	0	0	1
1	鹿沼	⑶	みどり大間々	1	1	0	0	0

犠	盗	失	併	残	打	安	点	振	球
1	0	1	0	12	30	9	7	5	12

▷**本塁打** 仲沢　▷**三塁打** 臼田　伊藤　射越　▷**二塁打** 糸井

2006年7月26日（水） 県営敷島球場

	1	2	3	4	5	6	7	8	9	10	計
農大二	0	2	0	0	1	1	0	0	0		4
桐生第一	3	2	0	0	0	0	1	1	X		7

スキ逃さぬ桐一

斎藤章児の目

農大二の先発が間違いだったとは言わないが、鹿島敦人はあまりに調子が悪かった。制球力が持ち味の投手なのに投げた瞬間にボールと分かるような球で四球を重ね、打たれたらどうにもならない。初回3点、二回2点は取られすぎだ。

糸井祐貴捕手のリードにベンチは全幅の信頼を置いていると思うが、残念ながら制球をあそこまで乱すとリードもできないだろう。あんなに悪い鹿島は初めて見た。

4日前のノーヒットノーランの影響か。何があったか分からないが、こうしたことは偉業の後に往々にして起こる。高校生に意識するなと言っても無理だが、チームが勝ち抜くことが大切。喜びは甲子園出場を決めてからとなれば、もう少し違った展開になったかもしれない。

今年の桐生第一は決め手がなく、4強に残ったチームの中では農大二の状態が一番いいと思っていたが、相手のスキを逃さない厳しい攻撃をしてくる桐生第一を褒めるべきか。

▶8回裏桐一1死、仲沢がバックスクリーンに7点目となる本塁打をたたき込む

第88回全国高校野球選手権群馬大会〈決勝〉

13回裏桐一1死二塁、矢島の中前打で川岸佑がサヨナラのホームイン。桐一ベンチから歓喜のナインがガッツポーズで飛び出す

桐生第一 延長13回、前工破る

２年ぶり８度目の甲子園を目指す桐生第一が、５年ぶり10度目の出場を狙う前橋工を２―１で下した。桐生第一は初回に先制を許したが、５回に川岸佑多の適時三塁打で同点。延長13回、矢島賢人の適時打で試合を決めた。両校は決勝で過去、２度対決。いずれも桐生第一に軍配が上がっていた。両チーム一歩も譲らず、１―１のまま延長戦に突入。桐生第一は十三回、先頭の川岸佑が安打で出塁。中村の犠打で一死二塁とし、矢島が中前にはじき返しサヨナラ勝ちした。

初回に１点を先制した前橋工はその後、再三の好機を生かせず、追加点を挙げられなかった。

前橋工

				打	安	点	振	球
④	伊藤	(3)	伊勢崎殖蓮	５	３	０	０	０
⑥	広木	(2)	伊勢崎境南	５	２	０	１	０
⑤	三田	(2)	富岡南	４	０	０	１	２
⑧	都丸	(3)	渋川赤城北	６	１	１	０	０
⑨	篠崎	(3)	前橋木瀬	５	０	０	１	０
⑦	井上	(3)	長野原西	５	２	０	０	０
③	前野	(3)	渋川赤城北	２	０	０	０	０
H３	舘野	(2)	前橋木瀬	３	１	０	０	０
①	剣持	(3)	吾妻太田	５	１	０	２	０
②	武居	(3)	前橋桂萱	５	１	０	０	０

犠盗失併残――
２３０１９ 45 11 １ ５ ２

桐生第一

				打	安	点	振	球
⑦	川岸佑	(3)	栃木足利坂西	５	４	１	１	１
④	中村	(2)	桐生桜木	５	０	０	０	０
⑧	矢島	(3)	高崎群馬南	６	１	１	０	０
③	伊藤	(2)	太田休泊	５	２	０	１	０
②	仲沢	(3)	沼田南	５	１	０	０	０
①５	射越	(3)	栃木足利北	５	０	０	１	０
⑨	藤岡	(2)	渋川子持	３	０	０	１	２
⑤	渡辺	(2)	桐生桜木	１	０	０	０	０
１	鹿沼	(3)	みどり大間々	２	１	０	０	０
⑥	青木	(2)	太田城西	４	０	０	１	０

犠盗失併残――
４０１１９ 41 ９ ２ ５ ３

2006年7月27日（木） 県営敷島球場

	1	2	3	4	5	6	7	8	9	10	11	12	13	計
前橋工	1	0	0	0	0	0	0	0	0	0	0	0	0	1
桐生第一	0	0	0	0	1	0	0	0	0	0	0	0	1x	2

鹿沼に託した桐一

斎藤章児の目

ここ10年で5度優勝の桐生第一と3度の前橋工の頂上決戦は、剣持英俊投手の好投で、がっぷり四つの引き締まった展開になった。

全国級の剣持と破壊力のある桐生第一打線の対決は戦前から最大の見どころだった。打撃戦になれば、監督采配が巧みで打線が一枚上の桐生第一。3点以内の投手戦なら前橋工にもチャンスがあるとみていた。

剣持は連投の疲れが出る終盤にスタミナ切れを心配したが、立ち上がりから力まず、8割の力で投げていた上、タフな精神で乗り切った。

一方の鹿沼圭佑投手も淡々とよく投げた。継投のタイミングは、剣持の出来を見た福田治男監督が1点勝負とみて、1点を取られない厳しい投球ができる鹿沼に早々に託したのだろう。

桐生第一には県下66校の分まで甲子園で存分に暴れ回り、上州健児の意気を示してきてほしい。最後に全球児にドラマをありがとうと感謝の気持ちでいっぱい。また来年が楽しみだ。

▶1回表前橋工1死一、二塁、都丸が広木をかえす左前打を放つ

第88回全国高校野球選手権大会〈2回戦〉

▶気迫の投球で佐賀商打線を抑える鹿沼

▲一気に逆転を決め、本塁上で喜ぶ桐生第一ナイン

桐生第一 8回2死怒とうの攻撃

桐生第一が驚異的な粘りで逆転勝ちした。桐生第一が初回に仲沢の適時打で先制したものの、八回表まで完全に佐賀商ペースだった。先発の射越は3者凡退2三振の立ち上がりから一転、二回につかまった。先頭の4番山口に左越え二塁打を浴びると、セットポジションから時折高めに浮く安定感のない投球を続けた。大隈、西村、多々良に2二塁打を含む3連打、沼田に中前打を許し、いきなり4失点、劣勢に立たされた。桐生第一は三回裏、敵失を足場に仲沢のこの日2本目の適時打で1点を返し、2—4。接戦に持ち込めそうな雰囲気も出たが、五回にまた1失点、打線も四回から七回まで佐賀商の大隈に1安打に抑えられた。八回裏、二死から伊藤、仲沢の連打で一、三塁とし、射越の左翼線二塁打で1点。四球で満塁とし、鹿沼が左中間に走者一掃の二塁打を放ち、逆転。そのまま逃げ切った。

佐賀商			打	得	安	点	振	球
④	沼田	(3)	4	0	1	1	0	0
③	今村	(3)	3	0	0	0	1	1
⑥	中山	(3)	4	0	1	1	1	0
②	山口	(3)	4	1	1	0	1	0
⑤	田中	(3)	4	0	1	0	0	0
①	大隈	(3)	3	1	1	1	0	0
⑧	西村	(3)	4	1	1	0	2	0
⑦	多々良	(3)	4	2	2	2	1	0
⑨	飯田	(2)	2	0	0	0	0	0
	計		32	5	8	5	6	1

桐生第一				打	得	安	点	振	球
⑦	川岸佑	(3)	栃木足利坂西	4	0	0	0	0	0
④	中村	(2)	桐生桜木	4	2	1	0	1	0
⑧	矢島	(3)	高崎群馬南	2	0	0	0	1	0
③	伊藤	(2)	太田休泊	3	1	1	0	1	1
②	仲沢	(3)	沼田南	4	1	4	2	0	0
①5	射越	(3)	栃木足利北	4	1	2	1	0	0
⑨	川岸真	(3)	栃木足利西	2	0	0	0	0	1
6	野口	(3)	太田南	0	1	0	0	0	1
⑤	渡辺	(2)	桐生桜木	1	0	0	0	1	0
1	鹿沼	(3)	みどり大間々	3	0	1	3	0	0
⑥	志村	(3)	桐生桜木	1	0	0	0	1	0
H9	藤岡	(2)	渋川子持	2	0	0	0	0	0
	計			30	6	9	6	5	3

▷**二塁打** 射越　鹿沼

2006年8月11日（金）

	1	2	3	4	5	6	7	8	9	10	計
佐賀商	0	4	0	0	1	0	0	0	0		5
桐生第一	1	0	1	0	0	0	0	4	×		6

斎藤章児の目

鹿沼活躍に尽きる

逆転勝利はエース鹿沼の投打にわたる活躍に尽きる。神様、仏様、鹿沼様といったところか。

野球は終わってみなければ分からない、その典型のような試合だった。佐賀商の勝利がちらつき始めた場面でドラマが起こった。あそこまでのドラマを誰が想像できたろう。

県大会の決勝で苦戦した経験が八回裏の集中打を生んだと思う。そういう意味では66校の負けを無にしない、まさに県代表の戦いぶりだった。

佐賀商の大隈は中盤からテンポよく低めに集め、桐一打線は凡打を打たされていた。完全に大隈の術中にはまっていた。ところが若干高めに浮き始めると、そのわずかなスキを逃さなかった。

桐一はまだまだ伸び率の高いチームだと実感した。県大会の時と比べて、大阪の1週間で大きく成長した。そしてこの甲子園の1戦がまた選手を育てる。どこまで勝ち進むか楽しみだ。

▲2回表桐生第一1死一、三塁、渡辺のスクイズで仲沢が本塁を突くがアウト

桐生第一 八強ならず―

桐生第一は打線が二人の左投手を攻略できず、四安打に抑え込まれた。六回の一死満塁、八回の一死三塁の好機を生かせなかった。早めの継投も流れを変えられず、長打4本を含む11安打を許した。毎回走者を背負う苦しい展開となり、小刻みに失点を重ねた。桐生第一は打線に決定力がなかった。7イニングで得点圏に走者を進めながら、わずか2点止まりの11残塁。中軸の3人が合わせて1安打に抑えられた。先発の射越章太もピリッとせず、二回で降板。2番手真下和也も安定感を欠き、四回から投入されたエース鹿沼は粘り強く再三のピンチを切り抜けたが、五回に連打で1点、八回にもダメ押しの1点を許し、三年ぶりの準々決勝進出を逃した。

桐生第一

				打	得	安	点	振	球
⑦	川岸佑	(3)	栃木足利坂西	4	1	1	0	1	0
④64	野口	(3)	太田南	4	0	0	0	1	0
⑧	矢島	(3)	高崎群馬南	5	0	0	0	1	0
⑨	伊藤	(2)	太田休泊	2	0	0	1	1	1
②	仲沢	(3)	沼田南	3	0	1	0	1	1
①5	射越	(3)	栃木足利北	4	1	2	0	0	0
③	渡辺	(2)	桐生桜木	3	0	0	0	1	1
⑤	中川	(3)	桐生桜木	0	0	0	0	0	1
1	真下	(3)	栃木足利北	1	0	0	0	0	0
1	鹿沼	(3)	みどり大間々	2	0	0	0	2	0
⑥	青木	(2)	太田城西	1	0	0	0	0	1
H4	中村	(2)	桐生桜木	1	0	0	0	1	0
H	川岸真	(3)	栃木足利西	1	0	0	0	1	0
6	志村	(3)	桐生桜木	0	0	0	0	1	0
	計			31	2	4	1	10	5

東洋大姫路

			打	得	安	点	振	球
④	吉川	(3)	4	0	2	0	0	1
⑨	香月	(2)	4	1	1	0	1	0
1	乾	(3)	1	0	1	1	0	0
⑥	林崎	(3)	4	1	2	2	0	0
⑤	三宅	(3)	2	1	1	0	0	1
⑧	柏原	(3)	4	1	2	0	1	0
③	岡	(3)	2	0	0	1	1	0
⑦	井上	(3)	4	0	1	0	0	0
R7	難波	(3)	0	1	0	0	0	0
①	飛石	(3)	1	0	0	0	1	1
9	大広	(3)	0	0	0	0	0	0
②	水田	(3)	4	0	1	1	0	0
	計		30	5	11	5	4	3

▷**二塁打** 射越

2006年8月15日（火）

	1	2	3	4	5	6	7	8	9	10	計
桐生第一	0	1	0	0	0	0	1	0	0		2
東洋大姫路	1	1	1	0	1	0	0	1	×		5

生かしたかった機動力

斎藤章児の目

チャンスをいっぱいもらったがタイムリーが出なかった。相手先発の飛石はボールが先行するなど決して良い出来ではなかったが、適当に荒れていて、的を絞りきれなかった。

最速１２４キロながら球持ちが長く、遅れて出てくる感じで、差し込まれた。高めのストレートとワンバウンドになるカーブを振らされるケースも多かった。見た目より球に切れがあり、高低のコースを攻められ、打ちあぐんだ。

もう少し機動力を生かし守備の乱れを誘いたかった。特に六回と八回のチャンス。六回の一死満塁は鹿沼にスクイズをさせ、1点差で終盤に入れれば、展開は変わっていただろう。

やはり監督不在の半年のブランクが大きかったのではないか。勝った2回戦でも感じたが、何度か勝負を急いでチャンスをつぶした。仕掛けのうまい福田監督らしさがなかった。監督がいない事態の影響は大きい。そんな中、よくここまでやったと思う。

▶9回表桐生第一1死、遊ゴロを放ち一塁にヘッドスライディング、セーフとなる野口

THE JOMO SHINBUN

上毛スポーツ

2006年 8月16日 水曜日

第88回 全国高校野球選手権大会

桐一 追撃届かず

桐生第一	010	000	100	2
東洋大姫路(兵庫)	111	010	01X	5

4番 伊藤 攻守に存在アピール

初スタメン〝完全燃焼〟

桐生第一 中川 祐太内野手

白球の詩

上毛新聞 2006年8月16日付

2008年（平成20）

第90回全国高校野球選手権群馬大会〈4回戦〉

▶8回表育英1死満塁、青木幸が石田、浅香をかえす中前打を放ち、4、5点目

育英終盤に底力

前橋育英は中盤以降打線がつながり勝利を収めた。2点を追う四回、石田の中前適時打で同点。そのまま迎えた七回には、岩渕の犠飛で1点を追加した。八、九回には計5点を挙げ試合を決めた。太田商は最終回に4連打で2点を返すも、及ばなかった。

前橋育英

				打	安	点	振	球
④	岡野	(3)	埼玉本庄西	2	0	1	2	2
⑦	清塚	(3)	高崎倉賀野	3	0	0	1	0
H79	竹内	(2)	榛東	3	0	0	1	0
⑥	青木幸	(3)	南牧	5	1	2	0	0
⑤	小板橋	(3)	前橋芳賀	4	2	1	1	0
⑨1	町田	(3)	高崎倉賀野	5	2	0	0	0
②	岩渕	(3)	草津	3	1	1	0	1
③	中西	(3)	富岡東	5	4	0	0	0
①	石田	(3)	赤城北	3	2	2	0	1
7	石倉	(3)	前橋七	0	0	0	0	0
⑧	朝香	(3)	安中一	3	1	0	0	1

犠	盗	失	併	残	打	安	点	振	球
6	2	0	1	12	36	13	7	5	5

太田商

				打	安	点	振	球
⑥	瀬戸	(2)	太田薮塚本町	4	1	0	0	0
6	山賀	(2)	栃木足利協和	1	0	0	0	0
⑧	関口	(3)	板倉	4	0	0	1	0
⑨1	新井崇	(3)	太田薮塚本町	4	0	0	0	0
③	小堀	(2)	太田城東	4	2	0	0	0
⑦	上野	(3)	館林四	2	0	0	0	0
H	河田	(2)	埼玉深谷豊里	1	1	0	0	0
R	三瓶	(3)	太田南	0	0	0	0	0
⑤	前田	(3)	太田旭	3	1	0	1	1
②	岩崎	(3)	邑楽	4	2	3	0	0
①	横山	(3)	太田北	2	0	0	1	0
9	島田	(2)	館林三	2	2	1	0	0
④	馬場	(3)	太田北	3	1	0	0	0
H	小暮	(3)	太田城東	1	0	0	1	0

犠	盗	失	併	残	打	安	点	振	球
1	0	2	0	6	35	10	4	4	1

▷**二塁打** 町田　中西　小板橋　小堀　▷**審判** 長谷川　井汲　工藤　須永

2008年7月19日（土） 県営敷島球場

	1	2	3	4	5	6	7	8	9	10	計
前橋育英	0	0	0	2	0	0	1	3	2		8
太田商	0	2	0	0	0	0	0	0	2		4

斎藤章児の目

攻撃に課題残る育英

六回まで互角の展開。七回表一死二塁から太田商の横山勇希投手が突然ベンチへ下がった。走者は出すものの、要所を抑えて好投していただけに何があったのか。太田商エースが降板した時点で試合の興味は半減した。前橋育英にとっては反省点の多い試合となった。1点リードで迎えた八回の攻撃で二度のバント失敗は今後に不安を残す。「つなぎの攻撃」にはバント戦法は欠かせない。結果的に4点差にして、この回で勝負が決まったが、一死一、二塁のときの太田商のエラーがなければ、ダブルプレーで1点差のまま九回を迎えたことになる。バッティングも変化球に空振りが目立った。エース石田卓も上体と下半身のバランスが悪かった。前橋育英が勝ち上がってきた最大の要因は打線のつながりにあった。一人一人がその小さな力をつなげ、目に見えぬ大きな力となって運を切り開いてきた。本来の〝育英野球〟に期待したい。

第90回全国高校野球選手権群馬大会〈準々決勝〉

▶サヨナラの走者がかえり喜ぶ桐商ナイン

桐商 延長10回前工撃破サヨナラ

桐生商が昨秋、今春に続いて３大会連続での準々決勝対決となった前橋工を延長戦の末、５―４で下し、４強に名乗りを挙げた。４点を追う桐生商は八回、武笠の右翼への三塁打を皮切りに、３つの敵失や福田の適時二塁打などで一挙に同点。延長に入って十回、一死満塁から川口が決勝の中前打を放ち、サヨナラ勝ちした。前橋工は五回までに４点のリードを奪ったが、勝ち切ることができなかった。

前 橋 工

				打	安	点	振	球
⑧	豊村拓	(3)	高崎群馬南	4	1	0	0	1
⑥	豊村剛	(2)	中央中等	4	1	0	0	0
⑨	樋　口	(3)	高崎榛名	4	0	0	1	1
③	戸　田	(3)	栃木足利三	5	2	1	0	0
⑦	内　山	(3)	伊勢崎三	5	2	1	0	0
R	清　水	(3)	前橋春日	0	0	0	0	0
7	阿久沢	(3)	前橋鎌倉	0	0	0	0	0
⑤	斎　藤	(2)	神流中里	4	1	1	1	1
②	篠　崎	(2)	前橋木瀬	3	1	0	0	0
①	高橋保	(3)	前橋宮城	0	0	0	0	0
H	片　山	(3)	太田生品	1	0	0	1	0
1	加　藤	(3)	富岡南	1	0	0	0	0
1	町　田	(3)	前橋一	0	0	0	0	0
④	早　川	(3)	千代田	4	0	0	0	0

犠	盗	失	併	残					
4	0	4	0	8	35	8	3	3	3

桐 生 商

				打	安	点	振	球
④	宮　尾	(2)	桐生相生	2	1	0	0	3
⑧	諏　訪	(3)	桐生境野	3	0	0	1	1
⑨	福　田	(3)	みどり笠懸南	5	1	1	0	0
③	吉　野	(3)	桐生境野	5	1	0	1	0
R	渡　辺	(3)	栃木足尾	0	0	0	0	0
②	佐　藤	(3)	桐生川内	4	1	0	0	1
⑤	島　田	(3)	桐生相生	3	0	0	2	1
⑦	武　笠	(3)	前橋箱田	3	1	0	0	0
6	鈴　木	(3)	前橋芳賀	2	1	0	1	0
⑥	高　山	(3)	太田宝泉	2	0	0	1	0
H7	川　口	(3)	桐生新里	1	1	2	0	0
①	田　面	(3)	みどり大間々東	4	0	0	2	0

犠	盗	失	併	残					
4	0	3	1	11	34	7	3	8	6

▷**三塁打** 戸田　武笠　吉野　▷**二塁打** 宮尾　福田　▷**審判** 飯塚　新山　堂前　犬童

2008年7月21日（月） 県営敷島球場

	1	2	3	4	5	6	7	8	9	10	計
前橋工	1	0	0	0	3	0	0	0	0	0	4
桐生商	0	0	0	0	0	0	0	4	0	1x	5

一つのミスが連鎖反応

斎藤章児の目

高校生の心理は微妙に動く。優れた選手でも精神面に不安感を持った時は思いがけないミスをする。七回までの前橋工の戦いで誰が内野陣の崩れを予想しただろうか。

八回に桐生商が三塁打と犠打で1点挙げた後、一つのエラーが連鎖反応を起こし、次々とミスが続く。3安打に加えてエラーが重なり、前橋工はあっという間に4点を奪われ同点に持ち込まれた。桐生商は田面巧二郎が立ち直り、六、七、八回と三者凡退に抑えたことが、八回に流れを呼び込んだともいえる。同点に追い付かれてからの前橋工には前半の田面を攻略したような攻撃力がなく、気力も残っていなかった。強さからいえば、今年の前橋工はトップクラスだが、同時に〝もろさ〟もあったということか。本来、勝負が決するのは試合場ではなく、練習場にあるということを心掛けたい。この日のために忍耐強く基本練習を反復して〝心技体〟を整えることである。「鍛は千回の行、練は万日の行、勝負は一瞬の行」。

▶10回裏桐商1死満塁、川口が代走渡辺をかえすサヨナラの中前打を放つ

第90回全国高校野球選手権群馬大会〈準決勝〉

▲サヨナラで決勝進出を決め喜ぶ樹徳ナイン

樹徳 逆境はね返した精神力

桐生第一が延長13回の接戦を制した。三回、富田の中前打を足掛かりに一死二、三塁とし、竹之内の左越え二塁打で逆転。13回は吉田の中前打から一死三塁とし、穂坂が左犠飛で決勝点を挙げた。伊勢崎は二回に3連打で先制。六回は河野のスクイズで同点としたが、終盤の好機を生かせなかった。

桐生商				打	安	点	振	球
④	宮尾	(2)	桐生相生	6	2	0	1	0
⑧	諏訪	(3)	桐生境野	5	2	1	1	1
⑨	福田	(3)	みどり笠懸南	5	0	0	0	0
③	吉野	(3)	桐生境野	4	0	1	0	0
②	佐藤	(3)	桐生川内	5	0	0	1	0
⑤	島田	(3)	桐生相生	5	0	0	0	0
⑦	川口	(3)	桐生新里	4	1	0	0	1
⑥	高山	(3)	太田宝泉	5	1	0	1	0
①	田面	(3)	みどり大間々東	4	0	0	2	0

犠	盗	失	併	残	打	安	点	振	球
3	0	2	1	6	43	6	2	6	2

樹徳				打	安	点	振	球
⑨	風間	(2)	大泉南	6	3	1	1	0
⑧	高橋隆	(3)	桐生桜木	4	0	0	1	1
⑤	宮沢	(2)	大泉南	5	3	0	0	1
④	飯塚	(3)	大泉南	4	1	0	2	0
⑦	倉林陸	(3)	伊勢崎三	5	0	1	4	0
①	岡貴	(2)	大泉南	5	1	1	0	0
③	岡保	(3)	太田旭	6	0	0	0	0
②	米田	(2)	邑楽	6	3	0	2	0
⑥	倉林寛	(2)	伊勢崎三	2	1	0	1	1

犠	盗	失	併	残	打	安	点	振	球
9	0	1	1	13	43	12	3	11	3

▷**三塁打** 飯塚　▷**審判** 飯塚実　町田　長谷川　吉沢

2008年7月24日（木） 県営敷島球場

	1	2	3	4	5	6	7	8	9	10	11	12	13	計
桐生商	0	0	0	0	0	0	0	3	0	0	0	0	0	3
樹徳	0	0	0	0	0	1	1	1	0	0	0	0	1x	4

1点の重さで“差”

斎藤章児の目

1点の攻防をどう考えるか。桐生商は七回、投手エラーで無死一、三塁。この後、4―6―3のダブルプレーが成立したが、1点を簡単にやってしまった。勝っているチームなら分かるが、0―1で負けているチームがとる作戦ではない。ここはホームでアウトを取り、一死一、二塁で守るべきではなかったか。樹徳の守りにも疑問が残った。八回一死満塁で内野は前進守備で本塁併殺プレーを取る態勢。2点リードしているこの時点では、中間守備で二塁併殺プレーを狙うべきではないか。ヒットで1点取られた後、中間守備になったが、この後に二塁ゴロで4―6―3かと思ったら、ホームへ投げて捕手が落球。4番の犠飛で逆転された。ちぐはぐな守備ではなかったか。終盤の1点の攻防には確認と徹底したポジショニングが要求される。イニング、アウトカウント、得点差、走者の位置、打者の、走者の脚力、外野手の肩、ベンチの傾向などを常に頭に入れておくことだ。1点を粗末にする者は1点に泣く。

▶13回の粘投むなしくグラウンドを去る、大会屈指の好投手・田面

第90回全国高校野球選手権群馬大会〈決勝〉

▲7回表樹徳2死二塁、倉林陸の中前打で二走の高橋隆が三塁をけって本塁へ。1点返す

桐一 樹徳の追撃振り切る

第二シードの桐生第一が樹徳を2—1で破り、二年ぶり九度目の栄冠を勝ち取った。桐生第一が中盤の六回までに2点を奪い、終盤に追い上げた樹徳を1点に抑えた。三回一死後、田部井のソロ本塁打で主導権を握ると、六回には、植松の右前安打と穂坂の犠打で二死二塁。三上の適時二塁打で1点を追加した。投げては田中—清村の継投で相手打線を3安打1失点に抑えた。

樹徳は2点を追う七回、死球と犠打で二死二塁にすると、倉林陸の中前適時打で1点を返した。八、九回も得点圏に走者を進めたが、相手投手に後続を断たれた。

樹徳				打	安	点	振	球
⑨	風間	(2)	大泉南	4	1	0	2	0
⑧	高橋隆	(3)	桐生桜木	2	0	0	1	2
⑤	宮沢	(2)	大泉南	2	0	0	0	0
④	飯塚	(3)	大泉南	4	0	0	4	0
⑦	倉林陸	(3)	伊勢崎三	3	1	1	1	1
①	岡貴	(2)	大泉南	4	0	0	2	0
③	岡保	(3)	太田旭	3	0	0	0	0
②	米田	(2)	邑楽	3	1	0	1	0
⑥	倉林寛	(2)	伊勢崎三	2	0	0	2	0

犠盗失併残——

3 1 0 1 5 27 3 1 13 3

桐生第一				打	安	点	振	球
⑧	富田	(3)	東京王子桜	4	1	0	1	0
④	鈴木	(3)	栃木小山間々田	2	0	0	0	1
1	清村	(3)	太田綿打	0	0	0	0	0
⑥	田部井	(2)	栃木足利協和	4	1	1	0	0
③	竹之内	(3)	高崎佐野	4	1	0	0	0
⑨	吉田	(3)	栃木足利山辺	3	1	0	0	0
⑤	植松	(3)	玉村	1	1	0	0	2
⑦	穂坂	(2)	栃木佐野田沼西	2	1	0	0	1
②	三上	(2)	藤岡鬼石	4	2	1	0	0
①	田中	(3)	栃木足利坂西	2	0	0	0	1
4	小島	(2)	太田休泊	1	0	0	0	0

犠盗失併残——

4 0 0 0 10 27 8 2 1 5

▷**本塁打** 田部井　▷**二塁打** 三上　▷**審判** 飯塚章　飯塚実　星野　川端

2008年7月25日（金） 県営敷島球場

	1	2	3	4	5	6	7	8	9	10	計
樹徳	0	0	0	0	0	0	1	0	0		1
桐生第一	0	0	1	0	0	1	0	0	×		2

練習が一番の良薬

斎藤章児の目

今年の桐生第一は例年より平均的な選手が多く、強いチームという印象はない。福田治男監督は選手たちの特性から守りを重視した負けないチーム作りを目指したのではないか。そして選手には理論より日々の練習の積み重ねが一番の良薬になったのではないか。

本来、負けない野球の守りには、「人の和」とか「チームワーク」が要求される。原点は信頼であって、心の結び付きだ。一人一人の力は小さいけれど、その小さな力を幾重にもつなげると、技術を超えて目に見えぬ大きな力となって運を切り開いていく。

勝利の喜びは一瞬。桐生第一には次の舞台、「甲子園」が待っている。田中清文―清村悦礼の継投で2点以内に抑え、打線から5点以上を目標にした戦いができれば、必然と勝利が転がり込んでくる。

選手諸君には情熱と力をすべて発揮して、一心不乱に白球を追い続けることを願う。

▶3回裏桐生第一1死、田部井が先制の右越え本塁打を放つ

桐一 2年ぶり9度目 甲子園

2年ぶりの甲子園出場を決め、ガッツポーズで応援スタンドに駆け寄る桐生第一ナイン＝前橋・県営敷島球場

樹徳に2―1 追撃振り切る

全国高校野球県大会

第九十回全国高校野球選手権県大会は二十五日、前橋・県営敷島球場で決勝戦を行い、第三シードの桐生第一が樹徳を2―1で破り、二年ぶり九度目の栄冠を勝ち取った。試合は三回に先制した桐生第一が六回にも一点を追加。二投手の継投で、追いすがる樹徳の攻撃をしのぎ逃げ切った。全国大会は八月二日、甲子園球場で開幕。試合終了後に行われた抽選の結果、桐生第一は大会第六日第二試合で、石川県代表の金沢と対戦することになった。

猛暑の中、球場には約四千五百人が詰め掛けた。一点を争う白熱の展開に、ゲームセットの瞬間まで両チームへの声援が球場にこだましていた。

夏の決勝では初顔合わせとなった両校。前日の準決勝は、ともに延長十三回の激戦を勝ち上がった。

先に主導権を握ったのは桐生第一。二回、三回と走者を送りながら無得点だったが、三回二死から田部井雄基選手が右翼へソロ本塁打を放ち、先制した。田中靖文投手が三振を量産し、三回から五イニングを三者凡退とすると、六回には三上恭平選手の適時二塁打でもう一点追加した。

一方、樹徳は七回、倉林隆選手の適時打で死球の高橋陸大選手を迎え入れ、一点差に。九回には一打同点のチャンスをつくったが、桐生第一は八回から継投した清村咲礼投手が、最後の打者を三振に仕留めた。

関連記事 16、17、19―21面

来年度中の新設合併申し合わせ 太田市・大泉町 第2回任意合併協

第二回太田市・大泉町任意合併協議会が二十五日、同町の文化むらで開かれ、

田市役所にすることを申し合わせた。

上毛新聞 2008年7月26日付

2009年（平成21）

斎藤章児の目
前工―桐商戦
高校生の
理は微妙に
く。優れた
手でも精神
に不安感を
った時は思いがけないミ
をする。七回までの前橋
の戦いで誰が内野陣の崩
を予想しただろうか。
八回に桐生商が三塁打

第91回全国高校野球選手権群馬大会〈4回戦〉

▶5回表樹徳1死二塁、丸本が倉林をかえす決勝の左翼線への安打を放つ

樹徳 春覇者前商撃破

樹徳が少ないチャンスを生かし、投手戦を制した。五回1死二塁から7番丸本の左翼線に落ちる適時打で先制。先発岡は8四球を与えたものの、粘り強い投球で相手打線を2安打に抑え、1点を守り切った。前橋商は先発野口が被安打4と好投したが、打線が振るわなかった。

樹　徳				打安点振球
⑤	宮　沢	(3)	大泉南	32001
④	上　村	(3)	伊勢崎宮郷	20020
⑧	風　間	(3)	大泉南	40000
①	岡	(3)	大泉南	40000
⑥	倉　林	(3)	伊勢崎三	40020
②	米　田	(3)	邑楽	20010
③	丸　本	(3)	桐生菱	32100
⑨	根岸祐	(3)	伊勢崎殖蓮	30020
⑦	梅　野	(3)	栃木足利山辺	30010
			犠盗失併残	
			30104	284181

前橋商				打安点振球
⑧	後　藤	(2)	渋川	50010
⑨	斎　藤	(2)	前橋大胡	10013
⑤	箱　田	(2)	渋川古巻	20010
⑥	高　野	(3)	渋川北橘	31001
③	沢　浦	(2)	伊勢崎殖蓮	21011
H	田　代	(3)	前橋木瀬	00000
3	加　藤	(3)	前橋六	00000
⑦	岡　村	(3)	渋川北	40000
①	野　口	(2)	前橋六	20021
②	兼　島	(3)	伊勢崎三	20002
④	市　村	(3)	前橋富士見	20010
H	須　田	(3)	榛東	10000
			犠盗失併残	
			612011	242078

▷**審判** 青木　岡部秀　須田　堀越

2009年7月21日（火）　上毛新聞敷島球場

	1	2	3	4	5	6	7	8	9	10	計
樹徳	0	0	0	0	1	0	0	0	0		1
前橋商	0	0	0	0	0	0	0	0	0		0

斎藤章児の目

一点勝負　苦心の投球

本県を代表する樹徳・岡貴之投手（3年）と前商・野口亮太投手（2年）の両左腕投手に注目した。予想通り伸びのある直球、切れのある変化球と多彩な投球でお互い譲らず、見応えのある投手戦を演じてくれた。記録を見ると野口投手の与四球1に対して岡投手の与四球8は確かに多い。しかし、それは一点勝負の投手戦で、二塁に走者を置いた投球では、一球の失投が命取りになることを熟知した苦心の投球の結果なのである。走者二塁で一塁が空いている場面での与四球は、そのうち5個あるのだが、ピンチに「焦らず、慌てず、気負わず」被安打2に押さえ込んでいるのがそれを物語っている。ピンチに動じないために迷わず、逃げずに自分を信じ、仲間を信じて投げていたのだろう。五回表、樹徳は相手失策を足掛かりに手堅く送り、タイムリーが出て決勝点を奪う。まさに勝負は「一瞬一球」で決まる。樹徳の勝負はまだ始まったばかり。昨年夏の決勝の借りを返すために、本当の勝負はこれからだ！「前商は悔し涙の野口投手を含めて5人のレギュラー（2年）が残る。来年に期待しよう！

第91回全国高校野球選手権群馬大会〈準々決勝〉

▲8回表富岡1死満塁、綿貫裕の中前打で松井瞭、今井がかえり同点とし、大喜びの富岡ベンチ

桐南 劇勝 延長10回サヨナラ、初4強

桐生南が4―4で迎えた延長十回、4番水野の右越え本塁打でサヨナラ勝ち。先発山田、寺田、今井、茂木の4人の継投で、被安打11、4失点ながらも、辛抱強くつないで援護を待った。富岡は3点リードされた八回、松井瞭、綿貫祐の適時打で同点に追い付いたが、最後に力尽きた。

富岡

				打	安	点	振	球
⑧	野口	(3)	安中二	2	0	0	0	3
⑤	高橋	(3)	安中二	3	0	0	1	0
②	新井利	(3)	富岡南	5	2	0	0	0
⑨	櫛島	(3)	高崎吉井中央	5	1	1	0	0
⑥	飯島	(3)	藤岡西	4	0	0	1	1
①	松井瞭	(2)	甘楽一	5	2	1	0	0
⑦	今井	(3)	富岡南	3	1	0	0	1
③	黒沢	(3)	富岡南	5	3	0	0	0
④	綿貫祐	(3)	富岡東	5	2	2	0	0

犠	盗	失	併	残	打	安	点	振	球
3	1	2	1	11	37	11	4	2	5

桐生南

				打	安	点	振	球
⑦	藤田	(3)	桐生相生	3	0	0	1	2
④	浅野	(3)	桐生相生	4	1	0	1	1
⑥	藍原	(3)	桐生相生	3	0	0	1	0
②	水野	(3)	桐生梅田	4	3	2	0	1
③	滝沢	(2)	桐生相生	3	2	0	0	0
⑤	岸川	(3)	桐生境野	3	1	1	0	0
⑨	植木	(3)	太田薮塚本町	4	1	0	0	0
⑧	松井章	(3)	桐生西	4	2	0	0	0
①	山田	(3)	桐生川内	1	0	0	0	0
H	春田	(3)	みどり笠懸南	1	0	0	0	0
1	寺田	(3)	桐生東	0	0	0	0	0
1	今井	(3)	桐生新里	0	0	0	0	0
1	茂木	(3)	みどり大間々	1	0	0	0	0

犠	盗	失	併	残	打	安	点	振	球
5	0	0	0	8	31	10	3	3	4

▷**本塁打** 水野 ▷**三塁打** 松井瞭 ▷**二塁打** 黒沢 水野 ▷**審判** 星野 本田 土沢 犬童

2009年7月23日（木） 上毛新聞敷島球場

	1	2	3	4	5	6	7	8	9	10	計
富岡	1	0	0	0	0	0	0	3	0	0	4
桐生南	0	0	2	0	2	0	0	0	0	1x	5

勝負は「一瞬一球」

斎藤章児の目

勝負は「一瞬」のうちに決まった。八回に継投策のすきを突かれ、同点に追いつかれた桐生南は悪い流れのまま延長に入った。

その悪い流れを断ち切ってチームに勝利を呼び込んだのは十回裏の先頭打者、主砲水野耕大君（3年）の値千金の一発だった。

高崎商戦で好投手・渡辺貴仁君（同）から、延長戦でサヨナラ快勝打に続いての殊勲打である。ところが劇的なサヨナラホームランなのに、それほど派手なポーズもなく、淡々としてダイヤモンドを走っている姿にむしろ、さわやかな印象を受けた。

主将としてチームをまとめ、投手のリードに研ぎ澄まされた神経を使い「扇の要」としての仕事を果たす責任は、自分の喜びよりもはるかに重いということか。

「一球」の失投に涙した富岡の松井瞭汰君（2年）は六回以降はノーヒットに抑え、尻上がりに調子良くなっていた。一球の白球にかけた情熱にドラマが起こったのはその直後である。魔が差したかのように絶好球を配し、右翼スタンドへ運ばれてしまった。

悔しかっただろう。まさに勝負は「一瞬一球」（一瞬に全精魂をかたむけ尽くす一球）である。

大いに泣きたまえ！ そして反省してみよう。反省こそが前進の原点。早く立ち直って努力を惜しみなく—。

▶10回裏桐生南無死、水野が右翼スタンドにサヨナラ本塁打を放つ

第91回全国高校野球選手権群馬大会〈準決勝〉

▲1回表樹徳2死一、二塁、倉林の左前打で宮沢かえり先制

樹徳 逃げ切る 9回裏1死満塁しのぐ

大会屈指の好投手同士の対戦。序盤の少ないチャンスを確実にものにした樹徳が、昨年に引き続いて決勝の舞台に駒を進めた。樹徳が序盤の得点を守り切った。初回は2死一、二塁から倉林の左前打で先制。三回は上村、風間の連続安打などで2死一、二塁とし倉林の内野ゴロが敵失を誘う間に二走が生還した。市前橋は九回、2四球と敵失で1死満塁の好機を得たが、後続を封じられた。

樹　徳

				打	安	点	振	球
⑤	宮　沢	(3)	大泉南	3	0	0	0	1
④	上　村	(3)	伊勢崎宮郷	3	1	0	0	0
⑧	風　間	(3)	大泉南	4	2	0	0	0
①	岡	(3)	大泉南	3	0	0	0	1
⑥	倉　林	(3)	伊勢崎三	4	2	1	0	0
②	米　田	(3)	邑楽	3	0	0	1	0
③	丸　本	(3)	桐生菱	4	0	0	1	0
⑨	梅　野	(3)	栃木足利山辺	3	0	0	1	0
⑦	根岸祐	(3)	伊勢崎殖蓮	3	0	0	1	0
			犠盗失併残					
			20215	30	5	1	4	2

市　前　橋

				打	安	点	振	球
⑤	木　暮	(3)	群大附	3	1	0	1	1
④	石　川	(3)	前橋鎌倉	3	1	0	1	0
⑧	中　根	(3)	前橋南橘	3	0	0	2	0
⑨	上　村	(3)	前橋春日	4	0	0	3	0
⑦	岡　田	(3)	前橋五	2	1	0	0	0
R	石　井	(3)	前橋広瀬	0	0	0	0	0
73	松　井	(3)	前橋二	0	0	0	0	0
H	秦　野	(3)	前橋桂萱	1	0	0	0	0
3	金　子	(3)	前橋四	0	0	0	0	0
⑥	佐　藤	(3)	前橋二	3	0	0	1	0
①	塩　沢	(3)	前橋富士見	3	0	0	1	0
②	黒　岩	(3)	前橋芳賀	2	0	0	1	0
H	笹　沢	(3)	前橋南橘	1	0	0	1	0
③	斎　田	(2)	前橋二	1	0	0	0	0
H7	竹　原	(3)	前橋南橘	1	0	0	1	1
			犠盗失併残					
			20104	27	3	0	12	2

▷**二塁打**　岡田　▷**審判** 飯塚　井汲　阿部　岩野

2009年7月27日（月） 上毛新聞敷島球場

	1	2	3	4	5	6	7	8	9	10	計
樹徳	1	0	1	0	0	0	0	0	0		2
市前橋	0	0	0	0	0	0	0	0	0		0

樹徳の機動力光る

斎藤章児の目

左腕岡貴之君（3年）と右腕塩沢雅之君（同）両エースの投げ合いは、3度のヒットエンドランで果敢に攻めた樹徳が2―0で勝利した。樹徳ベンチは好投手塩沢君への攻略法として、まともに攻めては難しいと判断し、立ち上がりの調子の出ないうちに機動力を使ったことが成功した。

一方、市前橋もチャンスが無かったわけではない。初回のスリーバント失敗。五、九回のチャンスに、いずれも一本が出ず得点機を逸したが、良く攻めていた。

強豪校相手に堂々とした戦いぶりは、シード校が次々と敗れるなかで、この大会を盛り上げ、ベスト4は大いに称賛に値する。

就任4年目のベテラン高橋幸男監督（60）のチームづくりに敬意を払いたい。市前橋は敗れはしたが「さわやか」な印象は夏の青空と良く似合う。

「技の巧拙にあらず、勝敗にあらず、若人が己の持つ熱と力の総《すべ》てを傾注し尽して汚れなき白球を『一心不乱』に追い続けることこそ、高校野球の生命である」。高校野球の父と呼ばれた故佐伯達夫先生が残された精神野球を、次代の高校生に教える指導者の責任は大いなるものがある。

▶ピンチにマウンドに集まりナインから励まされる塩沢投手

第91回全国高校野球選手権群馬大会〈決勝〉

▲2回表農大二1死三塁、鶴田のスクイズで上原がかえり先制

農二 15年ぶりV 加藤完封、打線も援護

伝統校復活―。農大二が2―0で樹徳を下して、15年ぶり5度目の栄冠をつかんだ。序盤に先制点を奪った農大二が中盤にも1点を加え逃げ切った。二回1死三塁から鶴田のスクイズで1点を先行。六回には青木の右前打などで2死二塁にすると、4番町田の中前適時打で1点を加えた。投げては先発加藤が直球と変化球を低めに集め、10三振を奪う好投で6安打無失点に抑えた。樹徳は一、二回、得点圏に走者を進めたが、あと一本が出なかった。終盤の八回には上村の左前打で1死一塁にしたが、併殺に打ち取られた。

農大二

守	選手	学年	出身	打	安	点	振	球
⑧	青木	(3)	渋川金島	5	1	0	3	0
③	中溝	(3)	高崎長野郷	2	0	0	0	1
⑦	緋田	(2)	埼玉熊谷三尻	3	0	0	3	0
②	町田	(3)	藤岡北	4	3	1	0	0
⑤	沼沢	(2)	桐生南	2	1	0	0	1
⑨	上原	(3)	安中松井田北	3	1	0	1	1
⑥	鶴田	(2)	富岡南	3	0	1	0	0
①	加藤	(3)	渋川北	4	1	0	2	0
④	立岡	(2)	桐生西	3	0	0	0	1

犠盗失併残――
4 0 0 1 8 29 7 2 9 4

樹徳

守	選手	学年	出身	打	安	点	振	球
⑤	宮沢	(3)	大泉南	4	1	0	2	0
④	上村	(3)	伊勢崎宮郷	4	1	0	1	0
⑧	風間	(3)	大泉南	4	1	0	0	0
①	岡	(3)	大泉南	3	1	0	0	1
⑥	倉林	(3)	伊勢崎三	4	0	0	2	0
②	米田	(3)	邑楽	3	0	0	1	1
③	丸本	(3)	桐生菱	4	0	0	2	0
⑦	根岸祐	(3)	伊勢崎殖蓮	3	1	0	1	0
⑨	梅野	(3)	栃木足利山辺	3	1	0	1	0

犠盗失併残――
0 1 1 0 7 32 6 0 10 2

▷**二塁打** 町田　▷**審判** 飯塚実　星野　角田　阿部

2009年7月28日（火）　上毛新聞敷島球場

	1	2	3	4	5	6	7	8	9	10	計
農大二	0	1	0	0	0	1	0	0	0		2
樹徳	0	0	0	0	0	0	0	0	0		0

苦戦しのぎ成長

斎藤章児の目

農大二の選手諸君、15年ぶりの優勝おめでとう！町田卓也主将（3年）を中心に部員105人の「全員戦力」がもたらした優勝である。

初戦から苦戦の連続で、どこで負けてもおかしくないし、気の抜けない試合の連続であった。しかしその苦しい試合が日ごとに農大二をたくましく成長させてくれた。目標に向かって全員が一つになることほど強いものはないことを学んだはずだ。

この大会ベスト4でシード校が残ったのは農大二だけで優勝候補が次々と消えていった。

何がそうさせたか、なかなか難しく答えが見つからないが、高校生の心理は微妙に動き不安に揺らぐもの。優れた技の持ち主でも精神面に不安を持った時は思いもかけないミスをする。そんなシーンを何度か見たが、そのために忍耐強く基本練習の反復をし、この大会を目指したはずなのに。

今年も熱い夏（県予選）、夢舞台が終わりました。勝って涙、負けて涙、見るものも涙。これが高校野球の良さ。これらは何を物語っているのか。何を教えてくれるのか。さまざまな思いが込められている。

▶2回表農二無死二、三塁、打者鶴田がスクイズをはずされ樹徳・捕手米田が三本間で三走・沼沢を挟殺にする

THE JOMO SHINBUN　2009年（平成21年）7月29日（水曜日）（日刊）

上毛新聞

農二 夏甲子園

15年ぶり5度目

15年ぶりの甲子園を決め大喜びで応援席に駆け寄る農大二ナイン＝上毛新聞敷島

樹徳に2―0 強豪対決制す

全国高校野球県大会

第91回全国高校野球県大会最終日は28日、前橋・上毛新聞敷島球場で決勝を行い、農大二が2―0で樹徳に完封勝ちし、15年ぶり5度目の優勝を飾った。試合は県内屈指の左腕エース同士による投手戦となり、農大二は二回に先制、六回に追加点を挙げて接戦を制した。全国大会は8月に甲子園球場で開幕。組み合わせ抽選会は5日に行われ、対戦相手が決まる。

決勝は、春季大会4強でシード校の農大二と昨年準優勝の樹徳の強豪校同士が対戦。夏の決勝では24年ぶり2度目の顔合わせで、農大二は前回（5―0）に続いての勝利となった。

この日は試合途中から小雨の天候となったが、両校応援団を中心に大勢の観客が詰め掛け、白熱した投手戦を見守った。

先手を取ったのは農大二。二回1死三塁から鶴田龍斗選手（2年）のスクイズで先制。六回は2死二塁から4番の町田卓也選手（3年）が中前打で貴重な追加点を挙げた。加藤綾投手（同）は、緩急を付けた投球で樹徳打線を6安打に抑え、10奪三振の力投を見せた。決勝まで全試合を1人で投げ抜いた。

樹徳は、岡賀之投手（同）を中心に2失点で粘ったが、打線が振るわなかった。

農大二は1982年、夏の甲子園に初出場し1勝を挙げた。2度目の85年は3回戦へ進出。89年、94年はともに2回戦で涙をのんだ。

関連記事 20、23、24、25面

上毛新聞社
© 上毛新聞社 2009年

上毛新聞 2009年7月29日付

2011年（平成23）

斎藤章児の目
榛名ー藤岡中央戦
両校の力の差はほとんど
なかったはず。藤岡中央に
すれば、三回のバント処
のミスから出た失点が悔や
まれる。それが最後まで
を引いてし
った。
三回、榛
は四球と犠
で1死二

第93回全国高校野球選手権群馬大会〈1回戦〉

▶3回表榛名2死満塁、奥田が坂東、吉田をかえす中前打を放つ

榛名 逃げ切る

榛名は三回、1死満塁から砂山樹の内野ゴロと奥田の2点適時打で先制した。四回は先頭戸塚の中前打を2犠打でつなぎ、坂東の適時二塁打で加点。以降も小刻みに得点して逃げ切った。藤岡中央は五回、松宮の2点適時打で反撃。八回も内野ゴロで点差を詰めたが、届かなかった。

榛　名

				打	安	点	振	球
④	吉田	(3)	前橋七	3	1	0	0	2
⑧	砂山樹	(2)	伊勢崎四	5	2	2	1	0
⑦	越塚	(3)	高崎片岡	3	1	0	1	1
R7	井坂	(3)	高崎長野郷	1	0	0	1	0
③	奥田	(3)	高崎並榎	4	2	2	0	1
⑨	砂山喜	(1)	伊勢崎四	4	0	0	1	0
⑥	戸塚	(3)	高崎長野郷	5	2	1	0	0
⑤	宮田	(1)	伊勢崎二	3	1	0	1	1
①	原田	(3)	高崎箕郷	1	1	0	0	1
②	坂東	(3)	高崎並榎	3	2	1	0	0

犠	盗	失	併	残					
5	0	1	1	10	32	12	6	5	6

藤岡中央

				打	安	点	振	球
⑥	土谷	(3)	藤岡小野	3	0	0	1	2
④	黒沢	(3)	藤岡鬼石	2	0	0	1	1
⑧	松宮	(3)	藤岡北	3	1	3	0	1
⑨	後藤	(2)	藤岡北	5	0	0	0	0
⑦5	青木	(3)	藤岡小野	5	3	0	0	0
③	山田	(2)	藤岡鬼石	3	1	0	0	0
H	多田	(3)	高崎新町	1	0	0	1	0
②	高橋惇	(2)	高崎吉井中央	3	0	0	0	1
⑤	高山	(2)	高崎矢中	2	1	0	0	0
H5	下風	(3)	藤岡小野	1	0	0	1	0
7	根岸	(2)	藤岡北	1	1	0	0	0
①	川野	(2)	藤岡小野	3	2	1	0	0

犠	盗	失	併	残					
5	1	0	0	11	32	9	4	4	5

▷**二塁打** 坂東　宮田　奥田　▷**審判** 桑原和　伊藤　関根　田原

2011年7月9日（土） 上毛新聞敷島球場

	1	2	3	4	5	6	7	8	9	10	計
榛名	0	0	3	1	1	1	0	0	0		6
藤岡中央	0	0	0	0	2	0	1	1	0		4

「つなぎ」の必要性

斎藤章児の目

両校の力の差はほとんどなかったはず。藤岡中央にすれば、三回のバント処理のミスから出た失点が悔やまれる。それが最後まで尾を引いてしまった。

三回、榛名は四球と犠打で1死二塁。次打者の送りバントの打球は三塁方向へ転がった。だが、投手が取り損ね、三塁手も足が出ずに内野安打になってしまった。2年生投手の若さが出たのだろう。どうしてここで声が出なかったのか。捕手でも内野手でも、つなぎの声が欲しかった。

攻撃でも守備でも「つなぎ」が大切だ。1発のない高校野球では、バントが打線をつないで得点する上で欠かせない戦法。守備でも声や中継など、「つなぎ」がたくさんある。守備のつなぎがうまくいかないと、今回のように投手が苦しくなってしまう。

榛名は四回以降もバントを生かし得点を重ねたが、逆に点差をつけられた藤岡中央はバントを封じられ、戦法の幅が狭くなってしまった。それが後半追い上げ切れない要因。「つなぎ」は高校野球では生命線なのだ。

▲4回表榛名2死満塁、坂東の大飛球にダイビングキャッチを試みるも一歩及ばず。砂煙に包まれる藤岡中央の右翼手・後藤

第93回全国高校野球選手権群馬大会〈2回戦〉

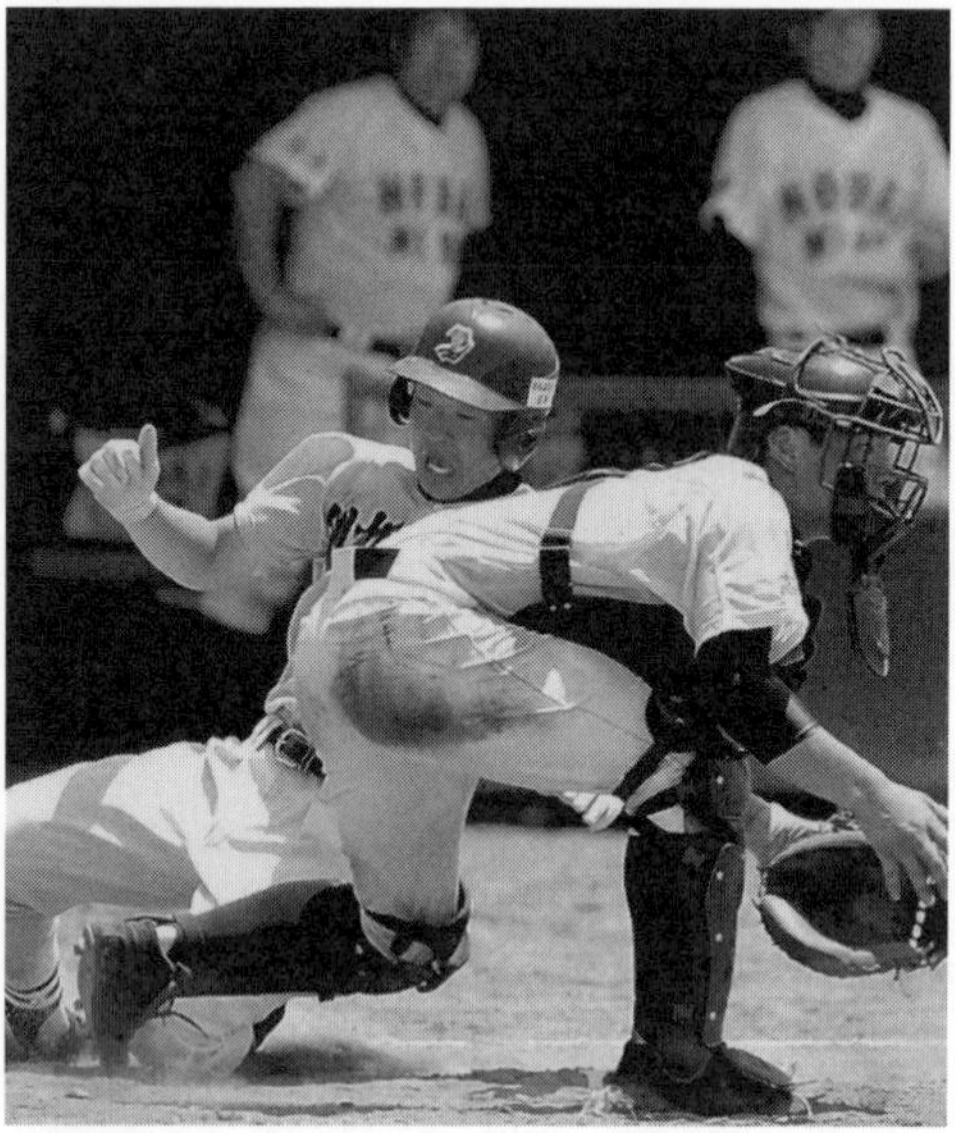

▶11回表利根商2死二塁、塚原の中前打で富沢がかえり決勝点

利商 延長11回制す

利根商は3点を追う五回、吉原の右前適時打で2点を返すと九回に代打登坂の適時二塁打で同点。11回には塚原の中前適時打で勝ち越した。初回1死から救援の吉原は10回3分の2を無失点の好投。農大二は初回、斎藤の2点二塁打などで3点を先制するも、その後は好機を生かせず。好投の遠藤を援護できなかった。

利根商

				打	安	点	振	球
④	関　口	(3)	前橋一	6	1	0	1	0
⑥	横　坂	(2)	沼田西	5	2	0	0	0
⑧1	吉　原	(3)	沼田利根	4	2	2	0	1
②	星	(3)	片品	4	0	0	0	1
⑦87	諸田貴	(3)	沼田白沢	4	0	0	1	1
⑨	富　沢	(2)	沼田	5	1	0	0	0
⑤	小　寺	(3)	沼田西	5	0	0	0	0
③	星　野	(2)	片品	3	1	0	1	0
H	諸田雄	(3)	昭和	1	0	0	0	0
R8	林　淳	(2)	昭和	1	0	0	1	0
①7	平　沢	(3)	みなかみ新治	3	1	0	0	0
H	登　坂	(3)	沼田利根	1	1	1	0	0
R	山　田	(2)	沼田利根	0	0	0	0	0
3	塚　原	(2)	渋川金島	1	1	1	0	0

犠	盗	失	併	残					
0	0	0	0	9	43	10	4	4	3

農大二

				打	安	点	振	球
⑥	梅　津	(3)	高崎矢中	6	2	0	1	0
⑤	小須田	(1)	前橋東	3	2	0	1	0
④	吉田恭	(2)	前橋桂萱	5	2	1	0	0
③	茂　木	(3)	安中二	5	1	0	0	0
②	橋　爪	(2)	前橋三	4	1	0	0	1
⑨	斎　藤	(2)	神流中里	5	2	2	0	0
⑦	吉田亮	(3)	富岡西	5	0	0	0	0
①	遠　藤	(3)	玉村南	4	1	0	0	0
H	富　田	(2)	高崎片岡	1	1	0	0	0
R	飯　野	(3)	高崎並榎	0	0	0	0	0
⑧	鶴　谷	(3)	みどり大間々東	5	0	0	0	0

犠	盗	失	併	残					
2	0	1	1	10	43	12	3	2	1

▷**三塁打**　横坂　▷**二塁打** 吉原　登坂　富沢　斎藤　吉田恭　橋爪　富田　▷**審判** 堂前　井汲　羽部　関根

2011年7月11日（月） 伊勢崎球場

	1	2	3	4	5	6	7	8	9	10	11	計
利根商	0	0	0	0	2	0	0	0	1	0	1	4
農大二	3	0	0	0	0	0	0	0	0	0	0	3

斎藤章児の目

1点の大切さ教える

1点をおろそかにしては勝てないということを改めて認識させられた試合だった。得点機に確実なプレーで点を取りに行かないと、負けたら終わりのトーナメントは勝ち抜けない。

初回1死二、三塁、五回1死三塁。農大二には少なくとも2度、スクイズで4点目を奪う好機があった。スクイズは消極的と思う人がいるかもしれないが、スクイズはベンチの勇気が問われる積極策だ。

一発の少ない高校野球ではいかに1点を奪いに行くかが大切で、そのために「セオリー」が存在する。両軍ともにベンチの動きが少なかったのは残念。是が非でも次の1点を取りに行くという姿勢を見せてほしかった。

勝敗を分けたのは継投のタイミングだろう。農大二は先発の遠藤君が頑張ったため、結果的に継投機を見失ってしまった。それに対して利根商の勝因は2番手の吉原君の好リリーフに尽きる。制球の良い低めの直球には自信を持っていい。利根商は機動力を生かせればもっと楽に戦えるはずだ。ベンチワークに期待したい。

第93回全国高校野球選手権群馬大会〈2回戦〉

▶4回表前工1死二、三塁、内山の中前打で松木に続き、神保が本塁突き2点先制

前工 完封勝ち

前橋工は四回、松木の右前打と原沢の犠打、神保の中前打で１死二、三塁とし、内山の２点適時打で先制。五回は松木の適時打と原沢のスクイズで２点加えた。先発内山は被安打４で完封。市前橋は六回、無死一、二塁で二走久保田が刺殺。好機を生かせず、主戦古川を援護できなかった。

前橋工

				打	安	点	振	球
⑥	田口	⑶	前橋一	5	1	0	0	0
⑧	角田	⑶	前橋芳賀	5	1	0	1	0
③	石原	⑶	前橋一	3	1	0	0	2
⑤	栗原	⑶	伊勢崎二	3	0	0	0	2
⑦	松木	⑶	桐生桜木	5	2	1	0	0
②	原沢	⑶	前橋富士見	2	0	1	0	1
⑨	神保	⑶	渋川古巻	4	2	0	0	0
R9	武田	⑵	前橋鎌倉	0	0	0	0	0
①	内山	⑶	伊勢崎三	4	2	2	0	0
④	藤沢	⑶	桐生相生	2	0	0	0	0

犠	盗	失	併	残	打	安	点	振	球
4	0	0	0	11	33	9	4	1	5

市前橋

				打	安	点	振	球
④	松本	⑶	前橋桂萱	4	1	0	0	0
⑧	山田	⑶	前橋富士見	4	0	0	0	0
①	古川	⑶	前橋一	3	0	0	0	1
⑨	岩野	⑶	前橋芳賀	3	0	0	0	1
R	宮田	⑶	前橋一	0	0	0	0	0
③	藤井	⑵	前橋宮城	4	0	0	0	0
⑦	新井	⑵	前橋南橘	1	0	0	1	1
H7	石田	⑶	前橋一	1	0	0	0	0
⑥	須田	⑵	渋川赤城北	3	0	0	0	0
⑤	北爪	⑵	前橋宮城	1	0	0	0	0
H	小林	⑵	群大附	1	0	0	0	0
5	高橋一	⑴	渋川赤城北	1	0	0	1	0
②	久保田	⑵	前橋一	3	3	0	0	0

犠	盗	失	併	残	打	安	点	振	球
0	1	1	1	5	29	4	0	2	3

▷**二塁打** 久保田　▷**審判** 吉崎　町田　工藤　高橋

2011年7月12日（火）上毛新聞敷島球場

	1	2	3	4	5	6	7	8	9	10	計
前橋工	0	0	0	2	2	0	0	0	0		4
市前橋	0	0	0	0	0	0	0	0	0		0

斎藤章児の目

セオリー通りの攻め

今年の前橋工は下馬評は低かったが、だからといって雑な攻撃にならずに、確実に1点を取りに行く伝統の野球を重んじていた。三、四回と先頭が出塁し、ともに犠打を試みた。三回は失敗したが、四回は成功。その結果、先制した。五回にも原沢君のスクイズで追加点を奪った。こうした前橋工らしい高校野球のセオリー通りの攻めにこだわったことが勝因となった。

敗れた市前橋も、前橋工を食ってやろうという気迫が前面に出ていた。三回に二塁打を放った久保田君は、三塁を狙って結果的にアウト。これも積極的な気持ちの表れで責められない。4点リードされた後も最後まで1点を狙って試合を捨てなかった。こういう野球を続ければ、2年前のような上位進出が期待できる。

開幕からの4日間を見て、マナーについて述べたい。グラウンドの出入りの際の一礼。対戦相手への敬意。応援団への感謝―。首をかしげたくなる場面がいくつかあった。野球は「礼に始まり、礼に終わる」。鍛錬の場である練習場をごみの山にしていないか。あいさつや思いやりを忘れていないか。選手、指導者ともに、勝敗にこだわるだけでなく、もう一度野球のマナーについて振り返ってほしい。

▲２回表西邑楽１死二塁、小湊の中前打で小島が本塁突き３点目

西邑楽 21 安打猛攻 再戦制す

西邑楽は長短 21 安打の猛攻。初回に堀越、糸沢の連打で２点を先制すると、二回は小湊、戸井田、堀越の適時打で４点を加えた。六回以降も攻撃の手を緩めず戸井田の三塁打、森江と小島の二塁打で差を広げた。序盤に大量点を許した太田は二回から追撃を開始。五回まで毎回得点で１点差に迫ったが、追いつけなかった。

西邑楽

				打	安	点	振	球
②	小湊	(3)	邑楽南	5	3	1	0	0
⑥	松本	(3)	邑楽	6	3	1	0	0
⑦	戸井田	(3)	邑楽南	3	2	1	0	2
H7	野口拓	(3)	大泉北	1	1	1	0	0
①	森江	(3)	邑楽南	5	1	1	1	1
③9	堀越	(2)	大泉西	5	4	3	0	0
⑨	糸沢	(3)	大泉南	3	3	3	0	1
3	栗原武	(3)	太田南	1	1	0	0	0
⑤	栗原健	(2)	太田休泊	4	0	0	1	0
④	野口隆	(3)	太田旭	5	1	0	0	0
⑧	小島	(3)	太田宝泉	3	2	1	0	0

犠	盗	失	併	残	打	安	点	振	球
8	4	5	1	13	41	21	12	2	4

太田

				打	安	点	振	球
⑥	藤生	(3)	太田薮塚本町	5	1	2	0	0
⑧	江島	(3)	太田西	5	1	0	0	0
②	黒田	(3)	太田生品	5	2	1	0	0
①	田島	(3)	太田南	1	0	0	1	0
1	小川	(2)	太田北	3	0	0	2	0
1	栗原崇	(2)	太田宝泉	0	0	0	0	0
H	小林	(3)	太田東	1	0	0	0	0
⑨	吉田	(1)	太田休泊	5	1	0	1	0
⑤	尾内	(3)	太田東	4	1	1	0	0
⑦	横塚	(1)	太田強戸	3	0	0	0	0
H	佐口	(3)	太田東	1	0	0	1	0
7	稲村	(2)	桐生清流	0	0	0	0	0
③	関	(2)	板倉	4	4	1	0	0
④	桜井	(3)	太田宝泉	2	1	1	0	0

犠	盗	失	併	残	打	安	点	振	球
2	0	1	0	7	39	11	6	5	0

▷**三塁打** 戸井田　吉田　関2　▷**二塁打** 小湊　堀越　小島2　森江　黒田　▷**審判** 吉崎　星野貴　田原　深沢

2011年7月13日（水）　伊勢崎球場

	1	2	3	4	5	6	7	8	9	10	計
西邑楽	2	4	0	1	0	2	1	3	0		13
太田	0	1	1	2	2	0	0	1	0		7

両チーム、力出し尽くす

斎藤章児の目

西邑楽は序盤に一気に6点の大量点を入れたが太田は諦めなかった。1点差となった五回までは、両チームとも全く互角の戦い。勝利の女神はいたずら好きでどっちに勝利を与えるか分からないが、五回終了時のグラウンド整備によるインターバルは僅差に迫られた西邑楽にとって幸運だった。ひと息入れられ、平常心を取り戻したようだ。

前日の延長十五回と再試合の九回の計二十四回を両チームとも、力を出し尽くして戦った。思うように力を出せずに余力を残したまま、初戦で敗れ去ったチームがある中、高校野球の理想と言っていいだろう。大いに褒めてやりたい。

西邑楽の森江君は2日間を1人で投げ抜く力投を見せた。ナインも守備や打撃で応え、さらに森江君がそれを感じながらマウンドに立ち、球威はまったく衰えない。チームにいい循環が生まれ、一つになっていった。

太田は伝統的な粘り強い野球を見せてくれた。大差も決して諦めない姿勢は、まさに高校野球の模範。「一球入魂」―。学生野球の父、飛田穂洲が、野球に取り組む姿勢を表した言葉を思い出した。死闘を尽くしたゲームは本当に立派だった。

▶気力あふれるプレーを見せた田島投手（中）

第93回全国高校野球選手権群馬大会〈3回戦〉

▲8回裏桐生第一1死三塁、林の左犠飛で八代がかえり勝ち越し。捕手根岸

桐一辛勝 土壇場で勝負の強さ

桐生第一は二回、1死満塁から江田の左前打で先制。1—1で迎えた八回には、先頭の八代が左越え三塁打で出塁し、林の左犠飛で勝ち越した。先発前田は自責点0で完投。伊勢崎清明は八回、高井が左前打で出塁し、犠打と敵失で同点としたが、直後に一走品田が挟殺され、好機を生かせなかった。

伊勢崎清明

				打	安	点	振	球
⑥	甲斐	(2)	伊勢崎境北	3	0	0	1	1
⑤	田島	(2)	玉村	2	0	0	0	0
H	今井	(3)	玉村	1	0	0	0	0
⑨	山口	(2)	伊勢崎二	4	0	0	1	0
②	根岸	(3)	伊勢崎あずま	4	0	0	2	0
①	松本	(3)	伊勢崎四	3	1	0	0	0
④	岩崎	(1)	伊勢崎宮郷	2	1	0	0	0
⑦3	高井	(3)	伊勢崎境北	3	2	0	0	0
③	岩村	(3)	玉村南	2	0	0	0	0
H7	長南	(3)	太田南	0	0	0	0	0
⑧	品田	(3)	伊勢崎西	3	0	0	0	0

犠盗失併残
3 0 1 1 3 27 4 0 4 1

桐生第一

				打	安	点	振	球
⑦	八代	(3)	栃木足利毛野	4	2	0	0	0
7	阿部	(3)	伊勢崎二	0	0	0	0	0
⑤	山田亮	(3)	栃木足利毛野	4	0	0	1	0
⑥	林	(3)	みなかみ新治	3	1	1	0	0
⑨	山田雅	(3)	みどり大間々	4	0	0	0	0
③	川嶋	(2)	板倉	3	0	0	0	0
①	前田	(3)	栃木小山間々田	2	0	0	0	0
⑧	海老沼	(3)	渋川伊香保	2	1	0	1	1
②	小野田	(3)	広島三原二	3	1	0	0	0
④	江田	(2)	桐生境野	3	1	1	0	0

犠盗失併残
2 0 2 1 5 28 6 2 2 1

▷**三塁打** 八代　▷**審判** 岡部　工藤　角田　石田

2011年7月16日（土） 上毛新聞敷島球場

	1	2	3	4	5	6	7	8	9	10	計
伊勢崎清明	0	0	0	0	0	0	0	1	0		1
桐生第一	0	1	0	0	0	0	0	1	×		2

斎藤章児の目

失策が勝負分ける

甲子園常連校の桐生第一に対し、伊勢崎清明は敗れはしたが堂々と互角に渡り合った。

清明のエース松本君は、気負わず、焦らず、慌てずということを念頭においた投球をした。緊張につながる先入観や気負いを取り払うことで普段の実力を発揮し、それがチーム全体に波及した。桐一に対して自分たちの野球を貫けたことで勝利への可能性が見えた。

対する桐一の前田君は評判通りの投球だった。それでもまだ制球に問題があり、試合を重ねるともっと良くなる。前田君の出来次第では桐一の復活もあり得る。

両チームとも失策絡みの失点があった。投手戦では失策が勝負を分ける。

また、八回裏の桐一八代君の左越え三塁打。清明の左翼手は代わったばかりの選手。あの場面は守りが浅すぎた。1点勝負では、交代選手に対して守備位置など細かい指示が大切だ。

高校野球の父と呼ばれた佐伯達夫先生の言葉を記したい。「技の巧拙にあらず、勝敗にあらず、若人が己の持つ熱と力のすべてを傾注し尽くして汚れなき白球を一心不乱に追い続ける姿こそ高校野球の生命である」。まさにこのような高校野球にふさわしい好ゲームだった。この野球精神を次代の高校生に教える指導者の責任は大いなるものがある。

第93回全国高校野球選手権群馬大会〈3回戦〉

▶3回裏高崎商2死一塁、石田が左越えに2ランを放ちガッツポーズで三塁を回る

石田（高商）大会タイ7打点

高崎商の石田拓哉（2年）は7打点を記録、第86回大会の加藤浩崇（太田）の持つ1試合個人最多打点記録に並んだ。高崎商は初回、斉藤希の内野ゴロと石田の適時三塁打などで4点先制。三回には石田が2ランを放ち、五回にも石田、中島、関と立て続けに適時打を放って4点を追加し、突き放した。吉井は四回、暴投で1点。六回にも暴投と喜多川の内野ゴロで2点返したが、及ばなかった。

吉井

				打	安	点	振	球
⑤	神沢	(2)	高崎吉井中央	3	0	0	1	1
④	関	(2)	富岡北	2	0	0	0	1
⑨	林	(3)	高崎吉井中央	2	1	0	0	2
③2	山崎	(3)	高崎吉井西	3	1	0	0	1
⑥	茂木力	(3)	高崎吉井中央	4	2	0	1	0
⑦	新井	(3)	高崎吉井中央	1	0	0	0	1
⑧	三ツ木	(2)	富岡	0	0	0	0	2
1	吉田	(2)	甘楽一	0	0	0	0	0
1	松井賢	(2)	富岡北	0	0	0	0	0
①3	喜多川	(3)	高崎吉井中央	3	0	1	2	0
②8	岡野	(2)	富岡北	3	1	0	1	0

犠	盗	失	併	残					
3	0	3	0	8	21	5	1	5	8

高崎商

				打	安	点	振	球
⑧	内田	(2)	高崎豊岡	4	1	0	1	0
⑨	湯浅	(3)	高崎中尾	3	0	0	0	0
H	青柳	(3)	高崎箕郷	1	1	0	0	0
9	斎藤和	(3)	玉村南	0	0	0	0	0
⑥	岡田	(3)	高崎高南	3	1	0	0	1
③	木村	(3)	高崎片岡	3	0	0	0	1
⑤	斉藤希	(3)	吉岡	3	2	1	0	1
④	石田	(2)	富岡西	4	4	7	0	0
⑦	中島	(2)	伊勢崎宮郷	3	1	1	0	0
1	両角	(2)	渋川	0	0	0	0	0
H	田畑	(3)	高崎高南	1	0	0	0	0
1	金井	(3)	藤岡小野	0	0	0	0	0
②	深沢	(2)	高崎佐野	3	0	0	0	0
2	今井	(3)	高崎高南	0	0	0	0	0
①7	関	(2)	高崎倉渕	3	1	1	0	0

犠	盗	失	併	残					
0	2	0	1	5	31	11	10	1	3

▷**本塁打** 石田　▷**三塁打** 石田　▷**二塁打** 山崎　▷**審判** 角田　川崎　川村　常沢

2011年7月17日（日） 上毛新聞敷島球場

	1	2	3	4	5	6	7	8	9	10	計
吉井	0	0	0	1	0	2	0				3
高崎商	4	0	2	0	4	1	×				11

斎藤章児の目

勝負決するのは練習

初戦をコールド勝ちした吉井の戦いに注目した。しかし、初回で早くも興味は半減した。

一回裏、高崎商の攻撃。1死後、三塁手の失策と右前打、四球で満塁。続く斉藤希君の遊ゴロが送球ミスで併殺崩れとなり、1点。高商はその後も得点を重ねたが、本来ならば併殺に終わってこの回無得点だ。

上位との対戦では、相手に力を出させない戦法を考えることが必要だ。相手を分析し、守備では打者の欠点を探り、また、機動力を封じる。攻撃では狙い球を攻略し、守備の弱いところを突く。それができて初めて互角の試合ができる。しかし、この試合は初回ですでに勝負にならなかった。

高商は勝ったものの、3投手とも悪すぎだ。ストレート、球威、制球力ともいまひとつ。フォームが安定せず、投球時の体軸がずれている。シャドーピッチングが必要。今のままだと上位は厳しい。

吉井は全くキャッチボールができていない。グラブの芯で捕り、正確に送球する。そういう基本は練習場で作ってこなくてはいけない。基本をおろそかにするものは基本に泣く。実践では基本が一番大事だ。本来、勝負を決するのは試合場じゃなく、練習場ということを心掛けたい。

第93回全国高校野球選手権群馬大会〈3回戦〉

▶太商打線を3安打完封した高北の岩下

高北 岩下3安打完封、1点守る

　高崎北が投手戦を制した。四回無死から、犬塚の死球と内藤の四球、吉水の内野安打で満塁とし、田鹿の内野ゴロが敵失を誘う間に三走が生還、虎の子の1点を奪った。岩下は3安打完封。太田商は四回と八回を除き走者を出したが1本が出ず。九回も2死から連打で粘った。

太田商

				打	安	点	振	球
⑥	後藤	(3)	伊勢崎三	5	0	0	0	0
⑧	栗原	(3)	太田宝泉	1	0	0	0	3
⑨	田部井	(3)	栃木足利協和	3	0	0	0	1
③	福田	(2)	伊勢崎境北	2	0	0	2	0
H	櫛田	(2)	太田旭	1	0	0	0	0
3	大塚	(3)	太田旭	1	0	0	1	0
④	坂本	(3)	太田西	4	0	0	0	0
⑦	石川	(3)	千代田	3	1	0	0	1
⑤	柳田	(2)	館林西	2	0	0	0	0
H	長谷川	(2)	太田尾島	1	0	0	0	0
②	古郡	(3)	太田西	3	1	0	0	1
①	本島	(3)	太田北	2	0	0	1	0
1	嶋中	(3)	太田西	1	1	0	0	0

犠	盗	失	併	残	打	安	点	振	球
2	2	1	0	10	29	3	0	4	6

高崎北

				打	安	点	振	球
⑨	犬塚	(3)	高崎群馬中央	3	0	0	1	1
④	内藤	(3)	高崎榛名	3	1	0	1	1
⑤	吉水	(2)	安中二	4	1	0	2	0
③	田鹿	(3)	安中二	4	1	0	0	0
⑧	兵頭	(2)	安中二	4	0	0	2	0
①	岩下	(3)	高崎群馬中央	2	0	0	1	1
②	柴山	(2)	高崎榛名	3	0	0	0	0
⑥	田島	(3)	高崎寺尾	3	1	0	0	0
⑦	樋口	(3)	前橋東	2	0	0	0	0

犠	盗	失	併	残	打	安	点	振	球
1	0	1	0	7	28	4	0	7	3

▷**審判** 星野　折茂　佐藤　菊地

2011年7月18日（月） 高崎城南球場

	1	2	3	4	5	6	7	8	9	10	計
太田商	0	0	0	0	0	0	0	0	0		0
高崎北	0	0	0	1	0	0	0	0	×		1

斎藤章児の目

見応えある投手戦

高崎北と太田商の試合は緊張感のある投手戦だった。中堅校同士の対戦。両校の監督は3～5点差の戦いになるとみていたようだが、結果は予想に反して最少得点差の1―0で高崎北に軍配が上がった。

両校ともに積極的に攻めたが、それを上回る両校の投手の好投に見応えがあった。高崎北の岩下君は直球と変化球が低めに決まり、制球力が良かった。すっぽ抜けやワンバウンドは1球もなく、3安打完封を成し遂げた。フォームを見ると、投球時に軸足を起点に体重移動しながらつくる「ワレ」のバランスがよく、制球力をつくり、ボールが伸びていた。下半身を安定させるため、相当工夫した様子がうかがえ、よくできた形だった。

太田商の本島君と嶋中君もフォームの形を持っており、しっかりと軸足に「タメ」をつくり、バッターに向けて十分に踏み込んで投げており、本当に良かった。

高校野球の勝敗は、投手力が80～90%を左右する。そうした意味で高崎北と太田商の一戦は上位チームに勝るとも劣らない試合内容だった。両校の投手とも立派に投げ抜いた。

第93回全国高校野球選手権群馬大会〈4回戦〉

▶8回表健大1死、長坂が左越え本塁打を放ち3点目

健大高崎 終盤、底力

健大高崎は自慢の足を生かし、二回1死一、二塁から重盗。これが敵失を誘う間に本塁を突いた。同点の七回は小池の中越え三塁打と犠飛で勝ち越し。八回も長坂のソロなどで加点した。

大間々は五回、2死一、三塁から重盗で同点にした。先発今泉は踏ん張ったが終盤力尽きた。

健大高崎

				打	安	点	振	球
③	小池	(3)	前橋一	5	2	1	0	0
⑨	湯本	(3)	嬬恋東	5	3	1	1	0
⑦	竹内	(2)	前橋七	2	1	1	0	1
⑥	門村	(3)	兵庫尼崎常陽	5	1	0	0	0
⑤	内田	(2)	茨城筑西関城	4	1	0	0	1
⑧	柳沢	(3)	高崎佐野	4	2	0	0	0
②	長坂	(2)	富岡西	5	3	1	0	0
④	宇野	(3)	大阪四條畷西	2	0	0	1	3
①	星野	(3)	神奈川横浜六角橋	1	0	0	0	0
H	斉藤健	(3)	神奈川横浜南瀬谷	1	0	0	0	0
1	生井	(2)	茨城筑西下館西	0	0	0	0	0
H	吉田	(3)	甘楽二	1	1	0	0	0
R	舘野	(3)	高崎佐野	0	0	0	0	0
1	片貝	(3)	東吾妻岩島	1	0	0	1	0

犠	盗	失	併	残					
4	7	0	2	13	36	14	4	3	5

大間々

				打	安	点	振	球
⑨	川島	(2)	みどり大間々	3	0	0	0	1
⑥	井出	(3)	みどり大間々	4	1	0	0	0
①	今泉	(3)	桐生相生	3	0	0	1	1
⑤	小暮	(3)	みどり大間々	4	0	0	3	0
⑦	金子	(3)	みどり東	2	0	0	0	2
③	大塚	(2)	前橋宮城	4	0	0	3	0
②	深沢	(2)	みどり大間々	2	0	0	1	1
⑧	大川	(3)	前橋桂萱	2	2	0	0	1
④	中根	(2)	太田藪塚本町	3	0	0	2	0

犠	盗	失	併	残					
0	3	1	0	5	27	3	0	10	6

▷**本塁打** 長坂　▷**三塁打** 小池2　▷**審判** 岡部猛　常沢　川村　前田

2011年7月21日（木） 高崎城南球場

	1	2	3	4	5	6	7	8	9	10	計
健大高崎	0	1	0	0	0	0	1	3	0		5
大間々	0	0	0	0	1	0	0	0	0		1

斎藤章児の目

後半戦は地力の差

優勝候補の前橋育英を完封した大間々の大川投手と、健大高崎打線の対決を楽しみにしていた。だが、大間々は予想に反し背番号「5」の今泉君を先発させ、健大打線もなかなか攻略できない。健大は中盤まで大間々の拙攻に助けられ、互角の戦いを繰り広げた。

後半戦は今泉君の疲れと、健大打線の地力が出た。今泉君は六、七回が代え時。健大が六回から3投手を継投しているのに、どうして七回からでも大川君のリリーフを考えなかったのか。七回表の中越え三塁打も、正中堅手だったら取れた打球。1―1の同点だっただけに、なぜ代えなかったかと疑問が残る。

プロと間違えているのではないか。投手ローテーションの考えはあるべきでない。負ければ明日のない高校野球。一戦一戦全力を尽くし戦うものだ。大間々は力を出し切っていない。

この試合で注意したいことはもう一つ。二回と五回の得点はともに、二盗を刺そうと捕手が送球したが、誰も二塁ベースに入らず中堅に抜け、三走が生還したもの。これはボーンヘッドだ。

単独エラーはあっても、サインの見落としやアウトカウントの間違え、野手がベースを空けるといったボーンヘッドは犯してはならない。これは鉄則。うまい下手以前の問題だ。

第93回全国高校野球選手権群馬大会〈4回戦〉

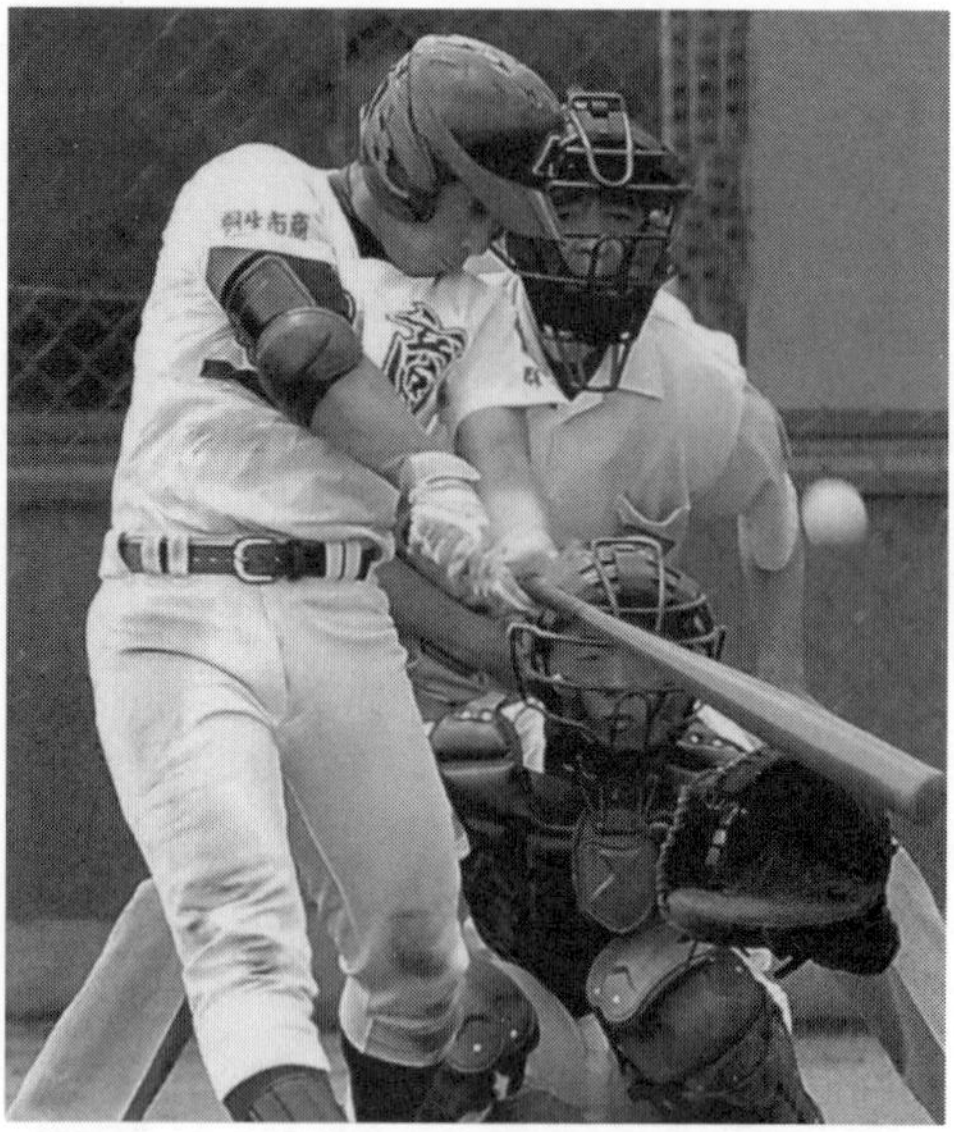

▶7回表桐生商1死二、三塁、広神が右越え3ランを放つ

桐商コールド 高北を圧倒

桐生商が13安打の猛攻でコールド勝ち。初回は広神の中越え三塁打で先制。四回に1点を加え、七回には広神の右越え3点本塁打が飛び出し、高崎北を圧倒した。広神はサイクル安打を達成。高崎北は桐生商の柿田、石内に4安打と抑え込まれ、三塁を踏むことができなかった。

桐生商

				打	安	点	振	球
⑥	川路	(3)	桐生東	3	0	0	0	1
⑨	山田	(2)	みどり笠懸	3	0	0	0	0
H9	田部井	(3)	伊勢崎赤堀	1	0	0	0	0
⑦	広神	(2)	前橋春日	5	4	4	0	0
⑧	坂本	(3)	前橋粕川	4	3	1	1	1
⑤	坂口	(3)	桐生相生	4	2	1	0	0
④	松島	(2)	桐生新里	3	2	1	0	2
③	猪熊	(2)	桐生桜木	3	1	1	0	1
1	石内	(3)	みどり笠懸南	0	0	0	0	0
①3	柿田	(2)	桐生相生	4	1	0	1	0
②	松村	(3)	桐生東	3	0	0	0	1

犠	盗	失	併	残	打	安	点	振	球
4	0	0	0	11	33	13	8	2	6

高崎北

				打	安	点	振	球
⑨	犬塚	(3)	高崎群馬中央	3	0	0	2	1
④	内藤	(3)	高崎榛名	4	2	0	1	0
⑤	吉水	(2)	安中二	4	0	0	1	0
③	田鹿	(3)	安中二	3	0	0	1	0
⑧	山口	(3)	安中二	0	0	0	0	0
8	兵頭	(2)	安中二	3	1	0	0	0
①	岩下	(3)	高崎群馬中央	3	0	0	2	0
②	柴山	(2)	高崎榛名	2	0	0	0	1
⑥	田島	(3)	高崎寺尾	3	1	0	1	0
⑦	樋口	(3)	前橋東	3	0	0	2	0

犠	盗	失	併	残	打	安	点	振	球
0	0	0	0	6	28	4	0	10	2

▷**本塁打**　広神　▷**三塁打** 広神　▷**二塁打** 広神　坂本　▷**審判** 木暮　高橋正　小林彰　和田

2011年7月22日（金）　高崎城南球場

	1	2	3	4	5	6	7	8	9	10	計
桐生商	1	0	0	1	0	0	4	2			8
高崎北	0	0	0	0	0	0	0	0			0

斎藤章児の目

2年生活躍で勢い

高崎北の岩下君は中3日の登板でフォームのバランスが悪く、ストライク、ボールがはっきりしていた。変化球が甘く高めに入り、ストレートがシュート回転して真ん中に集まっていた。

桐生商打線を六回まで何とか2点に抑えていたが、七回に広神君に右越え3ランを打たれて力尽きた。2ボール、2ストライクから球が真ん中に入ってしまった。一塁ベースが空いていたので、勝負を避けても良かったのではないか。

一方、勝ち上がるにつれて調子が出てきた桐生商は、2年生コンビの活躍が光った。投手の柿田君は7回を4安打完封、10奪三振。広神君はサイクルヒットで4打点。2年生が活躍していると、3年生が意地を見せ、相乗効果でチームに勢いが付く。今後の桐生商に注目してみたい。

柿田、広神の2選手はともにボーイズリーグ出身。ボーイズ出身者は他にも県内外の各チームに散らばっており、約400人が中心選手として活躍している。これからは中体連の軟式野球専門部とも協力して、群馬の高校野球のレベルアップにつなげるべき。高野連も双方に対して直接指導する機会を設けてほしい。

第93回全国高校野球選手権群馬大会〈準々決勝〉

▶9回裏前橋商1死三塁、根本の中飛で本塁を狙った鹿沼を前橋工の好守備でタッチアウト

2011年7月23日（土） 上毛新聞敷島球場

	1	2	3	4	5	6	7	8	9	10	11	12	計
前橋工	0	2	3	1	0	0	0	1	1	0	0	1	9
前橋商	1	0	0	4	0	0	0	0	3	0	0	0	8

前工 延長12回死闘制す

昨夏決勝の再現となった。前橋工が延長12回の死闘を制し、２年連続の４強進出を果たした。四回までに大量６得点を挙げると、その後も優位に試合を展開。同点に追いつかれた九回にサヨナラのピンチを防ぎ、12回２死一、三塁から武田が勝ち越し打を放って勝負を決めた。内山は制球に苦しみながらも、一人で投げ抜いた。前橋商は５点を追う四回、森沢翼の３点三塁打などで４点を返すと、九回には鹿沼の走者一掃三塁打で同点に。なおも無死三塁とするも、これを生かせず。最後は好投の柳岡が力尽きた。

前橋工

				打	安	点	振	球
⑥	田口	(3)	前橋一	5	2	0	0	1
⑧	角田	(3)	前橋芳賀	6	3	1	1	0
③	石原	(3)	前橋一	6	3	2	0	1
⑤	栗原	(3)	伊勢崎二	7	2	0	0	0
⑦	松木	(3)	桐生桜木	4	2	1	0	1
②	原沢	(3)	前橋富士見	6	2	1	1	0
①	内山	(3)	伊勢崎三	5	1	1	0	2
⑨	神保	(3)	渋川古巻	5	1	1	1	0
9	武田	(2)	前橋鎌倉	2	1	1	0	0
④	藤沢	(3)	桐生相生	5	2	0	0	0
H	田中	(3)	前橋五	1	0	0	0	0
4	摩庭	(2)	前橋芳賀	1	0	0	0	0

犠	盗	失	併	残					
5	0	0	1	18	53	19	8	3	5

前橋商

				打	安	点	振	球
②	岩井田	(3)	前橋大胡	6	2	0	1	0
④	森沢一	(3)	前橋七	4	0	0	2	1
⑧	森沢翼	(3)	前橋粕川	5	3	3	0	1
⑥	松井	(3)	渋川古巻	3	0	0	0	3
③	東海林	(2)	沼田薄根	6	2	1	0	0
⑨	鹿沼	(2)	前橋大胡	6	3	3	1	0
⑦	都丸	(3)	渋川赤城北	3	0	0	1	2
⑤	根本	(2)	前橋宮城	2	0	0	0	2
①	岩崎	(1)	太田宝泉	0	0	0	0	0
H	善養寺	(3)	高崎群馬中央	0	0	1	0	0
1	柳岡	(3)	榛東	2	0	0	1	0
H	須田	(3)	渋川赤城南	1	0	0	0	0

犠	盗	失	併	残					
7	0	4	0	10	38	10	8	6	9

▷**三塁打** 神保　森沢翼　鹿沼　▷**二塁打** 角田2　原沢　内山　森沢翼　▷**審判** 長谷川　星野　坂本　青木

斎藤章児の目　無失策の気迫に分

８強が出そろっていよいよ夏本番。いきなりここ数年トップに君臨する前橋商と前橋工が激突する好カードが実現した。左打者８人が並ぶ前橋商打線が前橋工の内山君をいかに攻略するか、前橋商の１年生エース岩崎君を前橋工の右打者がどう打つか。これが試合前のポイントだった。

結論から言えば、両チームとも成功した。岩崎君は重圧があったのか。置きに行った高めの直球をことごとく狙い打たれた。内野の失策という不運があったが、「置き・逃げ・高め」という投手の〝３悪〟が全て出てしまった。

対する内山君も無駄な球が多かった。特に満塁から２度の走者一掃を打たれたのは反省点だ。だが、きょう投げた２００球の疲れよりも勝てたことによる経験から得られたものは大きいはずだ。

最終的に勝敗を分けたのは九回裏に前橋商が同点に追いつき、無死三塁の場面。スクイズすると見せ掛けての揺さぶり、バスターやセーフティーなど選択肢はいくつもあったはず。打線が連打でつくった絶好機だっただけに、ベンチが選手に勝利をプレゼントしないといけなかった。富岡監督としては非常に悔いの残る敗戦だろう。

短期決戦はいかに流れに乗るかが大切で、そのためには守備に隙をつくらずに余計な失点を防ぐことが勝利の鉄則。守備を固めることで味方にテンポが生まれ、相手の流れをそぐことができる。そういう意味で今日は、無失策だった前橋工の気迫が試合巧者の前橋商を上回った。互いの意地と気迫がぶつかった見応えのある好ゲームだった。

▲９回裏前橋商無死満塁、鹿沼が走者一掃の右中間三塁打を放ち同点

第93回全国高校野球選手権群馬大会〈準々決勝〉

▶高崎商に逆転負けし、悔し涙を流しながら応援席にあいさつに向かう高崎ナイン

高商 4点差逆転 猛攻一挙7点

高崎商は八回、先頭の代打青柳からの連打で好投していた先発大竹を降板させると、2番手の島田も攻略。連続四球で押し出しの後、3番岡田と4番木村の連続適時打で逆転した。勢いは止まらず、斉藤希、石田もこの日初安打で続き、2四球などもあり、大量7点を挙げた。七回までは完全に高崎ペース。初回、敵失に乗じて先制し、四回には長打を足場に適時打2本で着々と加点。六回も3連打でリードを広げた。3点を追う九回、2安打で粘ったが実らなかった。

高崎商				打	安	点	振	球
⑧	内田	(2)	高崎豊岡	4	1	0	0	1
⑨	湯浅	(3)	高崎中尾	3	0	1	0	1
⑥	岡田	(3)	高崎高南	5	1	2	1	0
③	木村	(3)	高崎片岡	5	2	2	0	0
⑤	斉藤希	(3)	吉岡	4	1	0	0	0
④	石田	(2)	富岡西	4	1	0	0	0
⑦	中島	(2)	伊勢崎宮郷	3	0	0	0	1
②	今井	(3)	高崎高南	1	0	0	0	1
H	青柳	(3)	高崎箕郷	1	1	0	0	0
R	河内	(3)	高崎箕郷	0	0	1	0	1
2	深沢	(2)	高崎佐野	0	0	0	0	0
①	関	(2)	高崎倉渕	1	0	0	0	0
1	金井	(3)	藤岡小野	3	1	1	1	0

犠	盗	失	併	残	打	安	点	振	球
1	1	5	1	6	34	8	7	2	5

高崎				打	安	点	振	球
⑦	織茂	(3)	安中二	5	2	1	0	0
⑥	中沢	(1)	高崎吉井中央	4	1	0	1	1
⑤	桜井	(3)	高崎矢中	5	2	2	2	0
⑨	桑原	(3)	沼田南	3	0	0	1	1
9	岸	(3)	藤岡小野	1	1	0	0	0
③	塚越	(3)	高崎大類	5	1	0	1	0
⑧	大谷	(3)	玉村南	5	1	0	0	0
④	金子	(2)	榛東	5	2	0	0	0
②	諏訪	(3)	高崎高松	2	1	0	0	1
①	大竹	(3)	伊勢崎三	4	0	0	0	0
1	島田	(2)	高崎倉賀野	0	0	0	0	0
1	新井	(3)	藤岡鬼石	0	0	0	0	0
1	原田	(3)	高崎倉渕	0	0	0	0	0

犠	盗	失	併	残	打	安	点	振	球
1	2	1	0	12	39	11	3	5	3

▷**二塁打** 金子　桜井　▷**審判** 町田　吉沢　高橋正　工藤

2011年7月24日（日） 上毛新聞敷島球場

	1	2	3	4	5	6	7	8	9	10	計
高崎商	0	0	0	0	0	0	0	7	0		7
高崎	1	0	0	2	0	1	0	0	0		4

難しい控えの肩づくり

斎藤章児の目

古豪高崎商対名門高崎の伝統の一戦。試合は終始高崎ペースで進んだが、終盤八回のワンチャンスに集中した高崎商が勝負には勝った。

この試合のポイントは八回の高崎の投手交代。大竹君は力みがなく、頭脳的な投球で七回までは0点に抑えていた。だが八回にやや疲れが見え、無死から連打で交代する。この交代は間違ってはいないと思うが、この回一挙7点を取られて逆転され勝負が決まった。

投手コーチのいない高校野球では、監督とブルペンの意思疎通が難しい。先発以外の投手はいつ監督から声が掛かるか分からない。試合状況を自分で判断しながら、肩をつくっていくことが大切だ。

きょうは高校野球の投手交代の難しさを考えさせられた。高崎はあまり深刻にならず、またいいチームをつくってほしい。高崎の選手と境原監督には「百折不撓《ひゃくせつふとう》」の言葉を贈りたい。

高崎商は本当は負けていた試合。失策や暴投がずいぶんあった。高崎商らしくない。きびきびした試合をしなければ、上位へは勝ち抜けない。

▶8回表高商無死二、三塁、木村が湯浅、岡田をかえす逆転の右前打を放ちガッツポーズ

第93回全国高校野球選手権群馬大会〈準決勝〉

▶1回表健大2死一、三塁、内田が竹内をかえす左翼線2塁打を放ち先制

健大高崎 創部10年、初めて決勝へ

健大高崎が序盤に主導権を握り、逃げ切った。初回、2死から竹内、門村、内田の3連打で先制。続く柳沢の死球で満塁とし、長坂の中前2点適時打でこの回計3点を挙げた。二回は湯本、竹内の連続四球を足掛かりに盗塁と門村の右前打で1点。三回は四球の長坂が犠打と右飛で三進、小池の中前打でかえった。桐生商は三回、1死二塁から川路の左中間二塁打で1点を返したが、四回以降は健大高崎の星野―片貝の投手リレーの前に1安打と完全に抑え込まれた。先発柿田は序盤に制球が安定せず、甘い球を痛打された。

健大高崎

				打	安	点	振	球
③	小池	(3)	前橋一	5	1	1	0	0
⑨	湯本	(3)	嬬恋東	3	0	0	1	2
⑦	竹内	(2)	前橋七	4	1	0	0	1
⑥	門村	(3)	兵庫尼崎常陽	5	2	1	1	0
⑤	内田	(2)	茨城筑西関城	4	1	1	0	0
⑧	柳沢	(3)	高崎佐野	3	0	0	0	1
②	長坂	(2)	富岡西	3	1	2	0	1
④	宇野	(3)	大阪四条畷西	2	2	0	0	1
①	星野	(3)	神奈川横浜六角橋	2	0	0	1	0
H	柳瀬	(3)	前橋四	0	0	0	0	0
1	片貝	(3)	東吾妻岩島	0	0	0	0	0

犠盗失併残
35008 31 8 5 3 6

桐生商

				打	安	点	振	球
⑥	川路	(3)	桐生東	2	1	1	0	2
③	猪熊	(2)	桐生桜木	2	0	0	0	0
1	石内	(3)	みどり笠懸南	1	0	0	0	0
H	臼井	(3)	桐生川内	1	0	0	0	0
3	下田	(3)	前橋粕川	0	0	0	0	0
⑦	広神	(2)	前橋春日	4	0	0	0	0
⑧	坂本	(3)	前橋粕川	4	2	0	0	0
⑤1	坂口	(3)	桐生相生	1	0	0	0	1
④	松島	(2)	桐生新里	3	0	0	0	1
①35	柿田	(2)	桐生相生	3	0	0	1	1
②	松村	(3)	桐生東	4	1	0	0	0
⑨	田部井	(3)	伊勢崎赤堀	2	0	0	0	0
H	遠藤	(3)	桐生新里	1	0	0	1	0

犠盗失併残
30008 28 4 1 2 5

▷**二塁打** 内田　川路　▷**審判** 岡部猛　角田　長谷川　深沢

2011年7月26日（火） 上毛新聞敷島球場

	1	2	3	4	5	6	7	8	9	10	計
健大高崎	3	1	1	0	0	0	0	0	0		5
桐生商	0	0	1	0	0	0	0	0	0		1

人の和で勝ち切る

斎藤章児の目

健大高崎の機動力野球が桐生商の2年生エース、柿田君を攻略できるかに注目した。結果は健大の機動力が勝った。足でかき回された柿田君はリズムを崩し、連打を浴びて序盤3回で降板した。勝負は明らかだった。

今年の健大が大切にしているのが「チームワーク」。その原点は信頼であり、心と心の結び付き。これまでは大味な野球で、肝心な場面で勝ち切れなかった。しかし、今年はスモールベースボールを徹底。創部10年で良いチームに仕上がったと思う。

高校野球の原点も「チームワーク」。一人一人の力は小さくても、幾重にもつながれば大きな力となる。健大の部訓の一つが「人の和に如かず」。人の和に勝るものはない。これに天の時、地の利が加われば勝利は不動になる。仲良しこよしはチームワークと違う。チームワークは人の和でしか生まれない。

桐商ナインは落胆しているでしょう。しかし、チームには次代の有力選手が集まっている。新チームの勝負はもう始まっている。頑張ってください。

▶3回表健大2死二塁、湯本の打席時に塁を飛び出した二走小池を二、三塁間で挟み、捕手松村がタッチしてアウト

第93回全国高校野球選手権群馬大会〈決勝〉

▶3回表健大2死一、二塁、長坂が門村をかえす中前打を放ち勝ち越し

健大高崎 初甲子園、高商に打ち勝つ

健大高崎が先発全員安打で、両チーム合わせて21安打の乱打戦を制した。1点をリードされた三回、湯本の中越え三塁打を足掛かりに門村の中前打で同点。さらに2死一、二塁として長坂の中前打で勝ち越した。四回は内田の左越え二塁打などで3点を加え、七回まで毎回得点で突き放した。先発星野は立ち上がりから制球に苦しみながらも7回を投げた。2番手片貝は九回に1死満塁のピンチを招いたが、1失点にとどめ、追撃をかわした。

高崎商は初回、無死一、二塁から敵失と木村の中犠飛で2点、二回は今井の左犠飛で1点を挙げた。六回は木村の左翼線二塁打など3安打で2点、九回は金井の右ゴロの間に三走が生還して1点と最後まで食い下がった。

健大高崎

				打	安	点	振	球
③	小池	(3)	前橋一	4	2	0	0	2
⑨	湯本	(3)	嬬恋東	4	2	1	0	0
⑦	竹内	(2)	前橋七	4	1	1	1	2
⑥	門村	(3)	兵庫尼崎常陽	6	2	1	1	0
⑤	内田	(2)	茨城筑西関城	5	1	2	0	1
⑧	柳沢	(3)	高崎佐野	2	1	0	0	2
②	長坂	(2)	富岡西	3	2	2	0	2
④	宇野	(3)	大阪四条畷西	4	1	0	0	1
①	星野	(3)	神奈川横浜六角橋	4	1	1	3	0
H	柳瀬	(3)	前橋四	0	0	0	0	0
1	片貝	(3)	東吾妻岩島	0	0	0	0	0

犠盗失併残——

4 9 2 0 13 36 13 8 5 10

高崎商

				打	安	点	振	球
⑧	内田	(2)	高崎豊岡	4	0	0	3	1
⑨	湯浅	(3)	高崎中尾	4	1	0	2	0
⑥	岡田	(3)	高崎高南	3	1	0	0	0
③7	木村	(3)	高崎片岡	3	1	2	1	0
⑤	斉藤希	(3)	吉岡	3	0	0	1	1
④	石田	(2)	富岡西	4	2	1	1	0
⑦	中島	(2)	伊勢崎宮郷	1	0	0	1	0
1	関	(2)	高崎倉渕	2	0	0	1	0
H	青柳	(3)	高崎箕郷	1	1	0	0	0
②	今井	(3)	高崎高南	0	0	1	0	0
2	深沢	(2)	高崎佐野	3	1	0	0	0
①3	金井	(3)	藤岡小野	4	1	1	0	0

犠盗失併残——

3 0 2 0 4 32 8 5 10 2

▷**三塁打** 湯本　石田　▷**二塁打** 小池　竹内　内田　長坂　柳沢　木村　▷**審判** 飯塚実　星野光　長谷川　木暮

2011年7月27日（水）　上毛新聞敷島球場

	1	2	3	4	5	6	7	8	9	10	計
健大高崎	1	1	2	3	1	1	1	0	0		10
高崎商	2	1	0	0	0	2	0	0	1		6

走ってつなぐ野球

斎藤章児の目

決勝戦の見どころは健大高崎の機動力と高崎商のエース金井君の対決だった。試合を見ると、健大高崎は足を使って金井君を揺さぶりながら、リズムを崩した。走者が出ると、投手は走られたくないと思い、どうしても直球が多くなり、徐々に高めに浮いてしまう。

金井君が機動力封じのためにモーションを速める場面は見られなかった。縦横無尽に走られてしまい、3回2/3で10安打を浴びて降板した。「夏の高商」の復活は来年以降にお預けとなった。

健大高崎は盗塁9、四死球10、先発全員が安打を放ち、七回まで毎回得点した。投手の星野君は三回以降に調子を上げ、勝利の方程式である片貝君につないだ。自分たちの形をそのまま出せた。

盗塁にバント、エンドラン―。機動力は高校野球のセオリーだ。モーションを盗んだり、相手の守備に隙があれば走る健大高崎の走塁術は見事だった。一つの盗塁に満足せず、常に次を狙っていた。

トーナメントは持てる力の100%を発揮するため気力の充実が不可欠。チームワークを重んじる健大高崎の選手は一人一人が自分の役割をよく分かっていた。健大高崎の「走って走ってつなぐ」野球と「心のつなぎ」。甲子園でもきっと通用するだろう。

▶門村主将を胴上げする喜びの健大高崎ナイン

第93回全国高校野球選手権大会〈1回戦〉

▶3回表健大高崎1死二、三塁、柳沢のスクイズで三走に続き二走の門村が生還。次打者長坂

2011年8月6日（土） 甲子園球場

	1	2	3	4	5	6	7	8	9	10	計
健大高崎	0	0	2	1	0	0	1	0	3		7
今治西	0	0	0	5	0	1	0	0	0		6

土壇場9回 逆転 最後は集中打

健大高崎は三回１死二、三塁から柳沢潤也選手（３年）の２ランスクイズで先制。四回にも竹内司選手（２年）の中前打で１点を加えた。しかし、四回に５点、六回に１点をそれぞれ失い、リードを奪われた。２点差で迎えた九回に柳沢選手の左中間三塁打で同点。２死後、片貝亜斗夢選手（３年）の左前打で勝ち越した。

健大高崎

				打	得	安	点	振	球
③	小池	(3)	前橋一	4	0	3	0	0	1
⑨	湯本	(3)	嬬恋東	5	1	1	0	0	1
⑦	竹内	(2)	前橋七	4	1	2	1	0	1
⑥	門村	(3)	兵庫尼崎常陽	4	3	3	0	0	1
⑤	内田	(2)	茨城筑西関城	4	1	1	0	1	0
⑧	柳沢	(3)	高崎佐野	3	0	2	5	0	0
②	長坂	(2)	富岡西	3	1	2	0	0	1
④	宇野	(3)	大阪四条畷西	5	0	0	0	0	0
①	星野	(3)	神奈川横浜六角橋	0	0	0	0	0	2
1	三木	(2)	玉村南	1	0	0	0	0	0
1	片貝	(3)	東吾妻岩島	2	0	1	1	0	0
	計			35	7	15	7	1	7

今治西

			打	得	安	点	振	球
③7	見乗	(3)	5	0	1	0	1	0
⑦9	笠崎	(2)	4	0	1	0	0	0
H	福岡	(3)	1	0	0	0	1	0
⑧	合田	(3)	4	1	2	0	0	0
⑥	有友	(3)	3	1	1	0	0	0
①3	林	(3)	3	1	1	1	0	1
②	伊藤	(3)	2	2	1	1	0	2
⑤	末広	(2)	4	1	1	2	0	0
⑨1	中西	(1)	1	0	0	0	0	0
1	矢野敦		1	0	0	0	0	0
④	石丸	(3)	4	0	1	1	3	0
	計		32	6	9	5	5	3

▷**三塁打** 門村　柳沢　▷**二塁打** 伊藤　石丸　内田

斎藤章児の目　持ち味出し切る

両校が持ち味を出し切った好ゲームだった。前半は完全に健大ペース。三回はスリーバントの危険を冒しながらも、柳沢君が2ランスクイズを決めた。健大らしい足を絡めた見事な戦法だった。

四回には左前打で出塁した湯本君が相手バッテリーの隙を突いたディレードスチールを見せた。続く竹内君の打席で、素早いスタートを切って本塁にかえり、鮮やかな「ラン&ヒット」。甲子園初出場校と思えないような、はつらつとしたプレーだった。

しかし、先発の星野君が突然四回につかまった。スライダーやカットボールといった変化球が真ん中の高めに入ったためで、投げるときにしっかり腕が振れていなかった。星野君は六回までは投げてほしかった。次戦までにしっかり修正したい。

九回の連打は素晴らしかった。先頭の4番門村君の右前打がきっかけになった。門村君は七回にも先頭で右中間三塁打を放ち、沈んだムードをはね返す1本を打った。要所で4番の仕事をしたと言える。

次戦の相手の横浜（神奈川）は優勝候補。機動力を封じようといろいろ作戦を立ててくるはず。走塁は「細心かつ大胆に」。最初は慎重にしているが、相手の狙いを見抜いたら、そこから一気に仕掛ける。過信は禁物だが、強豪校相手でも自分たちの野球を貫いてほしい。

▶4回表健大2死一塁、機動力野球を発揮し、湯本が二盗を決める

第93回全国高校野球選手権大会〈2回戦〉

▶10回表健大2死二塁、宇野の左前打で長坂が本塁を突くがタッチアウト

健大 延長で涙、横浜にサヨナラ

健大高崎は5―5の延長十回、2死一、二塁から左前適時打を浴び、サヨナラ負けした。四回までに5点のリードを許したが、六回に長短5安打を集中して猛追した。竹内、門村の連打と内田の犠打で1死二、三塁とし、柳沢の中前適時打でまず1点。さらに長坂の四球で満塁とした後、宇野の左中間適時二塁打で2点、小池の右翼線適時三塁打で2点を加え、この回一挙5点を奪い同点に追い付いた。延長十回は2死から、長坂の右前打と相手投手のボークで好機をつくった。続く宇野が左前打を放ち、二走の長坂が本塁を突いたが、相手左翼手の好返球でタッチアウト。勝ち越し機を惜しくも逃した。投手陣は先発星野、三木、片貝の3人で継投した。

健大高崎				打	得	安	点	振	球
③	小池	(3)	前橋一	5	0	3	2	0	0
⑨	湯本	(3)	嬬恋東	4	0	1	0	1	0
⑦	竹内	(2)	前橋七	5	1	2	0	2	0
⑥	門村	(3)	兵庫尼崎常陽	5	1	1	0	1	0
⑤	内田	(2)	茨城筑西関城	3	0	1	0	0	1
⑧	柳沢	(3)	高崎佐野	5	1	1	1	1	0
②	長坂	(2)	富岡西	4	1	3	0	1	1
④	宇野	(3)	大阪四条畷西	4	1	2	2	1	0
①	星野	(3)	神奈川横浜六角橋	1	0	0	0	1	0
1	三木	(2)	玉村南	2	0	0	0	2	0
H	柳瀬	(3)	前橋西	0	0	0	0	0	0
1	片貝	(3)	東吾妻岩島	1	0	0	0	1	0
計				39	5	14	5	11	2

横浜			打	得	安	点	振	球
⑨	乙坂	(3)	5	0	2	1	1	0
⑥	高橋	(2)	3	1	2	1	0	2
②	近藤	(3)	5	1	1	0	0	0
③	斎藤	(3)	5	0	1	1	1	0
④	樋口	(2)	4	0	2	0	1	1
⑧	拝崎	(2)	2	1	1	1	0	0
H8	中瀬	(2)	2	0	0	0	0	0
⑤	青木	(2)	3	1	1	0	0	1
①	柳	(2)	2	0	0	1	1	0
1	相馬	(2)	1	0	0	0	0	0
1	向井	(3)	0	0	0	0	0	0
⑦	伊達	(3)	4	2	3	1	0	1
計			36	6	13	6	4	5

▷**三塁打** 伊達　小池　▷**二塁打** 宇野　樋口

2011年8月12日（金） 甲子園球場

	1	2	3	4	5	6	7	8	9	10	計
健大高崎	0	0	0	0	0	5	0	0	0	0	5
横　　浜	0	2	2	1	0	0	0	0	0	1x	6

本県の野球に一石

斎藤章児の目

　両チームとも県大会を継投で勝ち上がってきた。裏を返すと、投手陣はやや弱いということ。そのため5点を境にした試合になると予想した。

　激戦区の神奈川を勝ち抜いてきた横浜はセオリー通りのオーソドックスな野球をした。二回の早い段階で主導権を握るためスリーバントでスクイズを決めたのは、健大高崎を警戒したためだろう。

　健大高崎は足があり、機動力が使えるとの触れ込みだった。横浜はその機動力を封じ、試合を優位に進めた。そうした中で健大高崎が六回に一挙5点を取る攻撃は見事だった。あそこで一気に勝ち越してほしかった。

　強豪である作新学院が今大会、江川卓投手のとき以来38年ぶりに夏の1勝を挙げた。これはいかに夏の1勝が難しく、大きいかということを示している。健大高崎は残念ながら2回戦で負けてしまったが、監督や選手は胸を張って帰ってきてほしい。

　力や大味ではない、すがすがしくスピーディーな野球が印象的だった。健大高崎は学校の歴史の大きな1ページを飾っただけでなく、本県の野球に一石を投じてくれた。「存分に走る」という野球に本県の指導者が刺激を受けて、全国レベルのチームをつくるために勉強しなければならない。

▶中継ぎとして力投する三木

第64回秋季関東地区高校野球大会県予選〈準決勝〉

▶8回表健大2死一、二塁、大沢が長坂、内田をかえす右中間二塁打を放つ

健大高崎 終盤に力強さ発揮

健大高崎は二回、内田の左越え二塁打と捕逸で先制。終盤八回、2死一、二塁から大沢の2点二塁打で追加点を奪うと、九回にも竹内の2点三塁打でリードを広げた。先発三木は9安打完封。

桐生商は二～五の毎回、先頭打者を出したが生かせず、先発柿田を援護できなかった。

健大高崎

		打	安	点
⑥	秋山	4	0	0
⑨	竹内	5	2	2
②	長坂	3	1	0
⑤	内田	3	2	0
③	大沢	3	1	2
⑦	小林	4	0	0
①	三木	4	1	0
④	島袋	2	0	0
4	桃井	2	2	0
⑧	森山	3	0	0

振	球	犠	盗	失	打	安	点
5	3	3	2	2	33	9	4

桐生商

		打	安	点
⑤	猪熊	4	1	0
⑧	山田	4	1	0
⑥	松島	3	1	0
②	広神	4	2	0
①	柿田	3	1	0
④	田島	3	0	0
⑨	前川	4	3	0
③	星	3	0	0
⑦	中山	1	0	0
H	大川	1	0	0

振	球	犠	盗	失	打	安	点
8	2	4	0	1	30	9	0

▷**三塁打** 竹内　広神　▷**二塁打** 内田　三木　大沢　▷**審判** 木暮　折茂　町田　阿部

2011年10月1日（土） 桐生球場

	1	2	3	4	5	6	7	8	9	10	計
健大高崎	0	1	0	0	0	0	0	2	2		5
桐生商	0	0	0	0	0	0	0	0	0		0

斎藤章児の目

粘ってつなぎ勝機

両チームともに9安打。七回まで1―0で健大高崎がリードをしていたにせよ、内容的には互角か、むしろ桐生商が押し気味に試合を進めていた。その中で勝負を分けたのは八回だった。

健大の1、2番が2死を取られてから、3番長坂がカウント2―2からファウルで粘り、右前打。続く内田が死球、大沢が2点適時打を放ち勝負はあった。ここで健大が0点に終わり、その後桐生商が1点でも取っていれば、その後の展開は分からなかっただろう。

大きかったのは長坂の塁に出ようとする姿勢。打線を引っ張るリーダーの責任を感じた。長打狙いでなく、粘ってつなげる役目を果たした。これが八回の2点の呼び水になり、九回の2点も引き出したような気がする。

もう一つ感じたのは、秋の大会では左投手にカーブのコントロールがあれば、勝てるチームができるということ。打撃がいいチームとはいえ、左投手の変化球を攻略するのはひと冬越えないと難しい。まして桐生商は左打者が6人。スライダーのボール球と高めのつり球を振らされ、結果的に三木の投球を助けていた。

桐生商の柿田も5点を取られたが、ボールそのものは良かった。チェンジアップをマスターしたら140キロの直球がもっと生きるだろう。今後に期待したい。

第64回秋季関東地区高校野球大会県予選〈決勝〉

▶2回表健大2死二塁、長坂が竹内をかえす中前打を放ち4点目

健大高崎 投打に圧倒、夏秋連続王座

健大高崎が先発全員の12安打で圧倒した。初回1死から竹内の左中間二塁打と長坂の犠飛で先制すると、二回は梅山の中前打を皮切りに4安打を集中。終盤八回は大沢の適時内野安打などでダメ押しした。高崎は四回、中里の左翼線二塁打などで無死二、三塁とし、金子の右前打で2点を返す意地を見せた。

健大高崎		打安点
⑥	秋山	311
⑨	竹内	532
②	長坂	312
⑤	内田	520
③	大沢	310
⑦	小林	311
①	三木	410
⑧	梅山	311
④	桃井	410
	振球犠盗失	
	22552	33127

高崎		打安点
⑥	中沢	400
⑦	浅沼	200
7	五十嵐	000
H	岡村	100
7	真下	000
⑤	中里	410
③	金子	412
⑨	塚越	410
④	倉金	300
⑧	清水	200
②	内堀	200
①	島田	300
	振球犠盗失	
	42104	2932

▷**二塁打** 竹内　桃井　内田　中里　▷**審判** 井汲　角田　木暮　岩野

2011年10月2日（日） 桐生球場

	1	2	3	4	5	6	7	8	9	10	計
健大高崎	1	3	0	1	0	0	0	2	0		7
高　崎	0	0	0	2	0	0	0	0	0		2

互いのよさ随所に

斎藤章児の目

高崎対決となった決勝は、お互いが磨き合い成長しているようで、好感の持てる試合だった。両チームの投手が関東を前に収穫のあった試合だったのではないか。

高崎の島田投手は今夏の敗戦から精神的に成長してきた。これまで春はあっても夏の甲子園出場がない高崎にとって、「秋は夏までの通過点」という境原監督のぶれない信念の下、しっかり学んできたのだろう。

決勝では二回までに4失点。精神面で強くなったとはいえ、同じテンポで、単調になっていたところを狙われてしまった。だが、三回以降はこれまでと変わった形を見ることができた。ゆったりとしたリズムで、スピードを殺した球を投げたり、ボールに変化を持たせていた。

五回から七回は健大打線を3人ずつで終わらせた。打者のタイミングを外すことを少しずつつかめてきたように思う。健大打線に教わって関東でも通用する投球へと変わった。

健大の三木投手はインコースを中心に攻め、三回まで無安打に抑えていた。だが四回、直球を狙われ連打を浴び、今大会初の2失点。続く1死二、三塁からも左翼ポール際への大飛球を打たれ目が覚めたのだろう。調子づかず、冷静に投げることを高崎打線から反省させられたと思う。

また、健大は2死からでも点を取れる力をつけてきた。準決勝に続き、3番長坂は決勝でも二回2死二塁からファウルで粘った末、中前打を放っている。これは目立ったプレーではないが、主将自らが部訓「人の和に如かず」を実践したプレー。関東に向け楽しみなチームに成長してきた。

上毛新聞 2011年8月13日付

2012年（平成24）

斎藤章児の目
西邑楽―勢多農戦
勢多農の阿久沢毅監督と西邑楽の泉正雄監督。実は高校野球のオールドファンなら誰でも知っている元高校球児で、両者は1978（昭和53）年夏の決勝で対戦している。桐生4番打者阿久沢選手と前橋工2年生捕手の泉選手である。
阿久沢選手は王貞治選手の再来

第84回選抜高校野球大会〈1回戦〉

▶7回表健大高崎2死二塁、長坂の遊撃内野安打で中山が二塁から生還し5点目

天理を機動力で粉砕

先攻の健大高崎は二回、無死一、三塁から神戸和貴選手の遊ゴロ併殺の間に1点を先制。五回に2失点して逆転されたが、六回に内田遼汰選手の中前適時打で同点とし、七回には秋山浩佑選手の左中間適時二塁打で勝ち越し、さらに相手守備の乱れに乗じて2点を加えた。九回にも打者8人の猛攻で4点を追加した。先発の三木敬太投手は低めを丁寧に突き、打たせて取る投球で天理打線を3失点に抑えて完投した。

健大高崎

				打	得	安	点	振	球
⑧	竹内	(3)	前橋七	5	1	2	0	0	0
④	中山	(3)	茨城猿島	4	3	1	1	2	1
②	長坂	(3)	富岡西	5	1	1	1	2	0
⑤	内田	(3)	茨城関城	5	2	4	2	0	0
③	大沢	(3)	玉村	4	0	1	1	0	0
⑨	神戸	(3)	玉村南	3	0	0	0	0	1
H	高杉	(3)	沼田利根	1	0	1	1	0	0
R	森山	(3)	高崎大類	0	0	0	0	0	0
9	河野	(3)	神奈川酒匂	0	0	0	0	0	0
⑦	小林	(3)	藤岡北	5	1	2	0	0	0
⑥	秋山	(3)	栃木佐野城東	4	1	1	1	0	0
①	三木	(3)	玉村南	2	0	0	0	0	1
	計			38	9	13	7	4	3

天理

			打	得	安	点	振	球
⑧	東原	(2)	1	0	0	1	0	2
④	綿世	(3)	3	0	2	1	0	0
⑨	木村	(3)	4	0	1	0	0	0
⑥	吉村	(3)	4	1	2	0	2	0
⑦	畔田	(3)	3	0	0	0	0	0
H	関屋	(3)	0	0	0	1	0	0
⑤	隈元	(3)	3	0	0	0	0	0
H	稲別	(3)	1	0	0	0	0	0
③	古田	(2)	4	1	2	0	0	0
①	中谷	(3)	0	0	0	0	0	0
1	山本竜	(3)	2	1	0	0	0	1
1	漆原	(3)	0	0	0	0	0	0
②	山岸	(2)	2	0	0	0	0	0
	計		27	3	7	3	2	3

▷**三塁打** 小林　吉村　▷**二塁打** 古田　秋山

2012年3月22日（土） 甲子園球場

	1	2	3	4	5	6	7	8	9	10	計
健大高崎	0	1	0	0	0	1	3	0	4		9
天　理	0	0	0	0	2	0	0	0	1		3

攻めの走塁で流れ

斎藤章児の目

試合の流れをどちらがつかむか。どちらが自分のペースで試合を運べるか。型を持っているチームが強い。

健大高崎には足を使った守備と攻撃の型がある。1—1と同点にされた健大高崎は五回裏、なお1死二、三塁のピンチで右前打を打たれ、2点目を取られた。だが、右翼手神戸が好返球し、二走を本塁で刺して3点目を防いだ。

2—2の同点の七回表は無死から、安打で出塁の健大高崎の小林が、秋山の左中間二塁打で好走した3点目は三塁コーチの好判断だった。この二つのプレーが天理の流れを絶ち、健大高崎の流れを不動のものにした。

後半六、七、八回も1死一塁からいずれも併殺で打ち取った三木投手の投球術は見事だった。走者を背負った時の低めへのピッチングは初戦の出来として硬さは見られず、楽に投げていたように思えた。

立ち上がりからの主導権争いも、健大高崎の積極的な攻めの走塁が、後半の相手のミスを誘い、一方的な結果となった。

昨夏の甲子園でみせた走力は今春、さらに磨きをかけて大きな武器となっている。攻めにしても守りにしてもスタートの1歩に鋭さが加われば、相手の機先を制することができるし、与えるプレッシャーは計り知れない。おもしろくなってきた。

▲6回表健大高崎1死二塁、内田が中山をかえす同点の中前打を放つ

第84回選抜高校野球大会〈1回戦〉

▶1回表高崎2死一塁、金子の左翼線二塁打で中沢かえり先制

2012年3月25日（日） 甲子園球場

	1	2	3	4	5	6	7	8	9	10	計
高崎	1	0	0	1	0	0	0	0	0		2
近江	1	0	1	4	0	1	0	0	×		7

高崎 大舞台で奮闘

四回の攻防が勝敗を左右した。高崎は無死一塁、倉金の左越え二塁打で２―２の同点に追いついたが、後続が３人で簡単に打ち取られ逆転することができなかった。主戦の島田は１死二塁から逆転適時打を許すと、さらに畳み掛けられた。３連続適時打など、この回６安打を集中され、一挙に４点を失った。高崎は初回２死一塁から金子の適時二塁打で先制。同点まで追い付いたが、８安打も攻撃がつながらず２点止まり。島田は五回以降、六回の１点だけに抑えたが、味方の援護がなかった。

高崎

	選手	学年	出身	打	得	安	点	振	球
⑦	松井	(2)	群馬中央	5	0	1	0	1	0
⑧	清水	(3)	長野郷	4	0	0	0	1	1
⑥	中沢	(2)	吉井中央	5	1	1	0	0	0
③5	金子	(3)	榛東	4	0	1	1	2	0
⑨3	塚越	(2)	大類	3	1	1	0	1	1
④	倉金	(3)	伊勢崎四	4	0	4	1	0	0
⑤	中里	(2)	佐野	3	0	0	0	0	0
H9	浅沼	(3)	倉賀野	1	0	0	0	0	0
②	内堀	(3)	松井田東	3	0	0	0	1	0
H	五十嵐	(3)	伊勢崎四	1	0	0	0	1	0
①	島田	(3)	倉賀野	3	0	0	0	0	0
H	岡村	(3)	佐野	1	0	0	0	0	0
	計			37	2	8	2	7	2

近江

	選手	学年	打	得	安	点	振	球
⑨	久米	(3)	5	2	1	0	0	0
④	福井	(3)	5	3	3	1	0	0
⑦	橋本	(3)	5	0	1	1	0	0
⑤	藤原	(3)	4	0	3	3	0	1
⑧	山口	(3)	3	0	0	0	1	0
H	宮北	(3)	0	0	0	1	0	0
8	辻耕	(3)	0	0	0	0	0	0
③	鯰江	(3)	4	1	2	0	1	0
⑥	林田	(3)	2	0	2	0	0	0
②	津坂	(2)	3	1	1	1	0	0
①	村田	(3)	4	0	1	0	1	0
	計		35	7	14	7	3	1

▷**三塁打** 藤原　▷**二塁打** 金子　藤原　倉金

斎藤章児の目 この経験生かして

高崎の島田投手は、昨秋の関東大会で強豪チームと対戦することによって試合の中でゲームメークできるように進化してきた。従って対近江戦も、3点以内に抑え、粘りの投球が後半の集中打を呼び、僅差で勝利するはずだった。

2―2で迎えた四回裏の近江の攻撃。1死二塁で8番打者に高めのウエストボールを中前にはじかれて3点目、この後も2死から上位打者に連打を浴び、大量4点を失った。現在の成長している島田君なら一工夫あってしかるべき、よほど調子が悪かったに違いない。

前日、今日と良いボールもあったが、全般にストライク、ボールがはっきりしていた。ボールを振らし、ゾーンから外れるボールを打たせる組み立てが出来ていなかった。

前々日は雨天順延、前日は三回で降雨ノーゲーム、そして迎えた仕切り直しのきょうは第4試合。コンディション作りが難しかっただろう。雨天の場合の戦法は「序盤待球策」で、揺さぶりをかけ相手の守っている時間を長くして後半勝負をかけることが肝心だ（近江はこの戦法）。

甲子園の浜風対策としては右翼から左中間の場合、右打者には二塁手を深く、右翼手を前へ守らせ、ライン際のインフィールドに押し戻される飛球に対応させたい。以上の甲子園対策も含めて万全を期したはずだが、甲子園での一勝は難しかったということか。この経験を生かし今度は夏の一勝に、もう一度挑戦してみよう。

▲我慢強く投げ8回を一人で投げ抜いた島田

第84回選抜高校野球大会〈2回戦〉

▶8回裏神村学園無死一塁、保守長坂の好送球で一走をタッチアウト。タッチするのは一塁手大沢

2012年3月28日（水） 甲子園球場

	1	2	3	4	5	6	7	8	9	10	計
健大高崎	2	0	0	0	0	0	0	0	1		3
神村学園	0	0	0	0	1	0	0	0	0		1

健大“足攻”鮮やか、初回先制

健大高崎が序盤に足を絡めた攻撃で先制、試合を優位に進め神村学園を１点に抑え逃げ切った。健大高崎は初回、先頭の竹内司が四球で出塁すると、中山奎太の中前打で無死一、三塁。長坂拳弥の左前適時打で先制した。さらに１死二、三塁とした後、大沢攻行の投ゴロの間に三走中山が生還、２点目を奪った。２―１で迎えた九回には、２死満塁から中山の押し出し死球で１点を追加した。先発三木敬太は神村学園打線を４安打１失点に抑え、２試合連続の完投。低めを突いた打たせて取る投球が功を奏した。

健大高崎

				打	得	安	点	振	球
⑧	竹内	(3)	前橋七	2	1	0	0	0	3
④	中山	(3)	茨城猿島	3	1	1	1	1	2
②	長坂	(3)	富岡西	5	0	1	1	1	0
⑤	内田	(3)	茨城関城	3	0	1	0	0	0
③	大沢	(3)	玉村	4	0	0	1	0	0
⑨	神戸	(3)	玉村南	4	0	1	0	0	0
R	斎藤	(3)	埼玉三芳	0	0	0	0	0	0
9	河野	(3)	神奈川酒匂	0	0	0	0	0	0
⑦	小林	(3)	藤岡北	3	1	0	0	0	0
⑥	秋山	(3)	栃木佐野城東	2	0	0	0	0	2
①	三木	(3)	玉村南	4	0	0	0	2	0
	計			30	3	4	3	4	7

神村学園

			打	得	安	点	振	球
⑧	新納	(3)	3	0	0	0	1	1
④	田中	(3)	4	0	1	0	0	0
①7	平藪	(3)	4	0	1	0	1	0
⑨	古賀	(3)	4	0	0	0	2	0
③	大坪	(2)	4	0	0	0	0	0
⑦	瀬口	(3)	1	0	0	0	1	0
1	柿沢	(3)	1	1	0	0	1	1
⑤	中園	(3)	1	0	0	0	0	1
②	中野	(3)	3	0	0	0	0	0
⑥	二河	(3)	3	0	2	1	1	0
	計		28	1	4	1	7	3

斎藤章児の目

機動力使い主導権

初回無死一塁。バントのケースでシフトが厳しいとみると、ベンチは2球目にバスターエンドランに切り替え見事成功した。

きょうも得意の機動力を駆使して主導権を握り2点を先取したが、3点目がこの試合の大きなテーマとなった。この間、三木投手のピッチングは鍛え抜かれた守備に支えられた。

直球は内外角低めにコントロールし高めを見せ球、カーブ、スライダー、チェンジアップを組み立て、打たせて取る投球をしてバックの信頼に応えた。

守備も四回裏、先頭打者のヒット性の打球に内田三塁手が飛び付くファインプレー。五回に1点を取られなお2死一、二塁で中山二塁手が難しい打球を捕球し、しかも崩れた体勢で好送球のナイスプレー。両プレーともグラブが下から出て、基本プレーの徹底されている印象を持った。

真骨頂は1点リードの八回。無死一塁の走者をサインプレー（ピックオフプレー）で刺した主将長坂捕手の好送球が、一瞬にしてピンチを救った。

そしてこの試合のテーマである3点目。三、五回にチャンスがあったが得点できず、九回の無死満塁も2死になり死球でやっと入った追加点だった。

準々決勝では健大高崎の機動力を封じようとマークが厳しくなるが、そのほうがやりやすい。走ると見せて走らない。走らないと思わせて走る。こんな作戦も相手にプレッシャーをかけるにはおもしろい。神村学園戦では堅実な守りが目立ったが、セオリーを重視し、迷わずメリハリのある走塁ができれば完璧だ。

この春の段階では健大の「大胆な走力」を阻止できるチームは少ないとみた。まだまだこのチームは戦うことにより進化でき楽しみが続く。

▲神村学園打線を４安打１失点に抑えガッツポーズする三木

第84回選抜高校野球大会〈準々決勝〉

▶5回表健大高崎無死一塁、打者長坂のとき、中山が二盗

2012年3月30日（金） 甲子園球場

	1	2	3	4	5	6	7	8	9	10	計
健大高崎	2	0	0	0	2	0	5	0	0		9
鳴門	0	0	0	0	1	0	0	0	0		1

機動力でリズム15安打

健大高崎が県勢34年ぶりのベスト４進出。持ち味の機動力野球で序盤から試合の主導権を握り、中盤以降は連打で畳み掛けた。健大高崎は初回、竹内司の死球と二盗、中山奎太の送りバント野選で無死一、三塁とし、長坂拳弥の右前適時打で先制。さらに内田遼汰の中越え適時二塁打で２点目を入れた。五回にも中山の適時打、長坂の左越え適時三塁打で２点を追加。七回には長坂の３点本塁打などで５点を奪った。先発生井晨太郎は緩急を使った投球で６回１失点と好投。七回以降は倉本玄、神戸和貴、下田友の３投手の継投で鳴門打線に付け入る隙を与えなかった。

健大高崎

				打	安	点	振	球
⑧	竹内	(3)	前橋七	4	2	1	1	1
④	中山	(3)	茨城猿島	4	2	1	1	0
4	塚越	(2)	前橋七	0	0	0	0	0
②	長坂	(3)	富岡西	4	3	5	0	1
⑤	内田	(3)	茨城関城	5	3	1	0	0
③	大沢	(3)	玉村	4	0	0	2	0
⑨19	神戸	(3)	玉村南	5	2	0	1	0
⑦	小林	(3)	藤岡北	3	0	1	1	1
1	下田	(2)	大阪葛城	0	0	0	0	0
⑥	秋山	(3)	栃木佐野城東	3	2	0	0	1
①	生井	(3)	茨城下館西	2	0	0	1	0
H	高杉	(3)	沼田利根	1	1	0	0	0
R	森山	(3)	高崎大類	0	0	0	0	0
H	桃井	(3)	埼玉熊谷三尻	1	0	0	0	0
1	倉本	(2)	神奈川千代	0	0	0	0	0
97	河野	(3)	神奈川酒匂	0	0	0	0	0
	計			36	15	9	7	4

鳴門

			打	安	点	振	球
⑥	河野	(2)	4	2	1	0	1
⑧	島田	(3)	4	0	0	1	0
⑦	稲岡	(2)	3	0	0	3	1
④3	杉本	(3)	4	0	0	1	0
⑨	大和	(3)	3	1	0	0	1
⑤	松本	(2)	4	1	0	3	0
②	日下	(2)	3	1	0	0	0
H	丸宮	(3)	1	1	0	0	0
R	林	(3)	0	0	0	0	0
①	小林	(3)	1	0	0	0	0
H	水主	(3)	1	1	0	0	0
1	後藤田	(3)	2	1	0	0	0
③	伊勢	(2)	3	0	0	0	0
4	中野	(2)	0	0	0	0	0
H	岸	(3)	1	0	0	1	0
	計		34	8	1	9	3

▷**三塁打** 河野　竹内2　長坂　▷**二塁打** 内田　河野　大和　日下

斎藤章児の目　3戦目でのびのび

きょうの健大高崎は甲子園球場を自分の庭のように縦横無尽に走り回り、しかもエース三木投手を温存してベスト4を勝ち取った。選手も3戦目になるとのびのびとプレーしていた。監督のしたたかさも随所に発揮し、「健大恐るべし」を大きく印象付けた。

初回の「足攻」揺さぶりは、この日も2点を先取した。欲しかった3点目、四回裏にレフト小林君の本塁への好返球でピンチを救った後だけに、五回の2点は中押しとしては効果的だった。

七回に竹内君の2本目の三塁打で追加点を挙げたのち、中山君にセーフティースクイズをさせ、相手のフィルダースチョイス（野手選択）を誘った。一、三塁になると今度は長坂君に疑似スクイズを出し、一走中山君の二盗を助け、この揺さぶりがその直後、長坂君のホームランを呼んだ。

失敗はしたけれど、甲子園戦法として7点差でのスクイズを試みた。これらは次の試合につながるはず。

よく「好走　暴走　紙一重」というが、実践的な練習で厳しく鍛えられ身に付いたものだけに、健大は暴走気味も好走にしてしまう。

「攻めの走塁」でもう一段階レベルを上げれば、初回のピッチャーゴロで二走が飛び出したプレー、五回の三走が三塁ゴロで挟殺されたプレーがなくなり、もっと得点力がアップするはず。健大の計算された「大胆な走塁」で揺さぶり、「堅実な守備」でリズムを作り、もう一つ勝つ！

▶7回表健大高崎無死二、三塁、長坂が左越えに3ランを放つ

第84回選抜高校野球大会〈準決勝〉

▶9回2死二塁、遊ゴロで一塁にヘッドスライディングする高杉

2012年4月2日（月） 甲子園球場

	1	2	3	4	5	6	7	8	9	10	計
健大高崎	0	0	0	0	0	0	0	1	0		1
大阪桐蔭	0	1	0	0	0	0	0	2	x		3

県勢57年ぶり決勝逃す

大阪桐蔭のエース藤浪晋太郎の150キロを超える直球と変化球に的を絞れず、三木敬太を援護できなかった。健大高崎は初回に長坂拳弥の左前打、二回に神戸和貴の中前打、三回に中山奎太の右前打、四回には神戸、小林良太郎の連続右前打と、四回まで毎回安打。ただ、いずれも無死から走者を出すことができず、得点に結び付かなかった。七回には神戸が四球を選び、初めて先頭打者が出塁。小林が左中間に鋭い飛球を放ったが、左翼手に好捕された。秋山浩佑の犠打で2死二塁と得点圏に走者を進めたが、後続がなかった。0―1で迎えた八回に無死から竹内司が左越えソロ本塁打を放って同点。反撃ムードを呼び込んだが、その裏2本の本塁打で突き放された。

健大高崎

	選手	学年	出身	打	安	点	振	球
⑧	竹内	(3)	前橋七	4	1	1	1	0
④	中山	(3)	茨城猿島	4	1	0	3	0
②	長坂	(3)	富岡西	4	1	0	0	0
⑤	内田	(3)	茨城関城	3	1	0	1	1
③	大沢	(3)	玉村	4	0	0	1	0
⑨	神戸	(3)	玉村南	3	2	0	1	1
⑦	小林	(3)	藤岡北	2	1	0	0	2
R	斎藤	(3)	埼玉三芳	0	0	0	0	0
⑥	秋山	(3)	栃木佐野城東	3	0	0	0	0
①	三木	(3)	玉村南	3	0	0	2	0
H	高杉	(3)	沼田利根	1	0	0	0	0
	計			31	7	1	9	4

大阪桐蔭

	選手	学年	打	安	点	振	球
④	大西	(3)	3	3	0	0	1
⑨	水本	(3)	3	0	0	0	0
②	森	(2)	4	2	1	0	0
③	小池	(3)	4	1	0	0	0
⑤	笠松	(2)	3	1	1	1	0
⑦	安井	(3)	3	2	0	1	1
⑧	白水	(3)	4	1	1	1	0
①	藤浪	(3)	4	1	0	3	0
⑥	水谷	(2)	2	1	0	0	0
H	高井	(3)	1	0	0	0	0
6	妻鹿	(3)	1	0	0	0	0
	計		32	12	3	6	2

▷**二塁打** 大西　藤浪

斎藤章児の目　堂々4強自信持て

二回表の二塁憤死が全てだった。もしかしたらこれが勝敗を分ける、と直感した。相手の捕手が一枚上手かと。結果はその悪い筋書き通りになった。その後、健大高崎は積極性を欠いた。明らかにそれまでの戦いぶりと違った。どんな相手でも、どんな場面でも次の塁を果敢に狙い、投手を揺さぶる。それが健大高崎の持ち味だったはずだ。残念ながらチームはあの場面以降、硬直した。

機動力を封じられた健大高崎は攻めの走塁が見られなくなった。打撃力の対決では大阪桐蔭のペース。大阪桐蔭の藤浪投手は健大高崎とは対照的に走者を出すも150キロの速球と多彩な変化球を駆使して自分のペースを維持した。

反撃の糸口がつかめない健大高崎はセーフティーバントなどで藤浪を揺さぶったり、リズムを崩させたりしてコースが甘くなったところを攻め込む戦術もあったはずだ。

一方、三木はよく投げた。打たれながらも要所を抑えた。カーブの切れ、力みのない頭脳的な投球が光った。ただコントロールが今ひとつだった。八回、ややボールが高めに浮いたところを狙われた。

とは言え、全国4強。「攻めの走力」「全力疾走」「さわやかな笑顔」「礼儀正しいグラウンドマナー」は甲子園を大いに沸かせた。堂々と胸を張って高崎に帰ってきてほしい。

▶桐蔭の強打線を相手に粘り強いピッチングする三木

▶8回表健大無死、竹内が同点となる左越え本塁打を放つ

▲7回裏館林2死、一、三塁、代打小野里の決勝の中越え三塁打で、遠田に続き大出がかえり6点目

館林 7回再逆転、粘勝

館林は1点を追う七回、2死一、二塁から大出の適時打で同点。さらに2死一、三塁で代打小野里の適時三塁打で2人がかえり勝ち越した。投げては大出、遠田の継投でしのいだ。大間々は七回、深沢の適時打、田中の犠飛などで3点を挙げ逆転したが、終盤に力尽きた。

大間々

				打	安	点	振	球
⑦1	川島	⑶	みどり大間々	4	0	0	0	0
⑧	田部井	⑵	桐生新里	4	0	0	1	0
⑥	中根	⑶	太田藪塚本町	3	1	0	0	1
③	大塚	⑶	前橋宮城	2	2	1	0	1
②	深沢	⑶	みどり大間々	4	2	1	1	0
⑤	青木	⑴	前橋桂萱	3	0	0	1	0
⑨	金子	⑴	桐生広沢	4	1	0	1	0
①	小田	⑴	みどり大間々東	2	0	0	0	0
7	星野	⑵	桐生新里	2	1	0	1	0
④	田中	⑴	前橋大胡	3	0	1	0	0

犠	盗	失	併	残	打	安	点	振	球
3	0	3	0	5	31	7	3	5	2

館林

				打	安	点	振	球
⑦9	横塚	⑶	板倉	4	1	0	0	1
⑥	近藤	⑶	邑楽南	5	2	1	1	0
⑤	高山	⑶	板倉	5	1	0	3	0
③	吉原	⑶	邑楽	4	4	0	0	1
⑧	小林	⑶	邑楽	4	1	1	0	0
⑨	江田	⑶	館林二	3	0	0	0	0
1	遠田	⑶	大泉南	2	1	0	0	0
①7	大出	⑶	館林一	3	2	1	0	1
④	谷田川	⑶	館林一	2	0	0	2	0
H	小野里	⑶	館林一	1	1	2	0	0
R4	大野	⑶	大泉南	0	0	0	0	0
②	川島	⑶	館林二	3	0	0	0	1

犠	盗	失	併	残	打	安	点	振	球
2	2	2	0	11	36	13	5	6	4

▷**三塁打** 大塚　横塚　小野里　▷**審判** 九嶋　田村　岩井　金田

2012年7月7日（土） 高崎城南球場

	1	2	3	4	5	6	7	8	9	10	計
大間々	1	0	0	0	0	0	3	0	0		4
館林	2	0	1	0	0	0	3	1	×		7

白熱したシーソーゲーム

斎藤章児の目

勝敗の行方は試合の流れによって微妙に影響する。

開会式後の移動、そして初戦。初回に先行された館林は相手のミスにも助けられ、その裏すぐに逆転し、三回には2死一、二塁でベンチからダブルスチールを仕掛ける。捕手の低投を誘い3点目。先発大出も三回からテンポ良くストライクを先行。バックも守りやすく一体感が生まれ、流れは完全に館林に向いたと思った。

しかし波乱は七回に起こった。それまで好投していた大出に疲れが出たのか、高めに浮いたところを4番大塚の三塁打をきっかけに深沢、金子の安打で一、三塁。この後けん制球で一走を誘い出したまでは良かったが、同点とされた後、動揺したのかさらに安打を浴び1死一、三塁、ここでエース遠田に交代したが、右犠飛で逆転された。八、九回の投球を見る限り、継投策を考えていたとしたら、投手交代のタイミングが惜しまれる。

同様に七回裏、1点をリードした大間々は六回2死からエース川島に代わっていて、大間々に流れが向いたように思えた。ところが館林は2死から下位打線と代打小野里の殊勲打で再逆転。

大間々の川島は本来の調子を出せば逆転したところで逃げ切れる力のある投手。一瞬ベンチの投手交代が奏功したように思えた。

館林は次戦に向けて守備では挟殺プレーを含めた投内連係の修正が求められるだろう。攻撃では、四回の2死走者なしの場面で2番打者のセーフティーバントは三塁線を狙った方がよかったのではないだろうか。

試合内容としてはシーソーゲームで、白熱したゲーム展開であった。

▲10回裏育英1死二、三塁、穴沢のスクイズで三走田島が生還し、サヨナラ勝ち

育英 土壇場同点、延長10回サヨナラ

前橋育英が終盤に底力を見せた。八、九回に1点ずつを奪って延長に持ち込むと、十回先頭の田島が中前打で出塁し、2連続犠打と野選で三進。穴沢がスクイズを決めてサヨナラ勝ちした。沼田は高橋拓の2点本塁打などで試合を優位に進めたが、リードを守り切れなかった。

沼田

				打	安	点	振	球
⑧	藤井	(3)	沼田白沢	4	0	0	2	0
⑨	左貫	(3)	沼田南	5	1	0	0	0
⑦	鈴木	(3)	みなかみ月夜野	4	1	1	0	0
⑥	斎藤	(3)	沼田池田	4	1	0	0	0
②	加藤	(3)	昭和	3	1	0	0	0
③	高橋拓	(3)	みなかみ月夜野	4	2	2	1	0
⑤	金子	(3)	沼田東	3	0	0	1	0
④	阿部	(3)	沼田西	4	1	0	0	0
①	小野諒	(3)	沼田白沢	2	1	0	0	0
1	星野	(3)	沼田多那	2	0	0	0	0

犠	盗	失	併	残	打	安	点	振	球
4	0	2	0	6	35	8	3	4	0

前橋育英

				打	安	点	振	球
⑨	栗原	(3)	伊勢崎二	5	3	1	0	0
④	椙山	(3)	嬬恋西	5	0	0	0	0
⑦	田島	(3)	藤岡北	5	3	0	1	0
⑧6	土谷	(2)	藤岡小野	4	2	0	1	0
⑤	荒井	(2)	前橋東	4	0	1	0	0
③	茂原	(3)	藤岡東	3	0	0	1	0
H	工藤	(3)	下仁田	1	0	0	0	0
3	穴沢	(3)	沼田利根	1	1	1	0	0
②	金子	(3)	沼田利根	4	2	0	0	0
R8	黒沢	(3)	高崎吉井中央	0	0	0	0	0
①	小玉	(3)	高崎吉井中央	1	1	1	0	0
1	高橋拓	(3)	沼田利根	1	0	0	0	0
⑥	田中	(3)	安中二	3	1	0	0	0
H	小川	(3)	安中一	1	0	0	0	0
2	田村	(3)	藤岡北	0	0	0	0	0

犠	盗	失	併	残	打	安	点	振	球
4	1	2	0	10	38	13	4	3	0

▷**本塁打** 高橋拓（沼） ▷**三塁打** 金子（前） ▷**二塁打** 加藤 土谷 ▷**審判** 植野 佐藤均 佐藤博 金古

2012年7月9日（月） 高崎城南球場

	1	2	3	4	5	6	7	8	9	10	計
沼　　田	0	2	0	0	1	0	0	0	0	0	3
前橋育英	0	1	0	0	0	0	0	1	1	1x	4

流れを変えた1球

斎藤章児の目

野球は一球で試合の流れが変わったり、一球で勝負が決まったりする。沼田―前橋育英戦にそれが見られた。

試合は3―3で延長十回裏、前橋育英1死二、三塁で穴沢が初球スクイズを決め「この一球」でサヨナラ勝ち。沼田はこのピンチに対してあまりに無警戒。走者へのけん制もなかった。一塁ベースが空いているので満塁策を取るのがセオリー。スクイズでくればフォースプレー、打ってくればダブルプレーを取ればよい。初球の入り方に工夫がほしかった。

もう一つ、この試合最大の「この一球」は沼田が3―2の1点リードの九回裏前橋育英2死二塁、1番打者栗原への初球。試合の明暗を分けた一球である。高めの絶好球を同点打される。当たっている栗原との勝負を避け、2番打者との勝負はなかったか。勝負というのは必ずリスクを伴うもの。どちらの打者を選択するかをバッテリー間で明確にしなければならない。

前橋育英は勝負には勝ったが試合では九回2死まで負けていた。まさに「この一球」が前橋育英に薄氷を踏む思いで勝利をもたらした。

決して油断した訳ではないと思うが「自信、うぬぼれ紙一重」という。苦戦した原因を見つけ、謙虚に反省しよう。反省こそが前進の原点。そして一戦一戦強くなろう。

▶10回育英1死二、三塁、穴沢が三走田島をかえすサヨナラのスクイズを決める

第94回全国高校野球選手権群馬大会〈2回戦〉

▶前橋打線を完封して喜ぶ太商の栗田

太商、投打かみあい快勝

太田商は初回、４番長谷川の２点本塁打で先制すると、四回は高山の中前打、九回には柳田のスクイズで追加点を挙げて試合を決めた。投げてはエース栗田が要所を締めて完封した。前橋は五、七回に満塁と攻め立てるなど、何度も得点圏に走者を進めたが一本が出なかった。

太田商

				打	安	点	振	球
⑨	高山	(3)	太田尾島	5	3	1	0	0
④	柳田	(3)	館林四	2	0	1	1	0
⑦	櫛田	(3)	太田旭	5	2	0	0	0
⑤	長谷川	(3)	太田尾島	3	2	2	0	1
⑧	竹川	(2)	太田西	4	1	0	0	1
③	大矢	(2)	伊勢崎三	4	0	0	0	1
②	星野	(3)	太田城東	5	0	0	1	0
①	栗田	(2)	太田木崎	3	1	0	1	1
⑥	朝長	(2)	埼玉深谷	4	1	0	0	0
			犠盗失併残					
			4 0 1 0 11	35	10	4	3	4

前橋

				打	安	点	振	球
③	根岸	(3)	前橋七	4	1	0	1	1
⑤	赤羽	(2)	桐生中央	2	0	0	1	0
5	西目	(2)	伊勢崎三	3	2	0	0	0
④	山口	(3)	渋川北	5	0	0	0	0
⑧	石崎	(3)	前橋四	4	2	0	0	1
⑦	手島	(2)	玉村	2	0	0	0	0
H	内山	(2)	前橋宮城	0	0	0	0	1
R	田口	(2)	前橋一	0	0	0	0	0
7	横山	(2)	前橋芳賀	0	0	0	0	1
⑨	石綿	(2)	前橋荒砥	3	1	0	1	1
H	板垣	(3)	樹徳	1	0	0	0	0
⑥	猪又	(2)	伊勢崎四	4	0	0	1	0
①	木暮	(3)	前橋南橘	1	0	0	0	0
1	三上	(3)	群大附	3	3	0	0	0
②	家崎	(2)	前橋一	3	0	0	0	1
			犠盗失併残					
			1 0 2 0 15	35	9	0	4	6

▷**本塁打** 長谷川　▷**三塁打** 高山　▷**二塁打** 竹川　三上　▷**審判** 石倉　赤石　玉尾　吉崎

2012年7月10日（火） 桐生球場

	1	2	3	4	5	6	7	8	9	10	計
太田商	2	0	0	1	0	0	0	1	1		5
前橋	0	0	0	0	0	0	0	0	0		0

斎藤章児の目

勝利に対する執念

運も実力のうちというが、結果的に運を呼び込むのは勝利に対する執念ではないだろうか。前橋は三回1死一、二塁で赤羽の送りバントが成功していれば、次の3番山口のセカンドゴロが内野安打になり1点入りなお1死一、三塁というチャンスが続き、終盤にもつれる展開になったと思う。ところが赤羽の送りバントはピッチャーゴロ三塁封殺で運を手放してしまった。ここは強く転がし三塁手に取らせるのがセオリー（三塁ベースを空けさせるのが狙い）。

五回には1死満塁で二走の走塁妨害で無得点。このあたりは前橋にはまったく運がないとしか言いようがない。結局太田商とほぼ同じ9安打するも、終わってみれば完封負け。一方、太田商は初回に2点ホームランを打った4番長谷川にも五回に送りバントをさせ、追加点を狙う執念を見せた。

送りバントを多用した太田商は九回無死、高山の三塁打に続き2番柳田のフルカウントからの1球ファウル後にスリーバントスクイズを成功させ、5点目が勝利を不動のものにした。ベンチの采配も見事だった。戦前互角と予想された対戦はバントを有効に使った太田商に運が味方した一戦といえる。

第94回全国高校野球選手権群馬大会〈2回戦〉

▶5回表西邑2死満塁、打者服部のとき、暴投で三走長坂がかえり先制

西邑楽 少ない好機生かす

西邑楽は少ない好機を得点につなげた。五回2死から長坂、堀越の連打などで満塁とし、暴投や服部の内野安打で計3点。八回も2死から三友の適時二塁打などで2点を挙げた。

勢多農は六回、田村の適時打などで2点を挙げて反撃したが、終盤突き放されて力尽きた。

西邑楽

				打	安	点	振	球
⑧3	堀越	(3)	大泉西	5	2	0	0	0
⑤	栗原	(3)	太田休泊	3	0	0	0	2
⑦	服部	(2)	大泉南	4	1	2	1	0
9	戸ケ崎	(3)	館林二	0	0	0	0	0
⑨	柴田	(2)	明和	2	0	0	0	1
97	村松	(3)	太田休泊	1	1	0	0	0
①	石井	(3)	太田宝泉	4	0	0	0	0
②	三友	(3)	太田南	4	1	1	0	0
③	森江	(2)	邑楽南	4	0	0	0	0
8	川内	(3)	太田南	0	0	0	0	0
④	鈴木	(3)	大泉北	4	1	0	1	0
⑥	長坂	(3)	太田南	3	2	0	1	0

犠	盗	失	併	残					
1	1	2	1	6	34	8	3	3	3

勢多農

				打	安	点	振	球
⑧9	清水	(3)	前橋一	4	1	0	1	0
⑨	石井	(3)	前橋東	2	1	0	0	0
8	福島	(2)	前橋桂萱	0	0	0	0	0
⑥	沢下	(3)	前橋東	4	1	0	0	0
③	内山	(2)	渋川赤城南	4	0	0	0	0
④	斎藤	(3)	前橋一	4	3	0	0	0
⑦	田村	(3)	みどり笠懸	3	1	1	0	0
①	木村亮	(2)	前橋桂萱	4	0	0	1	0
②	栗本	(2)	前橋鎌倉	4	1	0	1	0
⑤	小暮	(1)	前橋木瀬	3	0	0	1	0

犠	盗	失	併	残					
4	4	3	1	7	32	8	1	4	0

▷**二塁打** 三友 ▷**審判** 田村 尾池 桑原勝 町田

2012年7月11日（水） 高崎城南球場

	1	2	3	4	5	6	7	8	9	10	計
西邑楽	0	0	0	0	3	0	0	2	0		5
勢多農	0	0	0	0	0	2	0	0	0		2

斎藤章児の目

もったいない失点

勢多農の阿久沢毅監督と西邑楽の泉正雄監督。実は高校野球のオールドファンなら誰でも知っている元高校球児で、両者は1978（昭和53）年夏の決勝で対戦している。桐生4番打者阿久沢選手と前橋工2年生捕手の泉選手である。

阿久沢選手は王貞治選手の再来として騒がれ、甲子園で活躍。一方の泉捕手は翌79（昭和54）年から前橋工の3連覇の先陣を切った後、早大の正捕手として神宮で活躍した。

県大会、関東大会、甲子園といつも超満員の中で戦ってきた両者。今、どんな気持ちでいるのか知る由もない。

試合は勢多農の木村亮太郎投手が多彩な変化球を駆使して四回までうまく両サイド、低めを攻めて1安打に抑えていた。

ところが、五回2死から突然乱れ、2連打と四球で満塁後、暴投とタイムリーを打たれ3点。八回も2死からヒット、二盗の後、打ち取った内野ゴロが暴投となり1点。さらに長打が出て2点目を許した。

いずれも2死走者なしからの得点で、五回と八回以外はうまく抑えていただけに悔やまれる敗戦だろう。もっとも暑さも影響し、足をつった選手が3、4人も出ては勝負以前の問題か。

西邑楽の石井一斗士投手はスピードは申し分ないが、低めへの制球力とフォークに自信をつけることが課題とみた。次の登板が楽しみだ。

第94回全国高校野球選手権群馬大会〈3回戦〉

▶桐一打線を9回1失点に抑え、完投した健大の生井

3回戦屈指の好カード

健大高崎が巧打に足を絡めて得点し、最少失点で切り抜けた。初回と四回に1点ずつ奪うと、七回には竹内の適時三塁打と中山のスクイズで2点を追加。先発生井は1失点完投した。

桐生第一は八回、新井の遊ゴロの間に三走猪野がかえって1点を返すも、そこまでだった。

健大高崎

				打	安	点	振	球
⑧	竹内	(3)	前橋七	3	2	1	0	2
⑥	中山	(3)	茨城坂東猿島	3	1	1	0	1
②	長坂	(3)	富岡西	4	0	1	1	0
⑤	内田	(3)	茨城筑西関城	4	1	0	0	0
③	大沢	(3)	玉村	3	1	0	0	0
⑦	小林	(3)	藤岡北	3	1	0	1	1
⑨	神戸	(3)	玉村南	3	0	0	0	1
9	河野	(3)	神奈川小田原酒匂	0	0	0	0	0
④	秋山	(3)	栃木佐野城東	3	2	1	0	0
①	生井	(3)	茨城筑西下館西	3	0	0	0	0

犠盗失併残――――
42007 29 8 4 2 5

桐生第一

				打	安	点	振	球
⑨	栗原	(3)	伊勢崎境北	4	0	0	0	0
②	江田	(3)	桐生境野	4	0	0	0	0
③	川嶋	(3)	板倉	4	0	0	1	0
⑤	小沢	(3)	太田西	4	2	0	0	0
①8	城田	(3)	東京昭島清泉	3	1	0	0	1
⑦	本間	(2)	千葉八千代台西	2	0	0	1	0
H	平山	(3)	玉村南	1	0	0	1	0
8	小池	(3)	前橋大胡	0	0	0	0	0
1	手島	(3)	栃木日光東	1	0	0	0	0
⑧	田村	(3)	桐生清流	0	0	0	0	0
87	猪野	(3)	みどり大間々東	3	1	0	0	0
⑥	高橋	(1)	太田尾島	1	0	0	0	1
H	新井	(3)	伊勢崎宮郷	1	0	1	0	0
6	甲田	(2)	神奈川横浜藤の木	0	0	0	0	0
④	長竹	(2)	栃木足利北	3	0	0	0	0

犠盗失併残――――
00015 31 4 1 3 2

▷**三塁打** 中山　竹内　▷**二塁打** 内田　猪野　▷**審判** 桑原和　小林登　角田　阿部

2012年7月14日（土） 上毛新聞敷島球場

	1	2	3	4	5	6	7	8	9	10	計
健大高崎	1	0	0	1	0	0	2	0	0		4
桐生第一	0	0	0	0	0	0	0	1	0		1

斎藤章児の目

〝足技〟大きな武器

初戦の戦いぶりを見て、まだエンジン全開とは言えない両チーム。劣勢ではあるが、全国制覇を経験している桐生第一の福田治男監督（50）の采配がこの試合を面白くしてくれるのではないかと期待した。

健大高崎は初回1死から中山奎太の左中間への打球が中堅手からの送球ミスで三塁打。桐生第一は二塁止まりにしなくてはいけなかった。健大はこのちょっとしたミスを逃さないで次の3番長坂拳弥の遊ゴロで先取点を挙げ、主導権を握った。

桐生第一にとって惜しむらくは七回表に1死二塁で当たっている竹内司に2ボールから安易にストライクを取りに行ったところを狙い打たれたことだ。一塁ベースが空いているので低めのコース狙いで大事に攻めるべきだった。この回の2点はあまりにも大きく、試合を決定付けたと言ってもよい。

一方、健大高崎先発生井晨太郎の打たせて取る投球がさえ渡り、七回まで1安打。勝負があった八回裏に桐生第一は1点を取り、九回の2連打でわずかにかつての王者としての意地を見せたが、3回戦で姿を消すのは早すぎる。

健大高崎は初回、竹内が四球で出塁するもけん制球で刺された。しかし、ひるまずに持ち味の足を使った攻撃は今後も大きな武器になるだろう。全国で上位を狙う健大高崎の現在の出来はまだ、良い時の7割程度と見た。これからどのように調子を上げてくるのか、目が離せなくなった。

第94回全国高校野球選手権群馬大会〈3回戦〉

▶9回裏樹徳2死一、二塁、高橋かえすサヨナラの二塁打を放ち大喜びの野平（中央）

2012年7月15日（日） 上毛新聞敷島球場

	1	2	3	4	5	6	7	8	9	10	計
関学附	2	0	0	0	1	0	0	1	0		4
樹徳	0	1	2	0	1	0	0	0	1x		5

樹徳 4番が決めた サヨナラ

樹徳は1点を追う三回、山岸の2点適時打で逆転。同点とされた五回は野平の三塁打で勝ち越した。八回に追いつかれた後、九回、二塁打の高橋を野平が左越え二塁打でかえしサヨナラ。

関学附は八回2死から、早川の中前打で同点に追いつく粘りを見せたが、力尽きた。

関学附

				打	安	点	振	球
④	古川	(2)	大泉南	5	3	0	1	0
⑤	亀井	(3)	大泉南	4	2	0	1	0
⑨	武藤	(3)	栃木葛生	4	1	1	1	0
②	宮井	(2)	栃木佐野日大	4	3	1	0	0
③	川島	(2)	館林三	3	0	1	2	0
⑦	増田	(2)	板倉	3	0	0	3	0
7	飯村	(1)	館林二	0	0	0	0	0
H	五林	(1)	太田北	1	0	0	0	0
7	鈴木豊	(1)	栃木岩舟	0	0	0	0	0
⑥	早川	(2)	館林多々良	4	2	1	0	0
①	亀山	(2)	邑楽	4	1	0	0	0
⑧	石沢	(3)	邑楽	4	1	0	1	0

犠盗失併残　2 0 1 0 7　36 13 4 9 0

樹徳

				打	安	点	振	球
⑨	新井	(3)	前橋四	1	0	0	1	0
H9	石原	(3)	桐生新里	3	0	0	1	0
H	高橋	(3)	前橋南橘	1	1	0	0	0
④	大島	(3)	前橋二	3	3	0	0	2
⑧	小暮	(3)	桐生新里	3	0	0	0	0
⑥	野平	(1)	太田宝泉	5	3	2	0	0
⑤	山岸	(2)	明和	3	1	2	0	1
②	羽鳥	(3)	前橋粕川	2	0	0	0	0
③	穴原	(3)	前橋粕川	3	1	0	0	1
⑦	野村	(3)	伊勢崎三	2	0	0	0	1
①	矢野	(3)	大泉北	0	0	0	0	0
1	樺沢	(3)	桐生桜木	4	0	0	3	0

犠盗失併残　4 1 2 1 9　30 9 4 5 5

▷**三塁打** 野平　▷**二塁打** 大島　宮井　高橋　野平　▷**審判** 堀越克　折茂　深沢　早川

斎藤章児の目　自ら「つき」手放す

関学附が2点を先取し、樹徳が追いかける展開となり、結果的に1点を競い合う好ゲームとなった。

試合に運、不運は付きものだが、今日の関学附はまったく運に見放されたようだった。

2点リードの二回、捕手の打撃妨害で1点差。三回は1死二塁から4番打者を打ち取った打球が内野安打に。盗塁後の二、三塁からは5番打者のつまった打球が中前へ。不運続きであっという間に逆転された。

流れは樹徳に行きかけたが、それでもここは関学附が必死の抵抗をみせ、試合はまったく互角の様相を呈した。

五回表、関学附はいったんは同点に追いつく。その裏、樹徳は4番、期待の1年生野平大樹の右中間への会心の三塁打で1点リードするも、2点目は捕手の宮井がスクイズを見破って阻止し、終盤の勝負へともつれ込んだ。

粘る関学附は八回、宮井がチャンスを作り、2死後、早川祥真の中前打で再び同点とする。

追い越せない関学附は前半の守りに不運があったように攻撃にも疑問が残った。六回、相手エラーからもらった1死一、二塁、9番打者が初球を打って6―4―3の併殺打。次打者にこの日、3安打と当たっている1番打者が控えていただけに、バントで二、三塁にしてプレッシャーをかけることを考えられなかったか。九回裏2死一、二塁、左打席の3番打者の時、二走が三盗を試み余裕でアウト。こうみてくると、運は呼ぶもので、不運は自ら「つき」を手放している気がする。

チャンスを得点に結びつけられなかった関学附に対し、この二つのプレーが樹徳の九回2死一、二塁で野平のサヨナラ安打を呼んだような気がする。

1年生のヒーローが誕生した瞬間でもある。関学附は敗れたとはいえ、亀山紘佑―宮井のバッテリーを中心とした若いチーム。新チームはこの反省を生かし、大きく飛躍するだろう。三振、エラーは野球に付きもの。恐れるな。しかし、ボーンヘッドをなくして運を呼び込めるチームになることだ。

▲6回裏桐南1死二、三塁、打者谷中の時スクイズを外し捕手小池が三走を追う

バッテリーが勝利呼び込む

桐生南が2点を守りきった。四回、諏訪の左前打を足場に、四球や内野安打などで2死満塁とすると、師岡が決勝の2点中前打を放って試合を決めた。先発瀬川は3安打完封。前橋工は相手の好守備に阻まれ無得点。連打は生まれず、三塁が遠かった。

前橋工

				打	安	点	振	球
③	原沢	(2)	吉岡	4	1	0	0	0
⑥5	摩庭	(3)	前橋芳賀	3	0	0	2	1
⑦1	井上	(2)	前橋木瀬	4	0	0	1	0
②	小池	(3)	渋川北橘	3	1	0	0	1
⑨	森本	(3)	高崎箕郷	4	0	0	0	0
④	吉田	(3)	前橋鎌倉	1	0	0	0	0
H	田中	(3)	前橋桂萱	1	0	0	0	0
4	樺沢	(3)	前橋富士見	0	0	0	0	0
⑧	武田	(3)	前橋鎌倉	2	0	0	0	1
①	加藤	(3)	玉村南	1	0	0	0	0
1	水出	(3)	東吾妻岩島	1	0	0	0	0
1	星野	(2)	前橋五	0	0	0	0	0
H	舘野	(3)	前橋木瀬	1	1	0	0	0
R	加賀美	(3)	玉村南	0	0	0	0	0
7	沼尾	(2)	前橋宮城	0	0	0	0	0
⑤	松井	(3)	前橋荒砥	2	0	0	0	0
H	金井	(3)	吉岡	1	0	0	0	0
6	新井	(2)	前橋粕川	0	0	0	0	0

犠	盗	失	併	残	打	安	点	振	球
1	0	1	1	5	28	3	0	3	3

桐生南

				打	安	点	振	球
⑧	谷中	(3)	桐生川内	3	0	0	0	1
④	金丸	(3)	桐生清流	3	2	0	0	0
⑨	金子	(3)	桐生新里	4	0	0	0	0
⑥	諏訪	(3)	桐生川内	4	2	0	0	0
③	半田	(3)	桐生川内	3	0	0	0	1
⑤	前原	(3)	桐生黒保根	4	2	0	0	0
①	瀬川	(3)	桐生梅田	3	1	0	1	1
②	師岡	(3)	みどり大間々	2	1	2	0	0
⑦	飯塚	(3)	桐生中央	1	0	0	1	1

犠	盗	失	併	残	打	安	点	振	球
3	1	1	1	8	27	8	2	2	4

▷**二塁打** 金丸　▷**審判** 関根　飯塚　高橋正　玉尾

2012年7月16日（月） 上毛新聞敷島球場

	1	2	3	4	5	6	7	8	9	10	計
前橋工	0	0	0	0	0	0	0	0	0		0
桐生南	0	0	0	2	0	0	0	0	×		2

スクイズはタイミング

斎藤章児の目

16日の3回戦で桐生第一、農大二に次いで前橋工が姿を消した。栄枯盛衰は世の常、「かつては…」というように栄華を誇っていたのは過去のものとなったか。他校が強くなっていることもあるが、勝てなくなるとユニホーム姿は、年々やせ細っていく感じがするから不思議である。三校の捲土《けんど》重来を期待する。

　試合は四回に2点を先行された前橋工がいつ逆転、反撃するか多くのファンが期待していたと思うが、最後まで前橋工らしい攻撃は見られなかった。

　終始桐生南のペースで試合は進められたが、四回1死満塁で二走が前橋工のサインプレーに引っかかった。ここは走塁コーチの指示が欲しかった。走者は背中に目がない。従って遊撃手の動きには一塁コーチ、二塁手の動きには三塁コーチがよく見えるはず。得点に絡むケースが多いコーチは、ある意味ベンチにいる監督以上に重要。

　六回1死二、三塁になったところで前橋工の投手は左腕に交代。左打席の1番打者は初球スクイズを空振り。バントの上手な打者であっても左対左で、しかもカーブを武器としている投手に初球スクイズは打つことよりも難しい。スクイズのタイミングは非常に難しいが、打者に余分な負担をかけないで少しでも条件を良くして出してやりたい。成功すれば当たり前、失敗すればたたかれるのが監督だが、たたかれるのを恐れていたのではサインは出せない。ならば条件の良い成功率の高いタイミングでさせてみよう。成功すればベンチが盛り上がること疑いなしだ。スクイズの失敗が二人の走者をダブルプレーで殺してしまう結果になった。桐生南はこの四回と六回の攻撃を修正して次の試合に生かそう。

第94回全国高校野球選手権群馬大会〈4回戦〉

▶7回裏育英1死三塁、椙山が栗原をかえすスクイズを決めコールド

2012年7月21日（土） 高崎城南球場

	1	2	3	4	5	6	7	8	9	10	計
市前橋	0	0	0	0	0	0	0				0
前橋育英	2	0	1	1	0	0	3x				7

育英 無安打無得点勝利

前橋育英は初回、田島の中前打と茂原の左前打で２点を先取。三、四回にも１点ずつ追加し、七回に栗原の三塁打などで３点を挙げた。小玉、神戸の継投で７回無安打に抑えた。

市前橋は六回、須田剣が敵失で出塁したものの、攻撃のきっかけをつかめなかった。

市前橋

				打	安	点	振	球
⑦	新井	(3)	前橋南橘	1	0	0	1	0
1	児玉	(1)	前橋三	2	0	0	0	0
②	久保田	(3)	前橋一	3	0	0	0	0
⑨	小林	(3)	群大附	3	0	0	2	0
④	北爪	(3)	前橋宮城	3	0	0	2	0
③	鈴木	(3)	前橋四	2	0	0	2	0
⑧	須田昂	(2)	前橋芳賀	2	0	0	1	0
⑥	須田剣	(3)	渋川赤城北	2	0	0	0	0
①7	中島	(2)	伊勢崎赤堀	2	0	0	1	0
⑤	高橋一	(2)	渋川赤城北	1	0	0	0	0
H5	高橋俊	(3)	前橋三	1	0	0	0	0

犠	盗	失	併	残					
0	0	1	0	1	22	0	0	9	0

前橋育英

				打	安	点	振	球
⑧	栗原	(3)	伊勢崎二	3	2	1	0	0
④	椙山	(3)	嬬恋西	3	1	1	0	0
⑦	田島	(3)	藤岡北	3	2	2	0	0
⑨	土谷	(2)	藤岡小野	3	0	0	1	0
③	茂原	(3)	藤岡東	3	2	1	0	0
⑤	荒井	(2)	前橋東	2	0	0	0	0
②	金子	(3)	沼田利根	3	2	0	0	0
①	小玉	(3)	高崎吉井中央	1	1	0	0	0
H	工藤	(3)	下仁田	1	0	1	0	0
R	黒沢	(3)	高崎吉井中央	0	0	0	0	0
1	神戸	(3)	高崎塚沢	0	0	0	0	0
H	穴沢	(3)	沼田利根	0	0	0	0	0
⑥	田中	(3)	安中二	3	3	1	0	0

犠	盗	失	併	残					
4	4	1	0	3	25	13	7	1	0

▷**三塁打** 田島　栗原　▷**二塁打** 金子　▷**審判** 田村高　佐伯　瀬尾　川村

斎藤章児の目　難しい集中力の持続

きょうから4回戦。関東地方は梅雨明けと思ったら、県内では39度の真夏日の翌日に肌寒い日が続くなど天候が不安定で、各チームは選手の体調管理に苦労していることだろう。集中力の持続が難しいこんなときに「まさか」が起こりやすい。

食事や飲み物で腹をこわしていないか。クーラーの効いている部屋に長時間いないか。寝ているときに肩や足腰を冷やしていないか。監督コーチがそばにいないときの生活が問題になる。すなわち、選手の意識の高さが要求される。それでも万が一、体が冷えて、だるさを感じるときは球場入りする前に、軽いランニングやストレッチで汗を流し体調を整えること。このように、いろいろなことがコンディション作りに思わぬ失敗をもたらし、姿を消すチームもある。

また、長雨でグラウンドが軟弱になり足が取られることも。夏の高校野球の怖さだ。

市前橋は積極的に打って出ることも大事だが、前橋育英の小玉投手の立ち上がり、高めの球を振らされ四球を取れなかったことがすべて。七回ノーヒットで7―0の完敗。前橋育英は2回戦沼田戦で苦戦し、4―3で辛勝したのが薬になったのか。1点の重みを重視して試合の進め方にメリハリが出てきた。コールドで7点目をスクイズで決めたことがそれを物語っている。

バント、スクイズ、盗塁を量産した。失敗もあるが、野球にはつきもの。考えることはない。それより仕掛けて相手チームにプレッシャーをかけ、チームの攻撃リズムを作ることが大切だ。

全員が監督の考えていることを理解し、ベンチも含めて一体感が生まれてくれば、チームとしてもっと良い野球が出来るはずだ。これから勝ち上がったどのチームも、相手をのんでかかっても油断してなめたらいけない。常に謙虚さを忘れないことだ。それが集中力を生む！

第94回全国高校野球選手権群馬大会〈4回戦〉

▲6回表桐商2死一塁、今大会2本目の本塁打を放ち、ベンチに戻ってきた広神を迎えるナイン

桐生商 流れ呼び戻した主砲

効果的に加点した桐生商が快勝した。初回、松島の右犠飛や前川の中犠飛で2点を先制。二回に1点を加えたが、調子を上げてきた富岡先発広木の前に、攻略法を見いだせずにいた。ようやく六回に広神の2点本塁打で試合をものにした。先発柿田は5安打完封。

富岡は八、九回と走者を三塁まで進めたが、柿田の前にあと1本が出なかった。

桐生商

				打安点振球
⑤	猪熊	(3)	桐生桜木	53000
⑧	山田	(3)	みどり笠懸	31102
②	広神	(3)	前橋春日	41211
⑥	松島	(3)	桐生新里	41110
⑨	前川	(3)	桐生川内	42110
④	田島	(3)	みどり笠懸南	20001
①	柿田	(3)	桐生相生	31000
⑦	今泉	(3)	桐生相生	40010
③	大川	(3)	桐生中央	30011

犠盗失併残
42209 329555

富岡

				打安点振球
⑧	高間	(3)	富岡南	30011
②	佐藤	(3)	安中二	40020
③	福田	(3)	藤岡北	41000
①	広木	(3)	富岡南	31011
⑨	榎本	(3)	安中二	30020
H	山田	(3)	甘楽二	10000
⑥	大須賀	(3)	富岡南	32001
④	黒柳	(3)	藤岡北	41010
⑦	新井	(3)	富岡西	30000
H	柳	(3)	下仁田	10010
⑤	内田	(3)	藤岡西	30010
H	山岸	(3)	甘楽一	10000

犠盗失併残
00009 335093

▷**本塁打** 広神 ▷**三塁打** 福田 ▷**二塁打** 前川2 ▷**審判** 星野 小谷野 植野 中沢

2012年7月22日（日）　高崎城南球場

	1	2	3	4	5	6	7	8	9	10	計
桐生商	2	1	0	0	0	2	0	0	0		5
富岡	0	0	0	0	0	0	0	0	0		0

明暗分けた立ち上がり

斎藤章児の目

何が起こるか分からない。大本命の健大高崎が敗れるのを誰が予想しただろうか。故障者がいたとはいえ、負けることはとても考えられなかった。これが夏の高校野球の怖さだ。ここでは敗因を探るより、昨年から今年にかけて全国、関東での大活躍を褒めておきたい。敗戦の翌日から新チームの練習が始まった。まだまだこのチームは発展途上にあるし、頂上を狙うチームであることは間違いない。

その健大高崎に昨年夏と秋に敗れ、男泣きしていた桐生商、柿田兼章と同じボーイズ出身の富岡、広木崇俊の両投手の投げ合いを期待した。勝負は両投手の立ち上がりが明暗を分けた。

柿田が無死から四球で走者を出したのは二回、広木に与えた一つのみ。後は先頭打者を必ず打ち取るという投手の定石を守ったのに対し、広木は五回まで毎回先頭打者にヒットを打たれている。しかも、一、二、六回は四球をはさんだのが、いずれも得点に絡んでいるという投手としては最悪のパターン。後半は柿田に劣らない投球をしていただけに、前半の制球難が惜しまれた。

桐生商はバント、スクイズ、エンドラン、セーフティーバント、盗塁など多彩な攻めで主導権を握り、広神全留の2ランを呼び、投打がかみ合ってチーム状態は良好とみた。

絶対的な健大高崎が消え、どのチームにもまたとないチャンスが巡ってきたといっても良いだろう。勝利の女神がどのチームにほほ笑むか最後まで目が離せなくなった。

第94回全国高校野球選手権群馬大会〈準々決勝〉

▶サヨナラ勝ちにベンチから飛び出して大喜びする高商ナイン

2012年7月23日（月） 上毛新聞敷島球場

	1	2	3	4	5	6	7	8	9	10	計
伊勢崎清明	0	0	0	0	0	1	0	0	0		1
高崎商	0	0	0	0	1	0	0	0	1x		2

高商 9回サヨナラ

高崎商は五回、川浦、関の連打で無死一、三塁から内田の適時打で先制。同点で迎えた九回には、2死二塁から石田が左前適時打を放ちサヨナラ勝ち。先発関は1失点に抑えた。伊勢崎清明は六回2死一、三塁から高柳愛の適時打で同点としたが、あと一歩及ばなかった。

伊勢崎清明

				打	安	点	振	球
⑥	田島	(3)	玉村	3	1	0	0	1
⑧	境野	(2)	伊勢崎宮郷	3	0	0	0	0
②	本田	(2)	太田木崎	3	1	0	1	1
⑤	岩崎	(2)	伊勢崎宮郷	3	0	0	1	0
④	甲斐	(3)	伊勢崎境北	4	1	0	1	0
①	山口	(3)	伊勢崎二	3	1	0	0	1
⑦	高柳愛	(3)	伊勢崎境南	4	1	1	1	0
③	新井	(3)	前橋富士見	4	2	0	0	0
⑨	野口	(3)	伊勢崎四	2	1	0	0	0
R	木村	(1)	前橋木瀬	0	0	0	0	0
9	伊藤	(2)	伊勢崎一	0	0	0	0	0
H	糸井	(3)	伊勢崎三	1	0	0	1	0
9	青柳	(1)	前橋五	0	0	0	0	0

犠	盗	失	併	残					
4	1	0	0	9	30	8	1	5	3

高崎商

				打	安	点	振	球
⑧	内田	(3)	高崎豊岡	4	2	1	1	1
⑨	富沢	(3)	前橋東	4	0	0	0	0
⑤	石田	(3)	富岡西	5	1	1	1	0
③	両角	(3)	渋川	4	0	0	0	0
②	中山	(3)	安中二	3	1	0	0	1
⑦	中島	(3)	伊勢崎宮郷	4	3	0	0	0
⑥	高橋	(3)	高崎新町	3	1	0	0	0
④	川浦	(3)	高崎大類	4	2	0	0	0
①	関	(3)	高崎倉渕	4	1	0	0	0

犠	盗	失	併	残					
2	1	1	0	11	35	11	2	2	2

▷**審判** 木暮　武藤勝　高橋浩　君崎

斎藤章児の目 徹底した指示が必要

健大高崎を破って大金星を挙げた伊勢崎清明に注目してみた。初回、清明1番田島が四球、2番境野が送り3番本田のとき、二走が三盗を仕掛け失敗。清明ベンチは高崎商左腕関の制球が定まらない立ち上がりを攻め、ここは1死三塁にしてボール球を投げられないスリーボールカウントのときスクイズも含めた攻撃で先取点を狙ったとみた。

清明の勝利の方程式は、先取点で試合をリードし、山口の持ち味である頭脳的なピッチングで相手を焦らせ、低めのボール球を打たせて逃げ切ること。関が左腕であるということもあり大胆に三盗をかけたと思う。2死から四球の本田に、二の矢を放つように二盗をさせ再度先取点狙いにいったのはその現れである。初回に仕掛けた理由はそこにある。

しかし試合をリードしなければ山口の持ち味が生きない。それがきょうの苦しいピッチングに表れた。

五回裏、下位からの三連打で先に点を取られる。しかしその後追加点を許さず、すぐ六回表高柳愛のタイムリーで同点に追いつく。この清明の粘りが、後半の1点勝負へともつれこんだ。七回表、2死二、三塁のチャンスに4番岩崎の打球は右中間へ。これを内田がファインプレーし無得点。ここを境目に防戦一方になり高崎商の勢いに押され、九回のサヨナラ劇となった。

山口が良く投げていただけに、九回裏2死二塁で高崎商3番の石田の打席、2ボールから一塁ベースが空いていたが打つ手がなかったか。

この九回のピンチにベンチからの徹底した指示があれば勝負はどうなっていたか。高崎商にとって、七回2死二、三塁で清明の攻撃を断ち切った中堅内田のファインプレーと、尻上がりに良くなった関の完投は大きな収穫。健大高崎を破った清明が負け、最後にサバイバルゲームを制するのはどこか。

▶6回表清明2死一、三塁、高柳愛が本田をかえす同点の左前打を放つ

第94回全国高校野球選手権群馬大会〈準々決勝〉

▶7回のピンチでマウンドに集まる利実の内野陣

2012年7月24日（金） 上毛新聞敷島球場

	1	2	3	4	5	6	7	8	9	10	計
利根実	0	0	0	0	0	0	0	0	0		0
桐生南	0	1	0	0	0	0	3	0	×		4

桐南快勝 3年ぶり準決勝

桐生南は二回、瀬川の四球と師岡の犠打で１死二塁とし、飯塚の適時二塁打で先制。七回には２死二塁から金子、諏訪の連続適時三塁打などで３点を加えた。先発瀬川は被安打６で完封。

利根実は五回に斉藤、北村、星野祐の３連打で２死満塁としたが、あと一本が出なかった。

利根実				打	安	点	振	球
⑨	星野祐	(2)	沼田利根	4	1	0	0	0
⑦	山田	(3)	沼田池田	2	0	0	0	0
H	高野	(3)	沼田	1	0	0	0	0
7	木内	(1)	沼田	1	0	0	0	0
⑥	井上	(3)	沼田	3	2	0	0	1
⑧	生方	(3)	沼田西	3	0	0	0	0
③	角田	(3)	沼田	4	0	0	0	0
R	丸山	(3)	みなかみ月夜野	0	0	0	0	0
④	加藤	(2)	昭和	3	0	0	0	0
H	高瀬	(3)	沼田東	1	0	0	0	0
⑤	浅井	(3)	沼田	3	0	0	1	0
②	斉藤	(2)	吉岡	3	2	0	0	0
①	石坂	(3)	沼田西	0	0	0	0	0
1	北村	(3)	沼田東	2	1	0	0	0

犠盗失併残――――
２０１０６ 30６０１１

桐生南				打	安	点	振	球
⑧	谷中	(3)	桐生川内	3	0	0	0	1
④	金丸	(3)	桐生清流	3	0	0	1	0
⑨	金子	(3)	桐生新里	4	2	1	0	0
⑥	諏訪	(3)	桐生川内	4	2	1	0	0
③	半田	(3)	桐生川内	4	2	0	0	0
⑤	前原	(3)	桐生黒保根	4	0	0	0	0
①	瀬川	(3)	桐生梅田	2	0	0	1	2
②	師岡	(3)	みどり大間々	3	1	0	1	0
⑦	飯塚	(3)	桐生中央	3	2	1	0	0

犠盗失併残――――
４００１９ 30９３３３

▷**三塁打** 金子　諏訪　▷**二塁打** 飯塚　半田　▷**審判** 飯塚実　角田　須田　和田

斎藤章児の目　ひたむきな態度に好感

ベスト4の最後の4校目に名乗りを上げるのは利根実、桐生南のどちらか。群馬の高校野球のレベルアップに貢献しているチーム同士の対戦だ。

　各校の力の差が接近してきて好ゲームが続いている。初戦から波乱含みの試合が多く、ベスト32からの試合ではコールドゲームが5試合しかなく、2点差以内の好ゲームが28試合中17試合もある。しかし白熱した試合が多い割に球場の観客が少ないのが気になる。

　ここまで上り坂、下り坂と、いろいろなチームがあったが、誰もが予想できない大本命の「まさか」まであった。

　夏の大会の怖さであり難しさでもある。準決勝を前にして敗れた64校はすでに来春のセンバツを目指しているが、勝ち残ったチームの球児たちも夢の実現のためにひたすら白球を追い求めながら108の煩悩と戦っているのかもしれない。白球には除夜の鐘と同じ108の縫い目がある。

　試合は初回、1死満塁の絶好のチャンスを逃した桐生南は二回、9番飯塚が、自らの誕生日を祝うように左越えの二塁打で先取点を挙げ、主導権を握る。中盤の六回、桐生南唯一のピンチ、2死満塁は後続を堅守で断った。七回裏再び飯塚の中前打でチャンスをつくり、金子、諏訪の連続三塁打で勝負あった。先発の瀬川は6安打完封でベスト4へ進出。

　準決勝に向けてエース瀬川を楽にするためには、クリーンアップの調子が良さそうなので、1、2番の出塁が鍵になる。

　桐生南は2度目のベスト4ということになり、この強さは本物になりつつあるということか。準決勝の戦いに注目。ヘラヘラ、ニヤニヤしているチームがたまにあるが、桐生南の選手たちの真面目で、ひたむきな態度にも好感が持てた。

▶2回裏桐南1死二塁、飯塚が瀬川をかえす先制の左越え二塁打を放つ

第94回全国高校野球選手権群馬大会〈準決勝〉

▲2回表桐商2死三塁、和田が前川をかえす先制の右翼線二塁打を放つ

継投攻略 桐商

　桐生商が11安打の猛攻で前橋育英に快勝した。二回、前川の内野安打を足掛かりに和田の二塁打で先制すると、猪熊の左前打で2点目、五回には前川の二塁打と中山のスクイズで2点を追加した。七回にも柿田の適時打で5点目を挙げた。先発柿田は被安打4で、3試合連続の完封。

　前橋育英は二、三回にそれぞれ走者を得点圏に進めたが、あと一本が出なかった。先発神戸は二回につかまり2失点。三回からエース高橋拓が救援するも5安打を浴びて3点を失った。

桐生商

				打	安	点	振	球
⑤	猪熊	(3)	桐生桜木	4	1	1	2	0
⑧	山田	(3)	みどり笠懸	4	2	0	0	1
②	広神	(3)	前橋春日	5	1	0	2	0
⑥	松島	(3)	桐生新里	4	1	0	1	0
⑨	前川	(3)	桐生川内	5	3	1	0	0
⑦	中山	(3)	みどり笠懸南	3	0	1	2	0
①	柿田	(3)	桐生相生	4	1	1	1	0
③	和田	(3)	前橋南橘	3	1	1	0	1
④	田島	(3)	みどり笠懸南	4	1	0	0	0

犠	盗	失	併	残	打	安	点	振	球
4	0	0	0	10	36	11	5	8	2

前橋育英

				打	安	点	振	球
⑧	栗原	(3)	伊勢崎二	4	0	0	0	0
④	楫山	(3)	嬬恋西	3	1	0	1	0
H	工藤	(3)	下仁田	1	0	0	1	0
⑦17	田島	(3)	藤岡北	4	1	0	0	0
⑤	土谷	(2)	藤岡小野	3	2	0	1	0
③	茂原	(3)	藤岡東	3	0	0	2	0
⑨	小玉	(3)	高崎吉井中央	3	0	0	0	0
②	金子	(3)	沼田利根	3	0	0	0	0
①	神戸	(3)	高崎塚沢	0	0	0	0	0
7	穴沢	(3)	沼田利根	0	0	0	0	0
1	高橋拓	(3)	沼田利根	2	0	0	0	1
⑥	田中	(3)	安中二	2	0	0	0	0

犠	盗	失	併	残	打	安	点	振	球
1	0	3	0	3	28	4	0	5	1

▷**二塁打** 和田　前川　▷**審判** 岡部　小林登　深沢　高橋正

2012年7月26日（木）　上毛新聞敷島球場

	1	2	3	4	5	6	7	8	9	10	計
桐生商	0	2	0	0	2	0	1	0	0		5
前橋育英	0	0	0	0	0	0	0	0	0		0

難しい投手の起用法

斎藤章児の目

じゃんけんで勝ち先攻を取った桐生商の先発は迷わずエース柿田兼章。前橋育英はこの大会、エース高橋拓已を抑えで起用しているので、先発は右の神戸文也か、小玉輝か、左の田島怜で迷ったのか。

両校にとって大本命が消えたことで降って湧いたようなチャンスが訪れた。この一戦にかける重要性はお互いに良く理解しているはずだが、先発投手に迷いを生じさせた分だけ、戦う前から前橋育英には不利だったように思う。

前橋育英先発の神戸はスピードはあったが、コースが甘く高い球を狙われた。二回には桐生商の和田凌佑、猪熊友輔にタイムリーを打たれた。今の柿田の出来なら十分過ぎる2点だった。三回から3番手、エース高橋投入も、よく頑張ったが勢いの差はどうすることもできず点差は開く一方だった。

柿田は五回以降1人も走者を出さず4安打完封。エースが頑張って投げているとバックもそれに応えて一体になって戦うのがチーム力であり、それが本来の高校野球だと思う。

今日の大事な一戦で前橋育英が結果的に一方的な試合で敗れ去った。エース対決で勝てる保証は無いし、勝ちたかったからの起用法であったことは間違いない。つくづく野球は難しい。

柿田はたくましく成長したが、本当の評価は、もう1人の成長株、高崎商の投手関純との投げ合いを見てからだ。2人とも、今日の投球はあすの決勝のためのウオーミングアップぐらいの強い気持ちで頑張れ。ただし、力まずに楽しむものだ。

▶22年ぶりの優勝を決め、大喜びをする高崎商ナイン

第94回全国高校野球選手権群馬大会〈決勝〉

2012年7月26日（木） 上毛新聞敷島球場

	1	2	3	4	5	6	7	8	9	10	計
桐生商	0	0	0	0	0	0	0	0	0		0
高崎商	2	0	0	0	0	0	0	0	×		2

高商 22年ぶり 夏甲子園

高崎商が初回に挙げた２点を守りきり、接戦を制した。初回、内田が中越え三塁打で出塁すると、続く富沢が中前に適時打を放ち先制。さらに両角の右前打などで２死一、三塁とすると、中島の中前適時打で１点を追加した。先発関は初回のピンチをしのぐと、その後は威力のある直球と低めに制球された変化球がさえ、被安打３、２四死球で完封した。桐生商は初回、広神の四球と松島の中前打で２死一、三塁としたが、後続が倒れた。六回は猪熊のバント内野安打と山田の犠打で１死二塁、七回は中山の四球と盗塁で２死二塁の好機をつくったが、いずれも逸機。先発柿田を援護できなかった。

桐生商

				打	安	点	振	球
⑤	猪熊	(3)	桐生桜木	4	1	1	2	0
⑧	山田	(3)	みどり笠懸	4	2	0	0	1
②	広神	(3)	前橋春日	5	1	0	2	0
⑥	松島	(3)	桐生新里	4	1	0	1	0
⑨	前川	(3)	桐生川内	5	3	1	0	0
⑦	中山	(3)	みどり笠懸南	3	0	1	2	1
①	柿田	(3)	桐生相生	4	1	1	1	0
③	和田	(3)	前橋南橘	3	1	1	0	1
④	田島	(3)	みどり笠懸南	4	1	0	0	0

犠	盗	失	併	残					
4	0	0	0	10	36	11	5	8	2

高崎商

				打	安	点	振	球
⑧	内田	(3)	高崎豊岡	4	2	0	1	0
⑨	富沢	(3)	前橋東	2	0	1	0	1
⑤	石田	(3)	富岡西	4	1	0	0	0
③	両角	(3)	渋川	4	1	1	0	1
②	中山	(3)	安中二	2	0	0	2	0
⑦	中島	(3)	伊勢崎宮郷	3	0	0	2	0
⑥	高橋	(3)	高崎新町	2	0	0	1	1
④	川浦	(3)	高崎大類	2	1	0	0	0
①	関	(3)	高崎倉渕	3	1	0	0	0

犠	盗	失	併	残					
4	1	0	0	6	26	6	1	2	1

▷**二塁打** 関　▷**審判** 井汲　川崎　角田　折茂

斎藤章児の目　初回の攻防が明暗

楽しみにしていたエース同士の対決。立ち上がりに注目した。

高崎商の関純《あつし》は一回表2死一、三塁のピンチで5番の前川諒に対し、内側を攻めておいて外側へ抜いた球で三振を取る見事な投球で好調とみた。

その裏、柿田兼章の立ち上がりは悪く、高崎商打線は見逃さなかった。この試合7安打のうち、4安打を初回に集中して2点を挙げる。先取点の重みを知っている両校の初回の攻防がそのまま結果となって表れた。

柿田は二回以降、徐々に立ち直りをみせていたが、準決勝のピッチングに比べると、フォームは崩れ、ばらつきが多く六、八回のピンチもほとんど気力だけで投げていた。

柿田は今のままで満足しないで、基本的な強さはあるのだから、ピッチングについて基本の一から見直すことを勧めたい。

関はこの大会に入るまではコントロールに難のある投手というイメージがあった。本人の並々ならぬ努力があったのだろう。難しいフォームを会得した今では、インステップと遅れがちな腕の振りが一致して、サウスポー特有の右打者に食い込むストレート、低めのスライダーと縦のカーブ、おまけに初回の唯一のピンチに外側へ抜いたチェンジアップが効果的。大会で投げるたびに成長、決勝では最高のパフォーマンスを見せてくれた。

こういうタイプの投手はフォームを自分のものにするのに時間がかかるが、ものにするとフォームを崩さないから、球離れも一定してくる。打者はタイミングが取りにくく、追い込まれてボール球を振らされたり、意表を突かれて見逃したりというシーンを連想させる。

2点差の白熱したゲームが31試合、1点差が19試合でコールドゲームは5試合と少なかった。これは本県のレベルの高さを物語っている。県下のチームにもまれて一戦ごとに成長した高崎商の甲子園での活躍を期待するのは67校の球児たちの願いでもある。

第94回全国高校野球選手権大会〈1回戦〉

▶応援席にあいさつに向かう高崎商ナイン

2012年8月11日（土） 甲子園球場

	1	2	3	4	5	6	7	8	9	10	計
浦和学院	0	0	0	0	0	3	0	1	2		6
高崎商	0	0	0	0	0	0	0	0	0		0

五回まで互角、先制され力尽く

高崎商の35年ぶりの甲子園勝利はならなかった。初回、先頭の内田勝也の内野安打、富沢好平の犠打などで2死一、二塁としたが、後続が断たれ先制機を逃した。二回も得点圏に走者を進め、三回には富沢の左中間二塁打と石田拓哉の左前打で1死一、三塁としたが、次打者が併殺に倒れた。四回も2死から一、二塁の好機をつくったが、あと一本が出なかった。先発の関純《あつし》は走者を背負っても粘りの投球で五回まで得点を与えなかった。六回に先頭打者を死球で出し、三盗を決められるなどリズムを崩して、中犠飛で先制点を献上。直後の2死一塁から低めの球を左翼スタンドに運ばれた。八回途中から登板した右腕の橘雄一郎も九回に2点を失った。

浦和学院

			打	得	安	点	振	球	犠	盗	失
⑥	竹村	(2)	3	1	1	0	1	1	1	2	0
②	林崎	(3)	4	1	1	1	0	0	1	0	0
①	佐藤	(3)	3	2	2	1	0	1	1	0	0
⑦	山根	(2)	3	0	1	1	0	0	2	0	0
⑨	笹川	(3)	5	1	3	3	0	0	0	0	0
⑧	西岡	(3)	3	0	0	0	0	1	0	0	0
③	明石	(3)	3	0	1	0	1	1	0	0	0
⑤	高田	(2)	2	0	0	0	0	1	1	0	0
④	緑川	(3)	3	1	1	0	0	1	0	0	0
	計		29	6	10	6	2	6	6	2	0

高崎商

				打	得	安	点	振	球	犠	盗	失
⑧9	内田	(3)	高崎豊岡	3	0	1	0	1	1	0	0	0
⑨	富沢	(3)	前橋東	3	0	1	0	0	0	1	0	0
1	橘	(3)	高崎佐野	0	0	0	0	0	0	0	0	0
⑤	石田	(3)	富岡西	4	0	1	0	1	0	0	0	0
③	両角	(3)	渋川	3	0	0	0	0	1	0	0	1
②	中山	(3)	安中二	4	0	0	0	0	0	0	0	0
⑦8	中島	(3)	伊勢崎宮郷	4	0	1	0	0	0	0	0	0
⑥	高橋	(3)	高崎新町	3	0	2	0	0	0	1	0	0
④	川浦	(3)	高崎大類	3	0	1	0	0	1	0	0	2
①7	関	(3)	高崎倉渕	3	0	0	0	1	0	0	0	0
H	田口	(3)	高崎高南	1	0	0	0	0	0	0	0	0
	計			31	0	7	0	3	3	2	0	3

▷**二塁打** 笹川2　富沢

斎藤章児の目 勝敗を分けた三盗

高崎商の対浦和学院戦については攻撃力に差があるだけに関純《あつし》投手の出来いかんが鍵。

甲子園の初戦、しかも午前8時の第1試合で関投手の調整が心配されたが、初回を三者凡退に抑え、滑り出しは上々だった。二回以降、毎回ピンチの連続も中堅内田勝也の美技、捕手中山皓平の盗塁阻止などの堅守と浦和学院の拙攻に助けられ、五回まで互角の戦いで、試合は後半勝負に持ち込まれた。

ところが、グラウンド整備をはさんで浦和学院の一方的な展開になる。浦和学院が流れをつかむきっかけは竹村春樹の三盗からである。竹村は死球で出塁後、バントで送られ、四球をはさんで1死一、二塁、打者4番山根佑太の時、三盗を試みた。

二塁上でけん制がなく、無警戒の関投手のモーションからスチールのタイミングを計っていた。この三盗が山根を楽にさせ、ヒット狙いから外飛狙いの犠打になった。おまけに前の打席で力んで二飛だった5番笹川晃平が内角低めの難しい球を左翼にツーランホームラン。すべては竹村の三盗に起因している。一つのスチールが勝敗の分岐点になり、この試合を左右したように思えてならない。浦和学院は各自の状況判断によって役割を果たし、信頼関係でつながっているようにも思えた。

選手が野球を理解し、監督が「ゴー」と言えば思い通りの結果が出せるチームは誰もが理想とするところだ。この五回の浦和学院の攻撃はそれに近い面を見た。

高崎商は浦和学院、佐藤拓也投手の内角攻めに苦しめられ、窮屈なバッティングを強いられ、快打につながらず完封された。捲土《けんど》重来、来年こそは36年ぶりの校歌をアルプススタンドに響かせてもらいたい。

▶3回裏高商1死、富沢がセンターへ二塁打を放つ

上毛新聞 2012年4月3日付

2013年（平成25）

斎藤 章児

心のキャッチボール

関学附―農大二戦

時代の変化とともに生徒の気質も変化しつつあることから、高校野球の指導方法を考え出すことに苦心している。指導者は選手に目的と目標をクリアにして話すことが大事。その先に何があるのか、何がもたらされるのか

を明確に説明する。指導者とのコミュニケーションによってモチベーションを引き出せれば、選手は自発的に動く。

関学附―農大二は雨で1日延び、仕切り直

セオリ

しの一戦。どちらも立ち上がりに先制点を挙げ、主導権を握って有利に進めたい。先制した農大二が終始リードを保ち、逃げ切った試

第95回全国高校野球選手権群馬大会〈1回戦〉

▶3回裏館林2死二塁、米山慶が二走富岡をかえす左前打を放ち3点目

館林 三たび逆転、冷静な投球で好救援

1点を追う館林は二回、滝口の三塁打と河田の右前打で逆転。再び勝ち越され4－5で迎えた六回、嶌倉の三塁打で2点を奪い勝負を決めた。五回から登板した長南は5回無失点の好投。

藤岡中央は四回に山本、並木の連続適時打などで3点を奪って勝ち越したが、後半力尽きた。

藤岡中央

				打	安	点	振	球
④	佐々木	(3)	藤岡北	4	1	0	0	1
⑥	山　本	(3)	藤岡北	4	1	1	0	1
⑧	並　木	(3)	藤岡鬼石	5	1	1	0	0
②	飯　島	(3)	藤岡北	5	2	2	0	0
⑨	小　出	(3)	藤岡小野	5	3	0	0	0
⑦	加　藤	(2)	藤岡北	3	0	0	0	0
7	桜　井	(3)	前橋芳賀	2	0	0	1	0
⑤	宮　下	(2)	藤岡北	4	1	0	0	0
③	小　菅	(2)	藤岡小野	4	2	0	1	0
①	板　倉	(2)	藤岡小野	2	0	0	0	0

犠	盗	失	併	残	打	安	点	振	球
2	2	4	1	10	38	11	4	2	2

館　林

				打	安	点	振	球
⑧	山　内	(3)	邑楽	5	1	0	1	0
⑥	嶌　倉	(3)	邑楽	5	1	2	0	0
⑤	井　上	(3)	館林三	3	0	0	1	1
②	富　岡	(3)	千代田	4	0	0	1	0
③	米山慶	(3)	太田東	4	1	1	0	0
7	松　本	(2)	大泉南	0	0	0	0	0
④	多　田	(3)	館林四	3	2	1	0	1
⑦9	滝　口	(3)	館林二	3	1	1	1	1
⑨3	山　崎	(3)	大泉西	3	1	0	2	1
①	河　田	(3)	館林四	1	1	1	0	1
1	長　南	(3)	館林三	2	0	0	0	0

犠	盗	失	併	残	打	安	点	振	球
0	5	2	0	8	33	8	6	6	5

▷**三塁打** 嶌倉　滝口　▷**二塁打** 宮下　小菅　▷**審判** 桑原和　星野光　木暮　長谷川

2013年7月6日（土） 上毛新聞敷島球場

	1	2	3	4	5	6	7	8	9	10	計
藤岡中央	1	0	1	3	0	0	0	0	0		5
館　林	0	2	2	0	0	2	0	0	×		6

結束力で勝利つかむ

心のキャッチボール

天気予報を気にしながら球場に到着。幸いなことに前日からの曇り空に熱中症の心配がなくなって正直ホッとする。開会式の選手宣誓が時代とともに変わってきたように思う。

昔は「スポーツマン精神」とか「正々堂々」など、試合を前にした決意を表明することが多かった。「苦しいこと」「難しいこと」があっても卑劣な手段などを考えず「互いに力を出し尽くして戦いましょう」というのが相手に対する礼儀。全力疾走を怠ったり、過剰に相手を傷つける行為はフェアプレーに反する。間違っても相手のミスにつけ込んでやじることのないように気をつけたものだった。

最近は「仲間を信じ」「チーム一丸となって」、それに「感謝」という言葉が加わる。組織を意識したチームプレーの練習で培った内容だ。今大会のスローガンは「野球が僕らを一つにする」。高野連の指導が行き届いている。

館林―藤岡中央戦。館林が4―2と2点リードした四回表の2死一、三塁の守りに注目した。藤岡中央、山本の打球はレフトと三塁手、遊撃手の中間に落ちた。1点は仕方ないが、この時に三塁のベースカバーに投手が入っていれば、三塁を突いた一走をアウトにでき、この回に一挙3点を許すことはなかったのではないか。ベースカバーとバックアップはチームプレーにもっとも大事なプレーだ。これでチームは危機に追い込まれたが、ナインみんなの力で取り返し、三たび逆転した。ひとりがみんなのために働くのはヒーローだが、みんながひとりのために働いて勝利をつかんだ。結束力が強まり、チームの成長になるのではないか。

▲4回表健大無死、脇本が右越え本塁打を放つ

健大 冷静な試合運び

健大高崎は三回、1死二、三塁から長岡の二塁打で2点を先制。四回には脇本がソロ本塁打。五回にも脇本と高橋洋の適時打などで4点を加え、七回には打者11人の猛攻で7点を奪った。高経附は五回、1死一塁から木村の左中間三塁打で1点を返すにとどまった。

健大高崎

守備	氏名	学年	出身	打	安	点	振	球
④57	塚越	(3)	前橋七	2	0	0	0	3
③	高橋洋	(3)	埼玉上里北	3	2	2	0	1
2	柘植	(1)	高崎矢中	0	0	0	0	0
⑤	長島	(2)	埼玉坂戸住吉	1	0	0	1	3
6	田村	(3)	前橋一	0	0	1	0	1
⑥4	宮下	(3)	大阪守口梶	3	0	1	0	1
⑨	長岡	(3)	高崎佐野	4	2	4	0	1
3	柴引	(1)	沖縄宮里	0	0	0	0	0
⑧	梅山	(3)	高崎並榎	1	0	2	0	2
⑦	脇本	(2)	沼田	3	2	2	0	2
R5	相馬	(1)	千葉銚子四	0	0	0	0	0
②9	大河原	(3)	高崎高南	3	1	1	1	2
①	池田	(2)	大阪都島	0	0	0	0	1
1	中山	(3)	安中松井田東	0	0	0	0	0
1	松野	(2)	長野松本信明	0	0	0	0	0
H	平柳	(3)	高崎並榎	1	0	0	0	0
1	下田	(3)	大阪岸和田葛城	0	0	0	0	0

犠	盗	失	併	残	打	安	点	振	球
7	8	0	1	10	21	7	13	2	17

高経附

守備	氏名	学年	出身	打	安	点	振	球
⑥	木村	(3)	安中二	3	1	1	1	1
⑨	土谷	(2)	藤岡小野	2	0	0	0	0
H	戸部	(3)	高崎群馬南	1	0	0	0	0
④	狩野	(3)	高崎長野郷	2	0	0	0	1
⑧	田口	(3)	高崎佐野	2	0	0	0	1
⑦	樋口	(2)	高崎群馬中央	3	2	0	0	0
7	植原	(3)	高崎片岡	0	0	0	0	0
⑤	品田	(2)	高崎長野郷	2	1	0	0	0
②	丸山	(2)	前橋東	3	0	0	0	0
①	赤尾	(3)	前橋鎌倉	1	1	0	0	0
1	登坂	(3)	高崎佐野	1	0	0	0	0
1	長井	(2)	前橋東	0	0	0	0	0
1	前沢	(3)	藤岡西	0	0	0	0	0
H	深沢	(3)	高崎片岡	1	0	0	0	0
③	下風	(3)	藤岡小野	2	2	0	0	0

犠	盗	失	併	残	打	安	点	振	球
3	1	3	1	7	23	7	1	1	3

▷**本塁打** 脇本　▷**三塁打** 木村　▷**二塁打** 長岡2　高橋洋　▷**審判** 小谷野　岡部　権田　上林

2013年7月7日（日）　高崎城南球場

	1	2	3	4	5	6	7	8	9	10	計
健大高崎	0	0	2	1	4	0	7				14
高経附	0	0	0	0	1	0	0				1

同じ失敗 繰り返さず

心のキャッチボール

昨年の秋季大会、高崎城南球場での話。あるプロのスカウトがスコアボードを指して「S、B、Oですか、遅れていますね。いまはB、S、Oでしょう」という。あまり気にも留めなかったが、もやっとしたものが残った。

夏の大会第2日は同球場で観戦した。私のほかに介護人付きの車いすが2台。高野連が確保したカメラマン席で観戦したのだが、狭い部屋で身動きできなくなる。同球場には車いすで観戦する場所がない。私の心に残ったもやっとしたものは、このことだった。

初日は上毛新聞敷島球場で内外野の境目にある障害者席で見た。敷島ではいままでほかの車いすの人との出会いはなかったが、分かるような気がする。コンクリートに囲まれたこの場所はグラウンドより暑い。高齢化社会の先を読み、駅周辺はバリアフリーも多くなってきた。球場も公共施設。車いすの障害者がネット裏や応援席で普通に応援できるようになったら、どんなに素晴らしいことか。

先を読むという点で春季大会の再戦となった健大高崎と高経附戦に注目した。健大は春季大会で八回まで1点に抑え込まれ苦戦した。同じ相手に同じ失敗を繰り返さないため、組み合わせ抽選から攻略法を徹底し、見事に成功したようだ。安打数は7本ずつで打撃だけなら互角。なぜ大差がついたのか。揺さぶりをかけられたことで高経附の赤尾君は変化球が決まらず、自分の投球ができなかった。四回まで被安打2だが四死球は9。五回に降板した。失点はまだ3点だっただけに立ち直るきっかけがほしかった。先を読むことで勝ち上がった健大は得意の機動力にさらに磨きがかかった。あとは投手陣の踏ん張り次第か。

第95回全国高校野球選手権群馬大会〈2回戦〉

▶切れのある変化球で吉井打線を2安打完封した高商の高井

2安打完封、締まった試合

高崎商が打撃に苦しみながらも初戦を突破した。先発高井は2安打完封、8奪三振で試合をつくった。打線は四回に柊、大倉の適時打で2点を先制。七回にダメ押しとなる2点を追加した。吉井は先発春山がコースを突く力投。九回2死一、二塁の好機をつくるも、後が続かなかった。

吉井

	選手	学年	出身	打	安	点	振	球
⑧	広木	(2)	高崎片岡	4	0	0	1	0
④	篠崎	(3)	高崎入野	3	0	0	0	1
⑥	黒沢	(2)	富岡北	4	1	0	1	0
②	中川	(3)	高崎吉井中央	4	0	0	0	0
⑨	金田	(1)	富岡北	3	1	0	2	0
⑤	小須田	(3)	南牧	3	0	0	2	0
③	森田	(2)	富岡東	3	0	0	0	0
3	山口	(1)	高崎入野	0	0	0	0	0
⑦	松本	(3)	富岡東	3	0	0	2	0
①	春山	(2)	高崎吉井西	2	0	0	0	1

犠	盗	失	併	残	打	安	点	振	球
0	0	2	0	4	29	2	0	8	2

高崎商

	選手	学年	出身	打	安	点	振	球
⑧	贄田	(3)	高崎高南	4	2	0	0	0
⑥	斎藤	(3)	高崎八幡	3	2	0	0	0
④	平田	(2)	高崎片岡	4	3	1	0	0
③	柊	(3)	高崎中尾	4	2	1	0	0
②	関口	(1)	高崎新町	4	0	0	0	0
⑦	今井	(2)	下仁田	4	1	0	0	0
⑨	大倉	(3)	高崎倉賀野	4	2	1	0	0
9	佐藤将	(3)	渋川	0	0	0	0	0
⑤	吉田	(3)	高崎新町	4	0	0	0	0
①	高井	(3)	長野原西	4	0	0	2	0

犠	盗	失	併	残	打	安	点	振	球
1	1	0	0	8	35	12	3	2	0

▷**二塁打** 平田　柊　▷**審判** 関根　飯塚　土沢　椛沢

2013年7月8日（月）　高崎城南球場

	1	2	3	4	5	6	7	8	9	10	計
吉井	0	0	0	0	0	0	0	0	0		0
高崎商	0	0	0	2	0	0	2	0	×		4

気迫のこもった好試合

心のキャッチボール

野球を「人生そのものである」と言ったのは長嶋茂雄さん。高校野球は「社会人の基礎」を真のスポーツマンとして学ぶところでもある。

社会人として仕事で役立つ技術は大事だが、社会における人間関係においてはマナーやルール、礼儀やあいさつといった一般常識を身につけることがもっとも大切。高校3年間を通じて友を得て、感謝の心を知り、努力の大切さや人の和に勝るものはないことを知り得たとき、他人の価値が理解できる謙虚な人となり、真のスポーツマンが誕生することになる。

試合中、五回終了時のグラウンド整備は恒例になった。もちろん、試合前も試合後も少しでも選手が良いグラウンド状態で頑張れるように整備もされている。選手がベンチ前で整備を担当する職員、役員、裏方のみなさんに感謝の意を表す姿は各校とも定着してきている。とても良い光景だと思う。

高崎商―吉井戦に注目した。高崎商は攻守ともに隙のない戦いで勝利したが、吉井の善戦が目立った。2安打しか打てなかったが、高崎商のエース高井君に何とか一矢報いようと挑んだ気迫は十分に伝わってきた。高崎商も正々堂々と応じて、エースを最後まで完投させ、強豪校のプライドを示した。両校のきびきびとした試合運びで試合時間1時間32分の好ゲーム。吉井の気迫のこもったプレーに高崎商が応えたというゲームだった。吉井のスタンドは校友が数多くいて選手たちは幸せに感じたろう。応援席が校友たちでいっぱいの光景を復活させたいものである。

第95回全国高校野球選手権群馬大会〈2回戦〉

▶1回裏太商1死一、二塁、大矢が朝長をかえす右前打を放ち先制

太商 先制パンチ

太田商は初回、竹川、大矢、棚沢の３連打と打線がつながり、２点を挙げた。二回には敵失の間に１点。六回は栗田の本塁打で加点した。先発栗田は要所を抑え、４安打１失点完投。伊勢崎は三回、１死一、三塁から併殺崩れの間の１点止まり。打線がつながらなかった。

伊勢崎

				打	安	点	振	球
⑧	小野	(3)	伊勢崎境西	3	1	0	0	1
⑥	増茂	(2)	伊勢崎三	2	0	1	0	1
⑨	向田	(3)	伊勢崎境西	4	0	0	0	0
⑦	戸谷	(2)	太田尾島	4	0	0	0	0
③	佐藤	(3)	伊勢崎宮郷	4	0	0	1	0
⑤	関塚	(2)	玉村	4	1	0	0	0
②	石川	(2)	玉村南	3	0	0	1	1
①	渡辺	(2)	伊勢崎境西	2	1	0	0	0
1	高田	(2)	太田綿打	1	1	0	0	0
H	近野	(1)	伊勢崎一	1	0	0	0	0
④	宮崎	(2)	伊勢崎境北	2	0	0	0	0

犠盗失併残
20117 30 4 1 2 3

太田商

				打	安	点	振	球
⑨	村田	(3)	伊勢崎殖蓮	3	0	0	0	1
⑥	朝長	(3)	埼玉深谷	3	0	0	0	1
⑧	竹川	(3)	太田西	4	2	0	0	0
③	大矢	(3)	伊勢崎三	3	2	1	0	1
⑦	棚沢	(3)	太田南	4	1	1	1	0
②	鈴木	(3)	太田北	4	0	0	0	0
⑤	田端	(3)	大泉南	4	0	0	0	0
①	栗田	(3)	太田木崎	4	3	1	0	0
④	遠藤	(2)	太田綿打	3	1	0	0	0
4	小島	(3)	太田城西	0	0	0	0	0

犠盗失併残
13208 32 9 3 1 3

▷**本塁打** 栗田　▷**二塁打** 竹川　▷**審判** 坂本　山口　瀬尾　岡田

2013年7月9日（火） 高崎城南球場

	1	2	3	4	5	6	7	8	9	10	計
伊勢崎	0	0	1	0	0	0	0	0	0		1
太田商	2	1	0	0	0	1	0	0	×		4

守りから攻撃リズム

心のキャッチボール

暑い一日だった。第2試合の前橋商―前橋東戦はスコアをつけていたが、両校スタンドの応援席で奏でられるブラスバンドに聞き入って、途中でつけ忘れてしまった。五回終了時のグラウンド整備の間に、両校の得意な曲を聴くことができないだろうか。球場に少しの間、涼風がほしいと思った。

太田商―伊勢崎戦を振り返ってみたい。初回、伊勢崎の攻撃は1死二塁から遊ゴロ。太田商の遊撃朝長君は冷静な好判断をみせた。エンドランがかかっていて、三塁をオーバーランした走者を刺した。続く2死一塁。4番戸谷君の痛烈な一塁ライナーを大矢君が横っ跳びで好捕した。二つのファインプレーで太田商は守りから攻撃のリズムを作り、一回裏にすぐさま生かした。中軸打者の3連打で2点を先取した。見事な攻撃だった。ところが、3点リードの後半、七回と八回に1死一塁で走者を送れなかった。詰めの甘さが出た。監督の意図はあくまで二塁へ送ってプレッシャーをかけたかったのだろう。2死二塁ならワンヒットで1点取れる。八回は送れずに併殺でチェンジとなった。手にしていた流れが相手に行ってしまいかねない。

後半の1点追加は前半の2～3点に値する。従ってここは二塁に走者を置く攻めの形を作って1点取れれば、ほぼ勝利を手中にできると監督は読んだ。八回の伊勢崎。結果的に無得点に抑えたが、痛烈な当たりを放っている4番戸谷君に満塁で回る場面も考えられた。外野を抜ければ同点、フェンス越えなら逆転だ。

3点差はまだセーフティーリードではないと監督は考えた。監督の意図を知って、一球の大切さを知ろう。

第95回全国高校野球選手権群馬大会〈3回戦〉

▶4回裏富岡無死一、二塁、岡田が磯貝をかえす右前打を放つ

富岡 初回猛攻打者一巡

富岡が初回、打者一巡の猛攻で一挙6点。四回は磯貝、西島、岡田の3連打を足場に、福村の適時打などで3点を加えた。投げては、主戦岡田が6失点ながら完投した。桐生南は四回に前原大の本塁打で1点を奪い、その後も加点したが、初回の大量失点が響いた。

桐生南

				打	安	点	振	球
⑨	西村	(2)	桐生川内	5	2	0	1	0
⑦	半田	(3)	桐生清流	4	0	0	1	0
④	伊藤	(3)	桐生境野	4	1	0	0	1
⑥	前原直	(2)	桐生黒保根	4	1	0	1	1
③	須田龍	(3)	桐生川内	5	2	2	0	0
②	小林	(3)	桐生中央	4	2	1	0	0
⑧	前原大	(3)	太田薮塚本町	3	1	1	0	1
①	新井駿	(2)	太田薮塚本町	0	0	0	0	0
1	福田	(3)	みどり大間々	2	0	0	1	0
H	星野	(2)	前橋粕川	1	1	2	0	0
1	嶋田	(2)	桐生桜木	1	0	0	0	0
⑤	池田	(3)	みどり笠懸	4	0	0	0	0

犠	盗	失	併	残	打	安	点	振	球
1	0	1	0	8	37	10	6	4	3

富岡

				打	安	点	振	球
⑧	岩崎	(3)	富岡東	5	1	1	0	0
④	磯貝	(3)	富岡西	3	1	0	0	1
⑦	西島	(3)	富岡東	4	1	0	0	0
7	高間	(3)	富岡	0	0	0	0	0
①	岡田	(3)	安中一	5	3	2	0	0
⑨	清水俊	(2)	富岡東	3	1	0	1	1
③	清水瞭	(3)	富岡妙義	3	1	1	1	1
⑤	福村	(3)	高崎片岡	3	1	2	1	1
②	山田	(3)	甘楽二	2	0	1	0	1
⑥	竹上	(3)	甘楽一	3	2	2	0	1

犠	盗	失	併	残	打	安	点	振	球
5	0	1	0	9	31	11	9	3	6

▷**本塁打** 前原大 ▷**三塁打** 須田龍 ▷**二塁打** 須田龍 星野 伊藤 福村 岡田 ▷**審判** 桑原勝 赤石 金古 金田

2013年7月13日（土） 高崎城南球場

	1	2	3	4	5	6	7	8	9	10	計
桐生南	0	0	0	1	0	2	3	0	0		6
富岡	6	0	0	3	0	0	0	0	×		9

痛かった大量失点

心のキャッチボール

いとも簡単にホームランを打つ今の高校生である。確実に進化している高校野球。金属バットの性能は上がり、筋トレで選手の体も大きくなった。加えて、飛ぶボールにポジションごとのグラブ。「メーカーによってやらされている野球になっていないか」という人もいるが、そんなことはない。

今の高校生は目的と目標をはっきり持っているからうまくなりたいという意識がある。野球に関する欲しい情報をいつでも手にすることもできる。ライバルに事欠かないから切磋琢磨《せっさたくま》もできている。

指導者がタブレット端末を使うこともプラス。投手と打者の解析を行うことができ、欠点がよく分かってすぐに修正できる。打者の飛距離が伸び、投手の変化球の種類が増えている。

こうしたことを考え合わせると、用具の進歩以上に高校生の技術と体力が向上していることは間違いない。

桐生南―富岡を取り上げたい。富岡は初回、相手投手の立ち上がりをうまく攻め、大量点を奪ってそのまま逃げ切るパターンだった。先発岡田君は五回終了時のグラウンド整備後に追い上げを許した。直球が高めに浮き、なんとか完投したものの、本人にとっては反省点の多い投球内容だった。

上げた足を着地してワレをつくった時のバランスをチェックしてみよう。余分なところに力が入っていないか。資質はあるからちょっとしたことで修正できるようになる。

桐生南の六、七回の攻撃は追い上げ急であわやという期待を持たせた。初回の大量6失点はあまりにも痛すぎた。このチームの攻撃力をもう少し見たかった。消えるのが早すぎた。

第95回全国高校野球選手権群馬大会〈3回戦〉

▶4回表、関学附1死一、二塁、藤家が川島慶をかえす左翼線二塁打を放ち先制

関学附 投打に圧倒、昨年覇者下す

関学附は四回、川島慶が死球で出塁すると川島廉、藤家、鈴木廉の連続安打で2点を先制した。七回には古川、飯村、宮井の連続安打で3点を追加。先発亀山は粘りの投球で完封した。

高崎商は初回1死一、二塁の好機をつくったが無得点。10安打を放つも本塁が遠かった。

関学附

				打	安	点	振	球
⑥	古川	(3)	大泉南	4	2	0	0	1
⑧	飯村	(2)	館林二	3	2	2	0	1
②	宮井	(3)	栃木佐野日大	5	2	1	0	0
①	亀山	(3)	邑楽	4	0	0	0	0
③	川島慶	(3)	館林三	4	2	0	0	1
④	川島廉	(1)	館林一	5	1	0	1	0
4	飯島	(3)	館林二	0	0	0	0	0
⑨	藤家	(1)	明和	4	1	1	1	0
⑦	鈴木廉	(3)	太田北	4	1	1	0	0
⑤	早川	(3)	館林多々良	2	0	0	1	1

犠	盗	失	併	残					
3	1	1	3	10	35	11	5	3	4

高崎商

				打	安	点	振	球
④	平田	(2)	高崎片岡	4	1	0	0	0
⑥	斎藤	(3)	高崎八幡	3	1	0	0	1
⑦	今井	(2)	下仁田	4	3	0	0	0
⑧	贄田	(3)	高崎高南	4	1	0	0	0
③	柊	(3)	高崎中尾	4	0	0	1	0
②	関口	(1)	高崎新町	4	2	0	0	0
R	佐藤将	(3)	渋川	0	0	0	0	0
⑨	大倉	(3)	高崎倉賀野	4	1	0	0	0
⑤	吉田	(3)	高崎新町	3	1	0	0	1
①	高井	(3)	長野原西	2	0	0	0	0
H	松本	(3)	高崎高南	1	0	0	0	0
1	熊川	(2)	嬬恋東	0	0	0	0	0
1	佐藤栄	(2)	高崎榛名	0	0	0	0	0
H	品川	(3)	高崎中尾	1	0	0	0	0

犠	盗	失	併	残					
0	0	1	1	9	34	10	0	1	2

▷**二塁打** 藤家　宮井　吉田　関口　▷**審判** 小林登　山口美　常沢　石井

2013年7月14日（日） 高崎城南球場

	1	2	3	4	5	6	7	8	9	10	計
関学附	0	0	0	2	0	0	3	0	0		5
高崎商	0	0	0	0	0	0	0	0	0		0

「1点の攻防」に難しさ

心のキャッチボール

高校野球は非情である。厳しい練習に耐え、1年間さまざまな困難を克服して作ってきたチームもプロ野球と違って1敗すれば姿を消すのである。当たり前のことであるが、一発勝負の難しさであり、怖さである。

私の持論に「1点の攻防」というのがある。いろいろなケースがあるが、例えば、実戦練習で1死一、三塁の攻防をゲーム形式でやると選手たちは互いに攻めたり、守ったりで野球を覚える。「知識を知り、知能を鍛え、知恵を絞る」。選手たちはマニュアルから応用が利くようになる。こういう選手を実戦的選手という。

5—0に終わった関学附—高崎商に注目。得点差ほどチーム力に開きはない。安打数は関学附11本、高崎商10本。二つのポイントを挙げてみる。

まずは五回裏、0—2とリードされた高崎商の攻撃。1死一、二塁で頼れる2番打者、斎藤君の打席になった。ツーボールの後、ファーストストライクは高めのカーブ。ここは積極的に一発狙ってほしかった。さらに次の球は直球のストライク。クリーンアップにつながる打線だけにエンドランを仕掛けても良かったのではないか。次に七回表、3点を奪ってリードを5点に広げた後の関学附の1死一、三塁の攻撃。高崎商にスクイズを警戒する気配はなかった。ここは6番打者のスクイズで6点目を取り、7点目の走者を二塁に置く選択肢はなかっただろうか。九回は4番打者に送りバントを使ったぐらいだ。七回はコールドのプレッシャーをかけながら攻めるのも手だった。勝ち上がっていくためにはどこの1点でも大事な1点になりうる。すべての得点は1点の攻防の延長線上にある。

第95回全国高校野球選手権群馬大会〈3回戦〉

▶8回表興陽1死一、三塁、丸山の左中間二塁打で、桜井に続き、横室がかえり逆転

興陽 鮮やか逆転

伊勢崎興陽は中盤以降、安打を集中して相手投手を打ち崩した。六回に見城、桜井、横室の3連打で1点。八回は見城、桜井、横室、丸山の4連続長短打と関口の適時打で逆転した。

2点先取の高崎は三回、1死満塁で1点どまり。五回までの3併殺も響き、押し切れなかった。

伊勢崎興陽

				打	安	点	振	球
①	石川	(3)	伊勢崎宮郷	5	1	0	0	0
④	橋本	(3)	伊勢崎四	5	0	0	5	0
⑨	林幸	(3)	伊勢崎赤堀	4	1	0	1	1
③	見城	(3)	伊勢崎二	5	2	0	2	0
⑥	桜井	(3)	伊勢崎四	3	2	2	1	0
②	横室	(2)	伊勢崎宮郷	4	2	1	0	0
2	福田	(2)	伊勢崎三	0	0	0	0	0
⑤	丸山	(3)	伊勢崎二	4	1	2	0	0
5	新井	(2)	伊勢崎赤堀	0	0	0	0	0
⑦	本間	(3)	伊勢崎赤堀	4	0	0	2	0
⑧	関口	(3)	伊勢崎二	3	2	1	0	1

犠	盗	失	併	残	打	安	点	振	球
1	1	1	3	7	37	11	6	11	2

高崎

				打	安	点	振	球
④	大沢	(1)	高崎並榎	5	2	0	0	0
⑤	牧絵	(2)	高崎塚沢	2	0	0	0	0
5	原	(2)	高崎群馬中央	3	1	0	0	0
⑥	中沢	(3)	高崎吉井中央	4	2	1	0	0
⑨	塚越	(3)	高崎大類	3	2	1	0	1
③	柳沢	(3)	藤岡鬼石	3	0	0	0	0
H3	福島	(2)	高崎長野郷	1	0	0	0	0
⑧18	松井	(3)	高崎群馬中央	4	1	0	2	0
①71	中里	(3)	高崎佐野	4	2	0	0	0
②	佐藤	(2)	高崎吉井中央	3	1	0	1	0
H	井上駿	(2)	玉村	1	0	0	0	0
⑦	吉沢	(2)	高崎群馬中央	2	0	0	0	1
87	伊藤	(3)	高崎長野郷	0	0	0	0	1

犠	盗	失	併	残	打	安	点	振	球
0	2	3	0	7	35	11	2	3	3

▷**三塁打** 中沢　▷**二塁打** 見城　桜井　丸山　▷**審判** 佐伯　田村高　阿倍浩　石倉

2013年7月15日（月） 高崎城南球場

	1	2	3	4	5	6	7	8	9	10	計
伊勢崎興陽	0	0	0	1	0	1	0	4	0		6
高崎	2	0	1	1	0	0	0	0	0		4

最後まで攻めの姿勢

心のキャッチボール

有能なスポーツ選手は「体技心」のバランスが素晴らしく良く取れている。高野連も野球憲章で理想的なあるべき姿とは文武両道による「人間形成」（心の育成）にあると説いている。人間、最後は心ということか。年々進化している高校野球。打者の飛距離は伸びている。右打者の右翼への打ち方もうまくなっている。投手も体幹がしっかり強化され、投球フォームが良くなった。両サイドの出し入れ、低めの変化球の制球も向上。投打と技術的な進歩は目を見張るものがある。体力、技術面は確実に進歩を遂げているが、心の問題はどうであろうか。「心の教育だけしていたら、勝ってしまった」という野球があっても良い気がするのだが。「一球入魂」「球道一心」。かつての精神野球の言葉である。将来ある高校生に「心の育成」を教える指導者の責任は大きいものがある。

初戦で打ち勝って5年ぶりに勝ち上がってきた伊勢崎興陽と、苦戦しながら逆転勝ちしてきた高崎の対戦。興陽先発の石川君は4失点のうち暴投で2点を献上したが、五回まで3併殺の高崎の攻めにも助けられて立ち直る。エースは仲間の奮起を信じて、自分の投球に専念していた。打線はリードを許した中盤も攻めの姿勢を失わず、八回の集中打につながって逆転する。打力に頼るチームが走り込むことによって攻撃力に幅ができた。高崎は初戦に続いて、この試合もちぐはぐ。気力がないとは言わないが、何か変だった。序盤にせっかくリードをしても追い打ちをかけられない。心に重荷を背負っているようで動きが悪い。もし、心に重荷があれば下ろせばよい。心を軽くして開き直ってもっと白球に集中できなかったか。甲子園経験者が4人もいたのに。

第95回全国高校野球選手権群馬大会〈4回戦〉

▶2回裏育英2死一、二塁、土谷が三走工藤、一走楠をかえす右越え二塁打を放つ

育英 好守備を攻撃につなげる

前橋育英が3試合連続のコールド勝ち。初回に3連打で2点を奪って先制。二回は土谷の2点適時二塁打などで3点を挙げた。七回には田村の3点本塁打が飛び出して試合を決めた。

伊勢崎清明は前橋育英と同数の9安打を放ったが、得点を積み上げられなかった。七回表の2死満塁の好機をけん制で刺されてしまった。

伊勢崎清明

				打	安	点	振	球
⑧	境野	(3)	伊勢崎宮郷	3	2	0	1	0
④	島崎	(3)	玉村南	2	0	0	0	0
②	本田	(3)	太田木崎	3	2	1	0	0
⑤	岩崎	(3)	伊勢崎宮郷	2	1	1	0	0
⑦	伊藤	(3)	伊勢崎一	3	0	0	2	0
①3	青柳	(2)	前橋五	3	1	0	2	0
⑥	小林	(3)	伊勢崎一	2	2	0	0	1
⑨	木村	(2)	前橋木瀬	3	0	0	2	0
③	梶山	(3)	玉村	0	0	0	0	0
1	原彰	(3)	玉村	3	1	0	1	0

犠	盗	失	併	残	打	安	点	振	球
3	0	1	2	5	24	9	2	8	1

前橋育英

				打	安	点	振	球
⑧	工藤	(2)	下仁田	2	0	0	0	2
③	楠	(3)	安中二	4	3	1	0	0
⑥	土谷	(3)	藤岡小野	3	2	3	0	1
⑤	荒井	(3)	前橋東	1	1	1	0	3
②	小川	(3)	館林多々良	2	0	0	1	2
⑨	板垣	(3)	前橋木瀬	3	0	0	0	0
1	喜多川	(2)	高崎吉井中央	0	0	1	0	0
①7	高橋光	(2)	沼田利根	4	0	0	0	0
⑦9	田村	(3)	みなかみ新治	4	2	3	0	0
④	高橋知	(3)	沼田利根	2	1	0	0	0

犠	盗	失	併	残	打	安	点	振	球
2	3	0	2	6	25	9	9	1	8

▷**本塁打** 田村　▷**三塁打** 楠　▷**二塁打** 土谷　▷**審判** 山口美　川崎　桑原和　中野

2013年7月20日（土） 上毛新聞敷島球場

	1	2	3	4	5	6	7	8	9	10	計
伊勢崎清明	0	0	0	1	0	1	0				2
前橋育英	2	3	0	0	0	0	4x				9

打線振れ 危なげなし

心のキャッチボール

高校野球の監督には「男のロマン」がある。遠く、そして報われることが少ないけれども求めて値打ちがある仕事だと信じる。

監督は高校野球の「理念」（学生野球憲章）を常に念頭に置かなければならない。選手育成、指導には強い「信念」（幹が揺れたら、枝はその何倍も揺れる）を持つこと。そして、試合においては勝利への熱き「執念」（ルールブック1・02＝試合の目的は勝利することにある）を燃やすことです。

監督は信じる道を信じるままに行動できる。一般の管理社会の中では望み得ない世界だと思う。

昨夏、センバツ出場の高崎と健大高崎を下して初の8強。昨秋0―7で完敗した桐生第一に今夏は8―3で完勝した伊勢崎清明が、この夏も波乱を起こすか。第1シードの前橋育英との一戦に注目した。好ゲームを期待していたファンはたくさんいたと思う。

試合は伊勢崎清明が二回までに5失点。それでも四、六回に1点ずつを入れて反撃した。前橋育英と同じ9安打するも、打線につながりがなかった。その上、2死で深く守っている外野への安打で二走が三塁で止まったり、2死満塁で捕手からの送球で二走が刺されたりと、みずから勝利を手放しているような残念なプレーもあった。

一方の前橋育英は2季連続優勝し、春の関東大会準優勝で自信をつけたのか、打線はよく振れているし、つながりがあり、どこからでも点が取れ、危なげなし。投手陣はまだ本調子でないようだが、エースの高橋君と喜多川君が2年生とはいえ、春の関東の経験が生きれば、優勝候補の筆頭になる。

▶7回裏樹徳2死満塁、橋本が川岸、竹内をかえす中越え二塁打を放ち、コールド勝ちを決める

樹徳 打線好調でコールド

樹徳が8得点で快勝。初回、三回から六回に先頭打者を出して試合を優位に進めた。七回は橋本の2点適時二塁打などで3点を加えコールド勝ち。先発竹内は七回を1失点で投げ切った。沼田は散発4安打に抑えられ、2度の満塁機も、七回の1点止まり。好機を生かし切れなかった。

沼田				打	安	点	振	球
②	綿貫直	(3)	昭和	2	0	0	1	2
⑨	小野里	(3)	沼田	3	0	0	1	0
H9	林	(3)	みなかみ月夜野	1	0	0	1	0
③1	大橋	(3)	沼田東	3	1	0	1	0
⑥	高橋智	(3)	みなかみ月夜野	3	1	0	0	0
⑧	高橋一	(3)	みなかみ月夜野	3	0	0	0	0
①3	山口	(3)	沼田	3	0	0	1	0
④	木村	(3)	沼田西	2	1	0	0	1
⑤	金井	(3)	高山	2	1	0	0	1
⑦	金子	(3)	沼田利根	3	0	0	2	0

犠盗失併残
0 1 2 2 7　25 4 0 7 4

樹徳				打	安	点	振	球
⑨	橋本	(3)	前橋一	3	2	2	0	0
⑧	有泉	(3)	太田尾島	3	2	0	0	0
⑥	野平	(2)	太田宝泉	3	2	1	1	1
③	金井	(2)	伊勢崎一	3	0	0	0	1
⑤	山岸	(3)	明和	3	1	0	0	1
⑦	鈴木	(2)	館林四	3	1	1	2	1
④	川岸	(2)	栃木足利西	2	1	1	0	1
①	竹内	(3)	桐生中央	3	0	0	2	0
②	周籐	(2)	太田薮塚本町	2	2	1	0	2

犠盗失併残
5 0 1 0 9　25 11 6 5 7

▷**二塁打** 橋本2　山岸　▷**審判** 阿部忠　小林登　坂本剛　高橋正

2013年7月21日（日）　上毛新聞敷島球場

	1	2	3	4	5	6	7	8	9	10	計
沼田	0	0	0	0	0	0	1				1
樹徳	0	0	2	1	2	0	3x				8

連係プレーの大切さ

心のキャッチボール

送球ミスから大量失点につながる試合がある。毎日の練習で必ずやっているキャッチボール。いざ試合になって正しい送球ができないのはなぜか。投げた後、手から離れたら「ボールに聞いてくれ」では駄目。相手のグラブに収まるまでが投げ手の責任。受け手は相手が投げやすいように遠ければ大きく、近ければ小さくグラブで的をつくって構える。お互いが相手を思いやる気持ちが大切。正しいキャッチボールを身につけるということは相手に対する礼であり、思いやり、感謝が基本になる。このキャッチボールがポジションごとの連係プレーとなり、やがてチームプレーにまで育っていくのである。思いやりと感謝（キャッチボール）のできない者に気配り、気遣い（連係プレー）はできない。

2年生が多く、春以降の成長著しい樹徳。春4強で伝統の打線に自信を深めた沼田。エース竹内君が相手打線を翻弄した樹徳に軍配が上がったが、沼田は守備で三回と七回の送球ミスが痛かった。三回1死二塁からの中前打。二走は三塁で止まったのに外野手が本塁に暴投し、やらないでよい先取点を与え、打者走者に二進も許した。次打者の中前打でこの回2失点を喫した。ワンヒット、バックホームは中継を目標にしてワンバウンドが基本。間に合わなければ中継がカットし、打者走者の二進を阻む。七回は1死満塁で一塁ゴロ。本来ならホームゲッツーでチェンジにできる場面。3—2—4と転送されたが、捕手が高投した。一塁をカバーした二塁手は打者走者が邪魔だったら、ベースを離れてボールを呼んでも良かったのではないか。結果的に3失点してコールドが成立した。

第95回全国高校野球選手権群馬大会〈準々決勝〉

▶9回表前工1死満塁、暴投の間に三走原沢が本塁を突き4点目

前工 接戦制す。9回、再び勝ち越し

前橋工は三、四、六回に1点ずつを挙げ勝ち越し。追いつかれた直後の九回、1死満塁から暴投で1得点し再び勝ち越し。スクイズ失敗後、2死三塁から新井が適時打を放ち、1点を加え逃げ切った。健大高崎は初回に宮下の適時打などで2点を先制。八回に長岡のソロ本塁打で追い付くも、及ばなかった。

前橋工

守備	氏名	学年	出身	打	安	点	振	球
⑧	金子	(2)	伊勢崎三	2	0	0	0	0
H	中嶋	(3)	渋川	1	0	0	0	0
8	宮島	(3)	高崎箕郷	2	1	1	0	0
④	大井	(3)	吉岡	4	1	0	0	1
⑤	原沢	(3)	吉岡	5	3	1	0	0
⑨	沼尾	(3)	前橋宮城	4	2	0	0	0
③	内山	(3)	伊勢崎三	5	2	0	0	0
⑥	新井	(3)	前橋粕川	4	1	1	0	0
②	高橋	(3)	渋川北橘	5	2	0	2	0
⑦	井上	(3)	前橋木瀬	2	2	0	0	0
1	松島	(3)	桐生相生	1	0	0	1	0
①7	塩沢	(3)	渋川北橘	1	1	1	0	1
7	番場	(3)	玉村南	0	0	0	0	0

犠	盗	失	併	残	打	安	点	振	球
5	0	1	0	11	36	15	4	3	2

健大高崎

守備	氏名	学年	出身	打	安	点	振	球
⑦	脇本	(2)	沼田	5	0	0	0	0
⑥	相馬	(1)	千葉銚子四	2	0	0	1	2
H	柴引	(1)	沖縄宮里	1	0	0	1	0
③	高橋洋	(3)	埼玉上里北	5	1	0	1	0
④	宮下	(3)	大阪守口梶	4	3	1	0	0
⑨	長岡	(3)	高崎佐野	3	1	2	1	0
⑧	梅山	(3)	高崎並榎	4	1	0	0	0
⑤	塚越	(3)	前橋七	3	0	0	0	1
②	大河原	(3)	高崎高南	3	2	0	1	0
①	池田	(2)	大阪都島	1	0	0	0	0
1	中山	(3)	安中松井田東	0	0	0	0	0
H	平柳	(3)	高崎並榎	1	1	0	0	0
1	高橋和	(2)	高崎長野郷	1	0	0	0	0
H	長島	(2)	埼玉坂戸住吉	1	1	0	0	0

犠	盗	失	併	残	打	安	点	振	球
2	0	0	0	9	34	10	3	5	3

▷**本塁打** 長岡　▷**二塁打** 大河原　▷**審判** 井汲　小谷野　吉崎　工藤

2013年7月23日（火）　上毛新聞敷島球場

	1	2	3	4	5	6	7	8	9	10	計
前橋工	0	0	1	1	0	1	0	0	2		5
健大高崎	2	0	0	0	0	0	0	1	0		3

勝敗を分けた「一球」

心のキャッチボール

白熱したエース対決に1点を争う好ゲーム。拮抗した勝負に決着をつけるのは一発長打か失策か、四死球と相場は決まっている。接戦だった4回戦の前橋工―前橋商、関学附―太田商、太田東―前橋南でもみられた。

緊迫した状況で1点をめぐる攻防は選手はもちろん、スタンドも一球ごとに手に汗握る場面の連続である。高校野球は「筋書きのないドラマ」といわれるが、こんな時にドラマが生まれる。

絶対に負けないというライバル意識を発揮して全力を尽くして戦った両校に拍手が送られる。スタンドの応援席に校友が多くなったように思える。好ましい光景である。タイプは違うが、パワー打撃の前橋工、足攻機動力の健大高崎という攻撃型の両チームによる戦いと思っていた準々決勝だが、思惑は見事に外れてしまった。前橋工の安打はミート主体ですべてシングル。それをバントでつなぐ打線で攻撃力に幅が出てきた。

勝敗のポイントは四回表に前橋工が2―2の同点に追い付いた後、四回裏の攻防にある。健大は2死満塁と攻め、打席は3番高橋洋君。この場面で前橋工の2番手松島君が2ボール2ストライクから「この一球」を投じた。カーブで空振り三振―。

もし、この一球がボールになったり、暴投になっていたら、もう一球、同じボールを投げられたか。直球は力んで高めに抜けていて投げにくい。次打者は好打者、宮下君が控えていた。大量点にもなりかねない場面だった。この試合を決めた大きな勝負球「この一球」だった。さらにこの回の1死一、三塁の時、エース塩沢君から松島君に代えたベンチの采配も大きかった。

第95回全国高校野球選手権群馬大会〈準々決勝〉

▶関学打線を完封し、捕手小林（中央）と笑顔でハイタッチする農二の吉田（右）

農二 重盗、堅守そつなし

農大二が競り勝った。初回２死一、二塁から栗原の左前打で先制。五回は１死から四球と敵失で一、三塁とし、重盗で三走周東が本塁を突いて無安打で追加点を挙げた。先発吉田は要所を抑え完封。関学附は７安打を放つもあと一本が出ず、再三の好機を生かすことができなかった。

関学附

				打	安	点	振	球
⑥1	古川	(3)	大泉南	4	0	0	0	0
⑧	飯村	(2)	館林二	3	1	0	1	1
②	宮井	(3)	栃木佐野日大	3	0	0	0	1
①6	亀山	(3)	邑楽	3	2	0	0	1
③	川島慶	(3)	館林三	3	1	0	0	0
④	川島廉	(1)	館林一	3	0	0	1	0
H	飯島	(3)	館林二	1	0	0	1	0
⑨	藤家	(1)	明和	3	1	0	0	1
⑦	鈴木廉	(3)	太田北	3	0	0	0	0
H	増田	(3)	板倉	1	1	0	0	0
R	田村	(3)	館林三	0	0	0	0	0
⑤	早川	(3)	館林多々良	4	1	0	1	0

犠	盗	失	併	残					
1	1	2	0	9	31	7	0	4	4

農大二

				打	安	点	振	球
⑧	大河原	(3)	高崎矢中	4	1	0	2	1
⑥	周東	(3)	太田藪塚本町	1	0	0	1	2
⑤	小須田	(3)	前橋東	3	1	0	1	0
⑦	吉沢	(3)	宇都宮若松原	4	0	0	1	0
⑨	栗原	(3)	前橋桂萱	3	2	1	1	1
②	小林	(3)	安中二	2	0	0	0	1
③	内藤	(3)	高崎並榎	4	0	0	1	0
④	横須賀	(3)	埼玉行田	2	1	0	1	2
①	吉田	(2)	高崎吉井中央	4	1	0	2	0

犠	盗	失	併	残					
3	2	0	2	11	27	6	1	10	7

▷**三塁打** 大河原　▷**二塁打** 藤家　▷**審判** 岡部　常沢　角田　関根

2013年7月25日（木）　上毛新聞敷島球場

	1	2	3	4	5	6	7	8	9	10	計
関学附	0	0	0	0	0	0	0	0	0		0
農大二	1	0	0	0	1	0	0	0	×		2

セオリーは最強の作戦

心のキャッチボール

時代の変化とともに生徒の気質も変化しつつあることから、高校野球の指導方法を考え出すことに苦心している。指導者は選手に目的と目標をクリアにして話すことが大事。その先に何があるのか、何がもたらされるのかを明確に説明する。指導者とのコミュニケーションによってモチベーションを引き出せれば、選手は自発的に動く。

関学附―農大二は雨で1日延び、仕切り直しの一戦。どちらも立ち上がりに先制点を挙げ、主導権を握って有利に進めたい。先制した農大二が終始リードを保ち、逃げ切った試合だった。

関学附はちぐはぐな攻撃で後まで1点が取れなかった。三回無死一塁で上位に回り、二ゴロ併殺。六回無死一、二塁は中途半端なバントで送れず。九回1死一、三塁も遊ゴロ併殺で上位につなげなかった。ただ、粘りのある選手たちの働きは次につながるだろう。

守備では一回裏、左翼手の失策も絡んで先取点を与えた。五回裏1死一塁。三塁前のバントで一塁ベースカバーが遅れ、そのため三塁手が悪送球。一、三塁になり、すかさず農大二はダブルスチール。三走の動きの見える二塁手が捕手からの送球をカットに入れず、重い2点目を献上した。二塁手は連係プレーの中心で陰の司令塔といわれる。これからのために辛口にひと言。プレーに遠慮は禁物。試合に出る以上、1年も3年もない。

一方、農大二は2年吉田君の4試合連続無失点の好投もあったが、セオリーを重視したオーソドックスな戦法が奏功した。五回裏1死一塁からバントで揺さぶって失策を誘い、さらに一、三塁からダブルスチール。久々に農大二らしい野球で勝利した。セオリーは最大の味方にして最強の作戦である。

第95回全国高校野球選手権群馬大会〈決勝〉

▶3回裏育英2死二塁、小川の右中間三塁打で土谷かえり2点目

2013年7月28日（日） 上毛新聞敷島球場

	1	2	3	4	5	6	7	8	9	10	計
農大二	0	0	0	0	0	0	0	0	0		0
前橋育英	0	0	2	1	0	0	0	0	×		3

育英に栄冠、つかんだ初の夏甲子園

第1シードで臨んだ前橋育英は秋、春に続く県大会優勝。農大二は4年ぶり6度目の甲子園出場はならなかった。

試合は初回、二回と好機をつぶした前橋育英が三回、工藤陽平選手の中前打を足がかりに1死一、三塁とすると、荒井主将がスクイズを決め先制。さらに小川駿輝選手の適時三塁打で2点目を挙げた。四回、高橋投手の左翼席へのソロ本塁打でリードを3点に広げ、そのまま押し切った。

農大二は先発吉田翔哉投手が粘り強い投球で反撃を待ったが、七回1死満塁で後続を断たれるなどして最後まで得点を挙げられなかった。七回、死球を足掛かりに小林、横須賀の安打で1死満塁としたが、後続を断たれた。一、四、六回も得点圏に走者を送ったが、生かせなかった。

農大二

				打	安	点	振	球
⑧	大河原	(3)	高崎矢中	4	0	0	2	0
⑥	周東	(3)	太田数塚本町	3	0	0	0	1
⑤	小須田	(3)	前橋東	3	2	0	0	0
⑦	吉沢	(3)	宇都宮若松原	3	0	0	2	1
⑨	栗原	(3)	前橋桂萱	3	0	0	0	1
②	小林	(3)	安中二	4	1	0	0	0
③	内藤	(3)	高崎並榎	4	0	0	3	0
④	横須賀	(3)	埼玉行田	3	1	0	0	0
①	吉田	(2)	高崎吉井中央	3	0	0	2	0

犠	盗	失	併	残	打	安	点	振	球
1	0	0	0	7	30	4	0	9	3

前橋育英

				打	安	点	振	球
⑧	工藤	(2)	下仁田	4	1	0	1	0
③	楠	(3)	安中二	3	1	0	0	0
⑥	土谷	(3)	藤岡小野	4	2	0	0	0
⑤	荒井	(3)	前橋東	3	1	1	0	0
②	小川	(3)	館林多々良	4	1	1	0	0
⑨	板垣	(3)	前橋木瀬	3	1	0	0	0
①	高橋光	(2)	沼田利根	2	1	1	1	0
⑦	田村	(3)	みなかみ新治	3	0	0	0	0
④	高橋知	(3)	沼田利根	3	0	0	0	0

犠	盗	失	併	残	打	安	点	振	球
3	0	0	0	5	29	8	3	2	0

▷**本塁打** 高橋光　▷**三塁打** 小川　▷**二塁打** 小須田2　▷**審判** 岡部　木暮　長谷川　阿部忠

オピニオン1000 気負わず 伸び伸びと

全国高校野球選手権群馬大会は28日、前橋育英の初優勝で幕を閉じた。昨秋、今春と公式戦を連覇し、この夏も強さを見せつけた。全国の舞台でもその強さを発揮できるか。農大二監督として春夏通算6度の甲子園を経験、本紙野球解説コラムを執筆してきた斎藤章児さん（73）が大会を総括するとともに前橋育英の活躍を展望する。

前橋育英は大会前から優勝候補の筆頭で、参加66チームの中では頭一つ抜け出ていた。投手力だけとか攻撃力だけなら互角のチームもあったが、前橋育英は投攻守バランスよく三拍子そろっていた。順当な優勝と言っていいだろう。

大会を振り返ると、前半戦に本塁打が良く出た。ウエートトレーニングの成果なのか。自分のスイングをスローモーションで解析し、プロと比較するなど研究熱心な選手が増えていると聞く。高校野球が年々進化している証しだ。

さらに技術水準の高い内野手が目立った。前橋育英の土谷、農大二の周東、横須賀、樹徳の野平、前橋工の原沢、大井、関学附の古川、健大高崎の宮下はその代表格。投手では決勝で投げた2人に加え、前橋育英の喜多川、前橋工の塩沢が光った。

好ゲームも多かった。緊迫した投手戦となった前橋工―前橋商、九回の同点本塁打で延長にもつれた関学附―太田商、延長十三回にサヨナラスクイズが決まった前橋南―太田東が印象的。桐生第一が伊勢崎清明に敗れ、昨春センバツに出た高崎が伊勢崎興陽に敗れたのは私にとって予想外だった。

さて甲子園。前橋育英は十分通用しそうだ。高橋、喜多川の二枚看板は140キロ超の速球を投げ、楽しみ。高橋は内角のカーブでカウントを稼ぎ、外角のスライダーを振らせれば、ある程度の打線は抑えられる。

攻撃は下位から好機をつくれるか、つながりがある。4番荒井の復調が鍵で、左肩が突っ込むフォームを修正すればすぐに良くなる。守備は決勝でも見られたように、送りバント阻止など相手のチャンスの芽を摘む「攻撃的な守備」ができる。少なくとも1勝や2勝はできるのではないか。

荒井直樹監督と海斗主将の親子鷹という話題もある。まずは休息を取り、練習のしすぎは禁物。情報の集めすぎで頭でっかちになるのも注意したい。気負わず、伸び伸びプレーしてほしい。

第95回全国高校野球選手権記念大会〈1回戦〉

▶7回裏、内野の送球がそれる間に岩国商の2走高橋が本塁を突くがタッチアウト

2013年8月12日（月） 甲子園球場

	1	2	3	4	5	6	7	8	9	10	計
岩国商	0	0	0	0	0	0	0	0	0		0
前橋育英	0	0	0	1	0	0	0	0	×		1

育英1点守る、高橋光 13 K完封

前橋育英が虎の子の１点を守りきって甲子園初勝利。初回、先頭の工藤が初球を左翼線に運んで三塁打としたが、スクイズの失敗などで無得点。四回に１死から３番土谷が内野安打で出塁。その後２死二塁とし、５番小川が右中間を破る適時三塁打を放ち１点を先取。これが決勝点となった。先発高橋光は最速145キロの直球を低めに集め、スライダーやフォークで三振の山を築いた。終盤に走者を出したものの、味方の堅守に助けられて完封勝利を手にした。

岩国商

	選手		打	得	安	点	振	球	犠	盗	失
⑨	横田	⑶	4	0	3	0	1	0	0	0	0
⑥	重石	⑶	4	0	0	0	2	0	0	0	0
①	高橋	⑶	3	0	1	0	2	0	0	0	0
③	重岡	⑶	2	0	0	0	2	1	0	0	0
②	栗栖	⑶	3	0	0	0	1	0	0	0	0
⑧	中村	⑶	3	0	0	0	2	0	0	0	0
⑦	藤岡	⑶	2	0	1	0	1	1	0	0	0
⑤	上寺	⑶	2	0	0	0	1	0	1	0	0
④	中川	⑶	3	0	0	0	1	0	0	0	0
	計		26	0	5	0	13	2	1	0	0

前橋育英

	選手		出身	打	得	安	点	振	球	犠	盗	失
⑧	工藤	⑵	下仁田	4	0	2	0	1	0	0	0	0
③	楠	⑶	安中二	3	0	0	0	2	0	0	0	0
⑥	土谷	⑶	藤岡小野	3	1	2	0	0	0	0	1	0
⑤	荒井	⑶	前橋東	3	0	0	0	2	0	0	0	0
②	小川	⑶	館林多々良	3	0	1	1	0	0	0	0	0
⑨	板垣	⑶	前橋木瀬	3	0	1	0	0	0	0	0	0
①	高橋光	⑵	沼田利根	3	0	1	0	1	0	0	0	0
⑦	田村	⑶	みなかみ新治	2	0	1	0	0	0	1	0	0
④	高橋知	⑶	沼田利根	3	0	0	0	3	0	0	0	0
	計			27	1	8	1	9	0	1	1	0

▷**三塁打** 工藤　小川　田村　▷**二塁打** 土谷

心のキャッチボール

育英の正確な送球光る

投手戦で1点を争う好ゲームは、両校のベンチの駆け引きがおもしろい。前橋育英―岩国商はまさに投手中心堅守同士の対戦。両チームは前半に失点しないで中盤から後半勝負というチームだと思う。守りからリズムをつくり、徐々に攻撃のペースをつかんでいく。

前橋育英の守り。正確な送球の攻撃的な守りだった。初回と六回、捕手の小川君が二盗を刺し、ピンチを切り抜けた。八、九回の併殺に加え、七回の守りが大きかった。1死一、二塁で二塁ゴロ。二塁で1死を取った後、三塁への送球は走者と交錯して後方へそれた。しかし、三塁の荒井君は素早く処理してホームへストライクの送球でピンチを救った。

この一戦はなんといってもエース高橋光君の三回以降の攻撃的な投球。立ち上がりこそ、ストライクとボールがはっきりしていたが、相手がボールに手を出してくれて助かった。連続9三振の後は打たせてバックに任せる本来の投球で締めくくった。

岩国商の守りにも注目したい。二つのスクイズを防御した。初回の無死三塁は対左打者。外へ逃げていくスライダーで空振りさせた。スライダーの切れも良かったが、左対左でまだ目が慣れないうちの変化球は効いた。

五回1死三塁でスクイズを警戒。3ボール2ストライクからは外しにくい。だから外すにはとりあえず2ボール2ストライクしかない。ここで外すと三振ゲッツーとなった。

野球はすべて結果論。とくにスクイズは成功して当たり前。失敗すれば何を言われるか。だから打者に任せるでは監督はいらない。スクイズは消極策だと思っている人がいるが、とんでもない。これだけスクイズを見せておけば、次戦から必要以上に警戒してくれるから、育英は何でもできる。スクイズの攻防、駆け引きのおもしろさ。何球目、カウントは―。一球一球、目が離せない。

▶4回裏育英2死二塁、小川が土谷をかえす決勝の右中間三塁打を放つ

第95回全国高校野球選手権記念大会〈2回戦〉

▶5回裏樟南1死一、三塁、スクイズを三塁荒井の好送球で3走大谷を本塁アウトにする

2013年8月16日（金） 甲子園球場

	1	2	3	4	5	6	7	8	9	10	計
前橋育英	0	0	0	0	1	0	0	0	0		1
樟　南	0	0	0	0	0	0	0	0	0		0

育英1点死守、投手戦制する

県勢4年ぶりの16強入り―。前橋育英が息詰まる投手戦を制した。二回までは互いに安打が出ない締まった立ち上がり。試合が動いたのは五回。先頭の小川が中前打で出塁すると、相手投手の暴投などで2死三塁。8番田村の強いゴロが二塁手の失策を誘い、その間に小川がかえって先制。この1点が決勝点となった。先発高橋光は序盤に制球がうわずったものの、回を重ねるごとに復調。九回無死二塁のピンチも3者連続三振でしのぎ、勝利をつかみ取った。

前橋育英

				打	得	安	点	振	球	犠	盗	失
⑧	工　藤	(2)	下仁田	4	0	0	0	0	0	0	0	0
③	楠	(3)	安中二	2	0	0	0	2	0	0	0	0
3	内　田	(3)	下仁田	2	0	1	0	0	0	0	0	0
⑥	土　谷	(3)	藤岡小野	4	0	0	0	0	0	0	0	0
⑤	荒　井	(3)	前橋東	4	0	0	0	1	0	0	0	0
②	小　川	(3)	館林多々良	3	1	1	0	1	0	1	0	0
⑨	板　垣	(3)	前橋木瀬	2	0	0	0	1	0	1	0	0
①	高橋光	(2)	沼田利根	3	0	1	0	1	0	0	0	0
⑦	田　村	(3)	みなかみ新治	2	0	0	0	0	1	0	0	0
④	高橋知	(3)	沼田利根	2	0	0	0	0	0	1	0	0
	計			28	1	3	0	6	1	3	0	0

樟　南

			打	得	安	点	振	球	犠	盗	失
⑧	池　田	(3)	3	0	0	0	0	0	1	0	0
⑦	熊　迫	(3)	3	0	1	0	1	0	0	0	0
H	瀬戸口	(2)	1	0	0	0	0	0	0	0	0
7	福　山	(3)	0	0	0	0	0	0	0	0	0
⑥	今　田	(3)	4	0	1	0	0	0	0	2	1
②	緒　方	(3)	4	0	0	0	1	0	0	0	0
⑤	藤　野	(2)	2	0	0	0	2	1	0	0	0
H	宝　満	(3)	1	0	0	0	1	0	0	0	0
①	山　下	(3)	3	0	0	0	0	0	0	0	0
1	川　畑	(3)	0	0	0	0	0	0	0	0	0
H	前　村	(3)	1	0	0	0	1	0	0	0	0
③	北　郷	(3)	3	0	0	0	0	0	0	0	0
⑨	大　谷	(2)	3	0	1	0	0	0	0	0	0
④	島　田	(3)	3	0	2	0	0	0	0	0	1
4	城　須	(3)	0	0	0	0	0	0	0	0	0
	計		31	0	5	0	6	1	1	2	2

▷**二塁打** 大谷

心のキャッチボール

育英ナイン伸び盛り

毎年進化している高校野球。力、技ともレベルが高くスケールの大きい試合があれば、緻密な作戦あり、堅守ファインプレーありと甲子園は連日、熱戦、好試合が続いている。

勝ち進むごとに生まれる勢いと学習力が潜在能力を引き出して強く、たくましいチームに育っていく。それが今の前橋育英である。春の県大会から関東大会がそうであったように、この夏も県大会から甲子園で育つような気がする。

昔から1―0の試合がチームを強くするという。きょうの相手は樟南（鹿児島）。こちらも1―0で勝ち上がってきた好チームだ。

両チームとも先取点を狙い、主導権を取りたいところで、当然、スクイズの攻防も考えられた。案の定、樟南は五回1死一、三塁でスクイズを仕掛けてきた。育英は三塁荒井君の好守備で防いだ。三回2死二塁から一塁強襲でボールがこぼれた間に二走が三塁を回ったところで止まってくれた。ともに消極的な走塁に助けられた気がする。

育英は五回に敵失で虎の子の1点をもらったが、上位打線に課題が残った。八回に下位でつくった1死二、三塁。初球を狙う積極的なバッティングは良いが、打席内の構えが硬く、ボール球に手を出してフォームを崩されている。頭を残し、フォロースルーまでの工夫がほしい。下半身始動とか、当てにいかずに腰から振り切るとか。

1―0は最高の試合といっても連続はちょっとしんどい。「攻撃的な守備」も勝利あってのもの。今度は打線が打ち勝って投手を楽にさせよう。まだまだ育英は伸びしろがある。

▶5回表育英2死三塁、田村の内野ゴロが失策を誘い田村（左）がかえり決勝点

第95回全国高校野球選手権記念大会〈3回戦〉

▶横浜を破り、初出場でベスト8進出を決めた前橋育英ナイン

2013年8月18日（日） 甲子園球場

	1	2	3	4	5	6	7	8	9	10	計
前橋育英	2	0	0	2	0	1	2	0	0		7
横　浜	0	1	0	0	0	0	0	0	0		1

育英打線爆発、12安打7得点

前橋育英、横浜を下し８強進出一。12安打７得点で横浜を粉砕した。初回、１死一、三塁で４番荒井が右前適時打を放ち先制。５番小川も適時二塁打で続き、２点を奪った。二回に１点を返されたが、四回２死から工藤、田村の連続本塁打で２点を加えた。六回には高橋知のスクイズ、七回に高橋光の２点適時二塁打で加点し、横浜投手陣を攻略した。先発の高橋光は毎回のように走者を出すも、我慢の投球。切れの鋭い変化球で要所を締め、１失点の完投勝利を収めた。

前橋育英

				打	得	安	点	振	球	犠	盗	失
⑧	工　藤	(2)	下仁田	4	1	3	1	0	1	0	0	0
⑦	田　村	(3)	みなかみ新治	5	2	1	1	1	0	0	0	0
⑥	土　谷	(3)	藤岡小野	5	1	1	0	2	0	0	0	0
⑤	荒　井	(3)	前橋東	5	1	1	1	0	0	0	0	0
②	小　川	(3)	館林多々良	4	1	3	1	0	1	0	0	0
①	高橋光	(2)	沼田利根	5	0	2	2	1	0	0	0	1
⑨	板　垣	(3)	前橋木瀬	4	1	1	0	0	0	0	0	0
③	内　田	(3)	下仁田	3	0	0	0	2	0	1	0	1
3	楠	(3)	安中二	0	0	0	0	0	0	0	0	0
④	高橋知	(3)	沼田利根	2	0	0	1	0	1	1	0	0
	計			37	7	12	7	6	3	2	0	2

横　浜

			打	得	安	点	振	球	犠	盗	失
⑤	川　口	(2)	3	0	1	0	1	0	1	0	0
④	松　崎	(2)	3	0	1	0	0	0	0	1	0
4	遠　藤	(3)	0	0	0	0	0	0	0	0	0
H	川　田	(3)	1	0	0	0	0	0	0	0	0
1	中　島	(3)	0	0	0	0	0	0	0	0	0
⑧	浅　間	(2)	2	0	0	0	1	2	0	2	0
⑥	高　浜	(2)	4	0	0	0	0	0	0	0	1
③	渡　辺	(2)	3	1	0	0	0	0	0	0	0
1	小　田	(2)	0	0	0	0	0	0	0	0	0
H7	井　上	(3)	1	0	0	0	0	0	0	0	0
②	高　井	(2)	4	0	3	0	1	0	0	0	0
①3	伊　藤	(2)	4	0	2	1	0	0	0	0	0
⑦	長谷川	(3)	2	0	0	0	1	0	0	0	0
H	浅　井	(3)	1	0	0	0	0	0	0	0	0
79	小　野	(3)	1	0	0	0	0	0	0	0	0
⑨4	根　本	(2)	3	0	1	0	1	0	0	0	0
	計		32	1	8	1	5	2	1	3	1

▷**二塁打** 工藤２　小川　高井　高橋光

心のキャッチボール

硬さほぐれ打線活発

横浜には名前負けさえしなければ勝てる。主将以外先発メンバー全員2年生のチームに負けるわけにはいかない。実力的にも順当な勝利といってよい。

打線も絶好調とまではいかないが、ようやく打者の硬さがほぐれてきたようだ。打線が活発になれば攻撃的な守備は健在だからぐっと面白くなってきた。

その守備だが、初回無死一塁の送りバントを捕手小川君が出足良く併殺で仕留め、二回も1点取られたあと、1死一、二塁のピンチを5―4―3の併殺で追加点を阻止。この二つの堅守からリズムを作り、流れを引き寄せた。

攻撃では初回に送りバントこそ失敗したが、1番工藤君が二塁打を放ち、クリーンアップの3連打で2点先取。特に4番荒井君の先制打はチームとして待望の快打であった。

四回は工藤君、田村君の見事な連続本塁打で試合の主導権を握ると、六回には相手のミス（暴投）につけ込み甲子園で初めてスクイズを決めた。七回は投手の高橋君が甲子園の浜風も味方した2点適時打で決定的な7点目。

その高橋君が三回以降、走者を出すものの散発5安打に抑え込む。このチームの強みは「1試合3併殺の守備」。投手を含めて実践しているから、バッテリーも併殺打を打たせる組み立てができる。守備で全員が自信を持って戦っている素晴らしいチームがよくできたものだ。

甲子園に来てから一戦一戦強くなる前橋育英、さらに成長した選手たちを見たいのは私ひとりではないはずだ。

▶4回表育英2死、工藤が右越え本塁打を放ち3点目

第95回全国高校野球選手権記念大会〈準々決勝〉

▲10回裏、サヨナラ打を放ちガッツポーズする土谷（手前中央）とベンチを飛び出す前橋育英ナイン

育英 魅せた、驚異の粘り

前橋育英が終盤の大逆転劇で準決勝進出。0―2で迎えた九回2死、5番小川が敵失で出塁すると、6番板垣が二塁打で二、三塁。続く高橋光が起死回生の右中間三塁打を放って同点に追い付いた。十回は先頭の高橋知が四球で出塁。工藤の中前打と犠打で1死二、三塁とし、3番土谷が中前へ運んでサヨナラ勝ちした。先発喜多川は二回に2失点するも、その後は我慢の投球。六回からマウンドに上がった高橋光は10奪三振の好リリーフだった。県勢は夏の甲子園60勝目で、4強入りは2003年の桐生第一以来。初出場チームでは初の快挙となる。

常総学院

			打	得	安	点	振	球	犠	盗	失
⑧	高　島	(3)	5	0	2	2	1	0	0	1	0
②	吉　成	(3)	5	0	1	0	2	0	0	0	0
④	進　藤	(2)	5	0	1	0	1	0	0	0	1
⑤	内　田	(3)	4	0	0	0	1	1	0	0	0
③	石　井	(1)	4	0	1	0	0	0	0	0	0
R	塩　谷	(3)	0	0	0	0	0	0	0	0	0
3	和　田	(3)	0	0	0	0	0	0	1	0	0
⑥	吉　沢	(3)	5	0	1	0	2	0	0	0	0
⑦	池　沢	(3)	3	1	0	0	1	1	0	0	0
①	飯　田	(3)	2	0	0	0	1	2	0	0	0
1	金　子	(2)	0	0	0	0	0	0	0	0	0
⑨	眼　龍	(2)	2	1	0	0	1	1	1	0	0
	計		35	2	6	2	10	5	2	1	1

前橋育英

				打	得	安	点	振	球	犠	盗	失
⑧	工　藤	(2)	下仁田	5	0	1	0	0	0	0	0	0
⑦	田　村	(3)	みなかみ新治	4	0	1	0	3	0	1	0	0
⑥	土　谷	(3)	藤岡小野	5	0	1	1	1	0	0	0	2
⑤	荒　井	(3)	前橋東	4	0	1	0	0	0	0	0	0
②	小　川	(3)	館林多々良	4	1	2	0	1	0	0	0	1
⑨	板　垣	(3)	前橋木瀬	2	1	1	0	0	1	1	0	0
①	喜多川	(2)	高崎吉井中央	1	0	0	0	1	0	0	0	0
H	富　田	(3)	前橋南橘	1	0	0	0	0	0	0	0	0
1	高橋光	(2)	沼田利根	2	0	1	2	1	0	0	0	0
③	楠	(3)	安中二	4	0	0	0	0	0	0	0	0
④	高橋知	(3)	沼田利根	3	1	2	0	1	1	0	0	0
	計			35	3	10	3	8	2	2	0	3

▷**三塁打** 高橋光　▷**二塁打** 高島　板垣

2013年8月19日（月） 甲子園球場

	1	2	3	4	5	6	7	8	9	10	計
常総学院	0	2	0	0	0	0	0	0	0	0	2
前橋育英	0	0	0	0	0	0	0	0	2	1x	3

土壇場で勝利の女神

心のキャッチボール

甲子園のアルプススタンドの応援はグラウンドの熱戦にも負けない熱気がある。言葉でうまく言えないが、アルプススタンドにも間違いなく高校野球の精神がある。母校愛、友情、家族愛、隣人愛、感謝、絆、勇気、思いやり、気配り、あいさつ―。ひと言では言い尽くせないほどの宝の山がある。まさに今大会のスローガン「野球が僕らを一つにする」だ。「勝負は下駄を履くまで分からない」とは昔の人はよく言ったものだ。九回裏2死走者なし。この時点で誰が前橋育英の逆転を信じたか。九分九厘終わったと思ったに違いない。九回に入り、常総学院のエース飯田君に突然のアクシデント。前橋育英には女神がほほ笑んだとしか思えない。常総学院は金子君にスイッチした。2死となった後、二塁ゴロで万事休す―と誰もが思った瞬間、ドラマはここから始まった。二塁手の失策から板垣君の右翼線二塁打で2死二、三塁。高橋光君の右中間三塁打で同点、延長に入った。最後になるはずの場面で二塁手が前にはじく信じられない光景があった。こうなると、それまで鳴りを潜めていた攻撃が嘘のよう。十回1死二、三塁で土谷君にサヨナラ適時打が出た。土谷君を敬遠して満塁策もあったはず。すでに常総学院は死に体になっていたように思う。前橋育英は九分九厘の負けゲームだったが、六回から登板の高橋光君の頑張りが勝利を呼んだ。きょうの準々決勝はすべて1点差の好ゲームだった。そして優勝候補はすべて消えた。こうなったら、どこが勝つ。前橋育英でしょう。一度は死んだチーム。こんな願ってもないチャンスは2度とない。前橋育英の伸びしろはまだ2試合残っている。「勝負は一瞬一球」

第95回全国高校野球選手権記念大会〈準決勝〉

▶1回表1死満塁のピンチで好守備をみせた二塁高橋知（左から2人目）をハイタッチで迎える育英ナイン

2013年8月21日（水） 甲子園球場

	1	2	3	4	5	6	7	8	9	10	計
日大山形	0	0	0	0	0	1	0	0	0		1
前橋育英	1	1	1	0	0	0	1	0	×		4

県勢14年ぶり頂点に王手

実力通りの力を発揮した前橋育英が小刻みに得点を重ね終始優勢に試合を運んだ。初回は先頭の工藤と高橋知が連続安打。犠打で1死二、三塁とすると4番荒井の右犠飛で1点を先制した。二回は楠が一塁強襲適時打、三回には荒井の適時打で3―0。六回に1点を返されたが、七回には土谷の二ゴロの間に1点を追加して突き放した。先発高橋光は直球を軸に切れのある変化球を織り交ぜ、7安打1失点で完投した。県勢の決勝進出は、全国制覇を果たした1999年の桐生第一以来14年ぶり2度目。

日大山形

			打	得	安	点	振	球	犠	盗	失
⑧	青木	(2)	4	0	2	0	0	0	0	0	0
④	中野	(2)	4	0	1	0	1	0	0	0	0
⑦	峯田	(3)	4	0	2	0	0	0	0	0	0
⑥	奥村	(3)	3	1	1	0	1	1	0	0	0
③	吉岡	(3)	3	0	0	1	0	0	1	0	0
②	浅沼	(3)	2	0	1	0	0	2	0	0	0
⑨	武田	(3)	1	0	0	0	0	0	0	0	0
9	安食	(3)	1	0	0	0	1	0	1	0	0
H	水戸	(3)	1	0	0	0	1	0	0	0	0
①	庄司	(3)	2	0	0	0	1	0	0	0	0
1	佐藤和	(2)	1	0	0	0	1	0	0	0	0
1	斎藤	(3)	1	0	0	0	0	0	0	0	0
⑤	板坂	(3)	3	0	0	0	1	0	0	0	0
	計		30	1	7	1	7	3	2	0	0

前橋育英

				打	得	安	点	振	球	犠	盗	失
⑧	工藤	(2)	下仁田	4	2	3	0	0	0	0	1	1
④	高橋知	(3)	沼田利根	2	1	2	0	0	0	2	1	0
⑥	土谷	(3)	藤岡小野	1	0	0	1	0	1	2	0	0
⑤	荒井	(3)	前橋東	3	0	1	2	0	0	1	0	0
②	小川	(3)	館林多々良	3	0	0	0	0	1	0	0	0
⑨	板垣	(3)	前橋木瀬	4	0	0	0	1	0	0	0	0
①	高橋光	(2)	沼田利根	4	0	0	0	2	0	0	0	0
⑦	田村	(3)	みなかみ新治	4	1	2	0	0	0	0	1	0
③	楠	(3)	安中二	3	0	1	1	0	0	0	0	0
	計			28	4	9	4	3	2	5	3	1

▷**三塁打** 田村　▷**二塁打** 高橋知　奥村

心のキャッチボール

チームの成長見えた

戦前の優勝候補と言われた強豪チームはベスト4を前にして全て姿を消した。

残ったのは強いイメージはない負けにくいチームだ。東北の日大山形、花巻東と、延岡学園（宮崎）、前橋育英。これらのチームは無駄な失点が少なく相手の攻撃に対して守り勝ってきた。

どちらかというと守備主体のチームだ。お互い秘術を尽くして攻守の戦いがあり相手を攻めるのだが、今年は守りの堅い難攻不落のチームが勝ち残っている。

対日大山形戦。この試合も前橋育英が守り勝った試合だった。初回、立ち上がりの悪いエース高橋光君。日大山形が上位に5人並べた左打線に攻められ、1死満塁の大ピンチ。いきなり二塁手高橋知君の左を襲う痛烈な当たりを好守、併殺で防ぎエースを助ける。抜けていたら右中間の走者一掃で3点は取られていただろう。

その裏、無死一塁で2番高橋知君がバントと見せてエンドラン。3番土谷君がバントで1死二、三塁。4番荒井君が犠飛を放ち先制。「後の先」で初回から前橋育英のペースだったが、その攻防は紙一重だった。三回、スクイズを警戒させヒッティング、左前打で3点目。七回には無死一、三塁から疑似スクイズで二盗、土谷君の二塁ゴロで4点目。

その後もディレードスチール、失敗したがダブルスチールと絶えず仕掛けて主導権を奪っていた。監督の思い通りの野球ができ、今までで一番チームが成長した試合を見た。

ただ七回のダブルスチールで一走小川君のランダウンプレーで5点目が取れ、六回の外野からの返球が良く二走を三塁までやらなければ完璧でしょう。しかも最後は育英お得意の併殺で締めくくっている。

さあ、きょうは最後の試合。多少高橋光君の疲れが気になるが、勝っても負けても死力を尽くしてほしい。それでこそ悔いを残さない試合になると思う。

「守りは最大の攻撃なり」

▲日大山形打線を1失点に抑え完投した育英の高橋光

第95回全国高校野球選手権記念大会〈決勝〉

▶5回表育英無死一、三塁、高橋知が楠をかえすスクイズを決める

2013年8月22日（木） 甲子園球場

	1	2	3	4	5	6	7	8	9	10	計
前橋育英	0	0	0	0	3	0	1	0	0		4
延岡学園	0	0	0	3	0	0	0	0	0		3

育英 全国制覇、初出場で大旗

大舞台で抜群の勝負強さを発揮した前橋育英が全国制覇を果たした。初回の1死満塁、三回の2死一、三塁でともに凡打で先制機を逃すと、四回に守備が乱れて3点を献上。直後の五回、先頭の田村の左越え本塁打で1点を返すと、連続敵失で一、三塁として高橋知のスクイズで2点目。さらに2死一、二塁から小川の右前適時打で追い付いた。七回に先頭の土谷が右翼三塁打で出塁。続く荒井が三塁線を破る適時打を放ち、これが決勝点となった。先発高橋光は連投の疲れもあって制球に苦しむも、三回までは得点圏に走者を許さなかった。四回に相手の中軸に連打を許し、四球や失策が絡んで3点を献上。五回以降は粘りの投球をみせ、最終回は無死一、二塁のピンチを背負ったが後続を抑え、今大会5試合目の完投を果たした。

前橋育英				打	得	安	点	振	球	犠	盗	失
⑧	工藤	(2)	下仁田	5	1	1	0	0	0	0	0	0
④	高橋知	(3)	沼田利根	3	0	0	1	1	1	1	0	0
⑥	土谷	(3)	藤岡小野	3	1	3	0	0	2	0	1	0
⑤	荒井	(3)	前橋東	5	0	2	1	0	0	0	0	1
②	小川	(3)	館林多々良	5	0	1	1	2	0	0	0	0
⑨	板垣	(3)	前橋木瀬	2	0	1	0	0	3	0	0	0
①	高橋光	(2)	沼田利根	4	0	0	0	1	1	0	0	0
⑦	田村	(3)	みなかみ新治	4	1	1	1	0	0	0	0	0
③	楠	(3)	安中二	4	1	1	0	1	0	0	0	0
	計			35	4	10	4	5	7	1	1	1

延岡			打	得	安	点	振	球	犠	盗	失
④	梶原	(3)	0	0	0	0	0	0	0	0	0
5	渡会	(2)	4	0	0	0	1	0	0	0	0
⑥	松元	(3)	4	0	0	0	0	0	0	0	1
⑧	坂元	(3)	3	1	2	0	0	1	0	0	0
⑨	岩重	(3)	4	1	1	0	2	0	0	0	0
⑦	浜田	(3)	3	0	0	0	0	1	0	0	0
③	田中	(3)	3	1	1	0	0	1	0	0	0
⑤4	薄田	(2)	2	0	1	1	0	1	0	0	1
H	野崎	(1)	1	0	0	0	0	0	0	0	0
②	柳瀬	(3)	3	0	0	0	0	1	0	0	1
①	横瀬	(3)	2	0	1	1	0	0	0	0	1
1	井手	(2)	0	0	0	0	0	0	0	0	0
1	奈須	(3)	2	0	0	0	2	0	0	0	0
	計		31	3	6	2	5	5	0	0	4

▷**三塁打** 土谷　▷**二塁打** 工藤

心のキャッチボール　一戦ごとチーム成長

第95回甲子園夏の大会決勝戦。3957校の頂点に立つのは。

前橋育英の先攻で始まった。どうしても先取点で主導権を奪い試合を優位に進めたいところ。ところが初回の一死満塁、三回の無死二塁のチャンスをつぶし、いやなムードになった四回裏、エース高橋光君がつかまった。

4安打2四球で3失点。常総学院戦以来の先取点を許す。甲子園の6試合で一番不調だった。肩が重く、肘が張り、右膝は自打球の打ち身。握力は低下してストレートは抜け、変化球は切れが悪い。こんな状態では気力で投げるしかない。バックの援護がほしい。

直後の五回表、8番田村君の左翼本塁打で反撃ののろしをあげ、交代した投手の初球を高橋知君がスクイズ（監督采配見事）を成功させ、小川君の同点タイムリーで振り出し。高橋光君が息を吹き返した。このあたりさすがエース。甲子園が成長させた。

神がかり的な攻撃で同点に追い付いた前橋育英は七回、本来の得点パターンで三塁打を放った3番土谷君を4番荒井君の決勝打でかえす。あとはエース高橋光君の踏ん張りで必勝パターンも今回ばかりは九回無死一、二塁のピンチで最後まで苦しい試合だった。

このチームは群馬大会から1勝するごとに成長してきた。監督は試合中、大事なことは必ずメモに書き留めていたが、おそらく後でスコアブックと照らし合わせながらまとめ上げていたと思う。積み重ねてきたことをこんなにうまく表現できて準決、決勝と監督の采配も見事だった。

思い通りの野球が出来ていたように思う。孫子の兵法に「敵を知り己を知れば百戦危うからず」がある。この優勝の秘密は監督のメモにあったのかもしれない。

▶7回表育英無死三塁、荒井が土谷をかえす左翼線に決勝打を放つ

(1) 明治20年創刊 第42471号 THE JOMO SHINBUN 2013年(平成25年) 8月23日 (金曜日) (日刊)

上毛新聞

8月23日 金曜日

上毛新聞社

育英 全国制覇

初出場で大旗

県勢14年ぶり

夏の全国高校野球

決勝										
前橋育英	0	0	0	0	3	0	1	0	0	4
延岡学園(宮崎)	0	0	0	3	0	0	0	0	0	3

前橋育英の戦績

1回戦	1−0	岩国商	(山口)
2回戦	1−0	樟南	(鹿児島)
3回戦	7−1	横浜	(神奈川)
準々決勝	3−2	常総学院	(茨城)
準決勝	4−1	日大山形	(山形)
決勝	4−3	延岡学園	(宮崎)

第95回全国高校野球選手権大会決勝で延岡学園を破り、優勝を喜ぶ前橋育英の選手＝22日、甲子園

県民栄誉賞を検討

前橋市も表彰へ

県民に勇気と希望

山吹秋

上毛新聞 2013年8月23日付

２０１４年（平成26）

熱球解説　斎藤章児

樹徳一太工戦

斎藤章児の目

戦前の予想では、総合的
にバランスの取れている昨
秋優勝の健大高崎、投打の
軸を中心に総合力の樹徳、
秋は不本意な初戦敗退だ
が、２年生レギュラーが健在
とはいえ、今春の
リシ...

シ...が...
軸を中心に総合力...
秋...前橋育英...
...が81強の桐生第一...

太田工は樹徳ホジャティ
の立ち上がりを攻め、初回
と二回に無死から積極的な
打撃とバントで好機をつく
った。しかし、それを逃す
とホジャティのテンポの良
い投球と走者がいる時の低
めの制球力に苦しみ、攻略へ
の糸口をつかめないままコ
ールドで屈した。

第86回選抜高校野球大会〈1回戦〉

▶2回裏桐一1死二塁、久保の左中間二塁打で小野田がかえり2点目

2014年3月25日（火） 甲子園球場

	1	2	3	4	5	6	7	8	9	10	計
今治西	0	0	0	0	0	0	0	0	1		1
桐生第一	1	3	0	1	0	0	0	0	×		5

桐一 投打に圧倒

桐生第一は今治西の先発神野の立ち上がり、甘い球を逃さなかった。初回、先頭の吉田が中前打で出塁。２死三塁から４番山田の中前適時打で先制した。二回、小野田の右前打を皮切りに久保、久保田、石井の長短計４安打を集中して一挙３点を奪った。四回、高橋の左中間適時三塁打でさらに１点を追加した。打線は先発全員安打を達成した。先発山田は四回まで相手打線を無安打に抑えるなど好投し、３安打１失点で完投した。失点も九回２死からの失策絡みで自責点は０。

今治西

			打	得	安	点	振	球	犠	盗	失
⑥	田頭	(3)	3	0	0	0	0	1	0	1	0
④	若狭	(3)	3	0	0	0	1	0	1	0	0
②	越智樹	(3)	4	0	0	0	0	0	0	0	0
③8	秋川	(2)	4	0	0	0	0	0	0	0	0
①	神野	(3)	3	0	1	0	0	0	0	0	0
⑨89	杉野	(3)	3	0	0	0	1	0	0	0	0
⑦9	西原	(3)	2	0	0	0	1	0	0	0	0
H3	門田	(3)	1	0	0	0	0	0	0	0	0
⑧	吉原	(2)	0	0	0	0	0	0	0	0	0
H7	西本	(3)	3	0	0	0	0	0	0	0	0
⑤	杉内	(2)	3	1	2	0	0	0	0	0	0
	計		29	1	3	0	3	1	1	1	0

桐生第一

				打	得	安	点	振	球	犠	盗	失
⑦8	吉田	(2)	高崎矢中	4	1	1	1	1	0	0	0	0
④	石井	(2)	栃木足利坂西	2	0	1	1	0	1	1	0	0
⑨	柳谷	(2)	太田城西	4	0	1	0	0	0	0	0	0
①	山田	(2)	栃木足利坂西	4	0	2	1	0	0	0	0	0
②	小野田	(2)	広島・三原二	3	1	2	0	1	0	1	0	0
③	速水	(2)	高崎並榎	3	0	1	0	0	0	1	0	0
R7	翁長	(2)	さいたま内谷	0	0	0	0	0	0	0	0	0
⑧3	久保	(2)	太田城西	2	2	1	1	0	1	1	0	0
⑤	久保田	(2)	大泉西	3	1	1	0	1	0	1	0	1
⑥	高橋	(3)	太田尾島	3	0	1	1	1	1	0	0	0
	計			28	5	11	5	4	3	5	0	1

▷**三塁打** 高橋　▷**二塁打** 久保　柳谷　杉内

斎藤章児の目

「初球狙い」で攻略

「凡事徹底」。高校野球の指導者が「教育の一環」としてよく使う言葉で、昨夏の前橋育英の寮生がごみ拾いで集中力を養ったことはあまりにも有名だ。「誰でもできることを誰にもできないくらいに徹底してやろう」という意味。できないことを「やれ」というのではないから簡単に思えるが実はなかなか難しい。

主将を除く8人が新2年生という若いチームを、いかにまとめて戦わせるのか、福田治男監督の采配に注目したが、25日の今治西戦は、この「凡事徹底」により勝利を引き寄せた。

今治西の左腕、神野靖大投手の攻略では「初球狙い」を徹底させた。立ち上がりにストレート、スライダーがわずかに高く甘く入るストライクを、桐生第一打線は見逃さず積極的に振り切り、二回までに4点を先取。攻略法を「徹底」したことが集中打につながった。

これで完全に桐生第一ペース。あとは甲子園の戦い方を知っている百戦錬磨の知将、福田監督らしく、最後まで流れを相手に渡さなかった。

エース山田知輝は、投手が甲子園で実力を発揮する鉄則の「力まず楽に投げる」を貫徹した。打たせて取るピッチングで、投球数１０９、被安打数3、与四死球1に抑え、何より凡飛15が光った。

見た目にはエース山田が好投し、全員安打も出て、チームの状態は上々。今後も期待できそうだが、全く不安が無いわけではない。監督はすでに反省点をつかんでいるはず。一、三回には一塁走者が左投手のけん制に誘い出された。五回には1死、八回には無死からバントで送ったのは良かったが、後続がボール球を振らされて追加点につながらなかった。

このあたりを修正しないと、28日の2回戦は初出場の新庄（広島）が相手とはいえ、厳しい戦いになる。左腕、山岡就也の１４０キロ台の速球と切れのある変化球は手ごわいぞ。

▶今治西打線を3安打1失点に抑えた桐一の山田

第86回選抜高校野球大会〈2回戦〉

▶8回表桐生第一2死一、三塁、柳谷が左前に同点打を放つ

2014年3月29日（土） 甲子園球場

	1	2	3	4	5	6	7	8	9	10	11	12	13	14	15	計
桐生第一	0	0	0	0	0	0	0	1	0	0	0	0	0	0	0	1
新　庄	0	1	0	0	0	0	0	0	0	0	0	0	0	0	0	1

引き分け再試合へ、山田15回完投

桐生第一・山田、新庄・山岡の両主戦が譲らず、15回を1失点完投し、引き分け再試合になった。桐生第一は1点を追う八回､先頭の8番久保田が右前打で出塁。高橋の犠打、石井の内野安打で2死一、三塁とし、3番柳谷の左前適時打で同点に追いついた。延長10回と11回に安打や敵失で走者を三塁まで進めるが、勝ち越し点は奪えなかった。延長11回に安打や失策などで招いた1死満塁、サヨナラのピンチを一ゴロの併殺で切り抜けた。15回の2死二塁は中飛に打ち取った。

桐生第一

				打	得	安	点	振	球	犠	盗	失
⑦	吉田	(2)	高崎矢中	6	0	1	0	1	0	1	0	0
④	石井	(2)	栃木足利坂西	5	0	2	0	0	0	1	0	1
⑨	柳谷	(2)	太田城西	5	0	2	1	0	1	0	0	0
①	山田	(2)	栃木足利坂西	6	0	0	0	0	0	0	0	0
②	小野田	(2)	広島三原二	6	0	2	0	1	0	0	0	0
③	速水	(2)	高崎並榎	4	0	0	0	1	0	0	0	0
R8	翁長	(2)	さいたま内谷	2	0	0	0	0	0	0	0	0
⑧3	久保	(2)	太田城西	5	0	0	0	0	0	1	0	0
⑤	久保田	(2)	大泉西	6	1	1	0	2	0	0	0	1
⑥	高橋	(3)	太田尾島	5	0	1	0	1	0	1	1	0
	計			50	1	9	1	6	1	4	1	2

新　庄

			打	得	安	点	振	球	犠	盗	失
⑥	中林	(3)	6	0	2	0	1	1	0	1	2
⑦	田中琢	(3)	6	0	1	0	0	0	1	0	0
④	西島	(3)	7	0	1	0	0	0	0	0	1
⑧	阪垣	(3)	5	0	2	0	0	1	0	0	0
⑤	奥田慎	(3)	4	0	1	0	1	0	2	0	1
⑨	二角	(3)	4	1	0	0	1	1	1	1	0
③	熊田	(3)	4	0	0	0	0	1	1	0	0
②	田中啓	(3)	5	0	0	1	0	0	1	0	0
①	山岡	(3)	4	0	0	0	2	0	1	0	1
H	藤本	(2)	1	0	0	0	0	0	0	0	0
	計		46	1	7	1	5	4	7	2	5

▷**二塁打** 奥田慎

斎藤章児の目　走塁の見極めを

初出場とはいえ、新庄（広島）は手ごわい相手と読んでいた。理由はこの3年間に夏の県大会で2度決勝に進み、昨秋の県大会でも広島商、広陵といった伝統校を破っているからだ。

2年生主体の桐生第一は初戦突破で精神的には楽に戦えただろう。ただ気の緩みがなかったか。勝ち上がるためには初戦以上に勝利への執念が必要だ。初戦を踏まえて相手戦力を分析し、秘策を練ることも重要になる。「敵を知り己を知れば百戦危うからず」だ。

桐生第一は初戦の後半、低め変化球のボール球を振らされ追加点を取れなかった。この対策が鍵を握っていたが、結果はいまひとつ。福田治男監督が「3点以内のゲームに持ち込み接戦で勝機を見いだしたい」と言っていた読み通りの展開になっただけに、もう少し得点が欲しかった。

特に七回、先頭打者の山田知輝が二塁手のエラーで出塁後、けん制悪送球で三塁を狙いタッチアウトとなったのは痛かった。走塁は点差やアウトカウント、走力、打順、イニング、相手野手の肩と守備位置などに応じて、果敢に攻める時とじっくり攻める時を見極めなければならず、ここは5番小野田でチャンスを広げるのが得策だったろう。相手の失策に乗じて、焦らずにじっくり攻めれば得点できたかもしれない。

守備面ではエース山田のプレートさばきと投球術が素晴らしく、チェンジアップで打者のタイミングを外すのが効果的だった。十一回裏1死二、三塁で満塁策を取り、三―二―四の併殺打を冷静に処理したことは好判断だった。

昨秋の県大会から関東大会、そしてこの甲子園と、桐生第一の成長ぶりは、めざましいものがある。若いチームだけに、互角以上の戦いをした自信は大きい。再試合はチーム一丸となって必勝を期してほしい。

▶11回裏新庄1死満塁、一ゴロで三走阪垣を本封、一塁へ送球し併殺とする捕手の小野田

第86回選抜高校野球大会〈再試合〉

▶再試合を終え、健闘をたたえ合う新庄(左)と桐生第一の両校ナイン

2014年3月30日(日) 甲子園球場

	1	2	3	4	5	6	7	8	9	10	計
新　庄	0	0	0	0	0	0	0	0	0		0
桐生第一	1	0	0	0	0	0	3	0	×		4

センバツ再試合、新庄に4—0

延長十五回で決着が付かなかった前日からの4時間に及ぶ激闘を制し、初出場した1991年以来、23年ぶりの8強入りを決めた。先発は前日15イニングを1人で投げ抜いた主戦、山田知輝投手。立ち上がりからコースを丁寧に突く投球で初回を三者凡退に仕留めると、その裏に早速、打線が援護した。先頭打者の吉田龍登選手が中前打で出塁。1死三塁で3番柳谷参助選手が適時打を放ち、幸先よく先制した。二回以降は好機を作りながら得点に結びつけられなかったが、堅い守りで山田投手を支えた。すると七回裏、久保竣亮選手、速水隆成選手の連打と敵失で無死満塁とし、吉田選手の適時打で待望の追加点。畳み掛けるように　柳谷選手の適時打と山田投手の犠飛で2点を加え、新庄を突き放した。

桐生第一

				打	得	安	点	振	球	盗	失
⑦	吉　田	(2)	高崎矢中	4	1	3	1	0	0	0	0
④	石　井	(2)	足利坂西	2	0	1	0	0	0	0	0
⑨	柳　谷	(2)	太田城西	4	0	3	2	1	0	2	0
①	山　田	(2)	足利坂西	3	0	0	1	1	0	0	0
②	小野田	(2)	広島三原二	4	0	0	0	1	0	0	0
⑤	久保田	(2)	大泉西	3	0	0	0	1	1	0	1
⑧	久　保	(2)	太田城西	3	1	1	0	1	0	0	0
③	速　水	(2)	高崎並榎	4	1	3	0	0	0	0	0
⑥	高　橋	(3)	太田尾島	3	1	0	0	1	0	0	0
	計			30	4	11	4	6	1	2	1

新　庄

			打	得	安	点	振	球	盗	失
⑥	中　林	(3)	4	0	0	0	0	0	0	0
⑦	田中琢	(3)	4	0	0	0	0	0	0	0
④	西　島	(3)	4	0	2	0	0	0	0	0
⑧	阪　垣	(3)	3	0	1	0	1	1	0	1
⑤	奥田慎	(3)	3	0	0	0	0	0	0	1
⑨	二　角	(3)	2	0	0	0	0	0	0	0
H9	遠目塚	(3)	1	0	0	0	0	0	0	0
③	熊　田	(3)	2	0	0	0	0	0	0	0
H3	佐々木	(2)	1	0	0	0	1	0	0	0
②	田中啓	(3)	3	0	0	0	1	0	0	0
①	山　岡	(3)	3	0	0	0	0	0	0	0
	計		30	0	3	0	3	1	0	2

▷**三塁打** 速水　▷**二塁打** 速水

斎藤章児の目　山田に〃熟練〃の味

昨夏の前橋育英の攻撃的な守備は記憶に新しいが、桐生第一も守備のリズムから攻撃のチャンスを作るチームで、一戦一戦着実に力を付けてきている。センバツのこの時期にレギュラー８人が２年生という未完の計り知れない力がこのチームにはある。今日の勝利を引き寄せたのは11安打した打撃力より、むしろエース山田知輝の冷静な投球と守備力と言えるだろう。

二回表、無死一塁のエンドランで三塁を襲うライナーを五―三の併殺に仕留めた。もしも抜けていたら、無死二、三塁となり、逆転の可能性が生まれた。四回表２死一、三塁の場面では、二塁右の深いゴロを好守した石井翔太二塁手が、一塁ベースカバーに入った山田投手に投げ、間一髪アウトにしたこのプレーも、同点の危機を防いだ。

七回には無死一塁で新庄の４番、阪垣和也選手のレフトフェンス際のファウルフライを吉田龍登選手が好捕し、攻撃の糸口を与えなかった。この守備からリズムを作った桐生第一はその裏、４安打に犠打を絡ませ待望の３点を追加し、勝負を決めた。

吉田選手は１番打者として初回の先制点に絡む好走に３安打と、攻守にわたる活躍が光った。ほかにも３番右翼手の柳谷参助選手、８番一塁手の速水隆成選手もそれぞれ３安打を放ち、調子が上向いてきている。

山田投手はきょうの再試合を含む３試合を33イニング被安打、失点２、自責点１（防御率０・27）の成績は、文句なしに素晴らしい。１８４センチの恵まれた体格を生かした頑強な体幹がぶれない投球フォームを作り、投手の生命力と言える制球力を安定させている。

特に内角ぎりぎりを突く球が効果的。打者のひじの辺りに決まるからバットが出ない。その後に対角線の外に落ちる球を投げられては高校生ではなかなか攻略できない。プロで10年くらい投げているような〃熟練〃の味を感じさせる。今後の成長が楽しみである。

▶7回表、新庄阪垣の邪飛をダイビングキャッチする桐一の左翼手吉田

第86回選抜高校野球大会〈準々決勝〉

▲10回裏のピンチにマウンドに集まる桐一ナイン

桐一 逆転負け、4強ならず

桐生第一は二回、先頭の山田知輝選手が中前打で出塁。敵失と犠打で1死二、三塁とし、久保田晋司選手の中前打で先制した。さらに東宮万夫投手が左越え二塁打で2人をかえすなど、この回一挙4点を奪い、主導権を握った。マウンドはエース山田選手の連投の疲労を考慮し、東宮、糸井雅人、高野祥司の3投手が小刻みな継投で六回を2失点に抑えた。七回から山田選手が登板したが、失策も絡んで2点を失い、追い付かれた。八、九回は無失点で切り抜けたが、延長十回1死満塁から最後は山田選手の暴投で力尽きた。

桐生第一

				打	得	安	点	振	球	犠	盗	失
⑦	吉田	(2)	高崎矢中	5	0	1	0	1	0	0	0	0
④	石井	(2)	栃木足利坂西	5	0	1	0	0	0	0	0	0
⑨	柳谷	(2)	太田城西	5	0	1	0	1	0	0	0	0
③1	山田	(2)	栃木足利坂西	4	1	2	0	1	0	1	0	1
②	小野田	(2)	広島三原二	4	1	0	0	1	1	0	0	0
⑧	久保	(2)	太田城西	4	0	1	0	2	0	1	1	0
⑤	久保田	(2)	大泉西	3	0	1	1	0	1	0	0	0
⑥	高橋	(3)	太田尾島	4	1	0	0	0	0	0	0	1
①	東宮	(3)	前橋宮城	1	1	1	2	0	1	0	0	0
1	糸井	(2)	太田生品	1	0	0	0	1	0	0	0	1
1	高野	(3)	新潟南魚沼塩沢	0	0	0	0	0	0	0	0	0
3	速水	(2)	高崎並榎	1	0	0	0	0	0	0	0	0
	計			37	4	8	3	7	3	2	1	3

龍谷大平安

			打	得	安	点	振	球	犠	盗	失
⑧	徳本	(3)	3	2	1	0	0	2	0	2	0
⑨	大谷	(3)	4	1	1	0	0	1	0	1	0
④	姫野	(3)	4	0	0	1	3	0	1	0	0
③	河合	(3)	2	2	1	1	0	3	0	1	2
⑦	中口	(3)	2	0	0	1	0	0	3	0	0
⑤	常	(3)	2	0	1	1	1	3	0	0	0
⑥	石川	(3)	2	0	1	0	0	2	1	2	0
②	高橋佑	(3)	4	0	0	0	2	0	0	0	0
①	元氏	(2)	2	0	0	0	1	0	0	0	0
1	中田	(3)	0	0	0	0	0	0	0	0	0
H	岩下	(3)	1	0	0	0	1	0	0	0	0
1	高橋奎	(2)	1	0	0	0	0	0	0	0	0
	計		27	5	5	4	8	11	5	6	2

▷**二塁打** 東宮

2014年3月31日（月）　甲子園球場

	1	2	3	4	5	6	7	8	9	10	計
桐生第一	0	4	0	0	0	0	0	0	0	0	4
龍谷大平安	0	1	1	0	0	0	2	0	0	1x	5

投手起用の難しさ

斎藤章児の目

延長引き分け再試合を戦った桐生第一の選手たちは、さすがに疲労の影響を隠せなかった。動きが重く身体の切れも悪く、昨日までの桐生第一らしいはつらつさは見られなかった。勝負のポイントは4―2とリードして迎えた六回裏、2死二塁で平安の左の代打に、左腕の高野祥司を起用し三振で仕留めた。この辺りはさすがの采配で、見ているものは胸がすく思いで楽しませてくれた。その高野はワンポイント起用で、七回からエース山田知輝に3イニングを託し逃げ切りを図った。監督の思い通りの展開で、作戦としては悪くなかった。ただ山田は球が悪く、思っていた以上に疲れていたように映った。昨日の試合が終わった状態できょうの投手起用を決めるのが一番難しい。監督はかなり悩んだはずだ。「まず山田を無理させたくない。ではどうするか。3人の投手で行けるところまで行こう。①山田については一塁で使い、後半登板させる②打撃を優先させ、きょうの登板はない③速水隆成を4番に抜てきし、前半休んで後半に備え準備する」といったところか。実際六回までは東宮万夫、糸井雅人、高野の投手陣が良く投げたが、高野をもう少し引っ張っても良かったのではないか。あくまでエースをギリギリまで温存する覚悟があれば、の話だが。ここはエース山田をできるだけ休ませてあげてどう使うかがポイントで、監督にしか分からないこと。それ以外は結果論である。七回、桐生第一は平安の足にかき回され、洗練された守備力が破たんし、1安打で2点を与えて同点とされて、機動力を防ぐことが出来なかった。

敗れたとはいえ、夏に向けて桐生第一は貴重な体験をした。大きく成長することを期待する。

第66回春季関東地区高校野球大会県予選〈2回戦〉

▶5回表樹徳無死満塁、鈴木が左越えの満塁本塁打を放つ

樹徳 完勝、育英またも初戦敗退

前橋育英の歯車がかみ合わない。昨夏の甲子園覇者は昨秋に続いて初戦で姿を消した。中盤に集中打で得点した樹徳がコールド勝ち。四回に金井駿、鈴木、佐伯の二塁打で3点を先制。五回は鈴木が満塁弾を放って突き放した。先発ホジャティは被安打5で無失点に抑えた。前橋育英は先発喜多川が7失点。打線は5安打を放つもつながりを欠き、本塁が遠かった。

樹徳		打	安	点
⑦	渡辺	4	0	0
⑤	川岸	4	1	0
⑥	野平	3	1	0
③	金井駿	3	2	1
⑨	鈴木	2	2	5
④	山本	3	0	0
⑧	佐伯	4	1	1
②	周藤	2	0	0
①	ホジャティ	3	0	0

振球犠盗失――
7 5 1 0 0 28 7 7

前橋育英		打	安	点
⑧	工藤	3	0	0
④	飯塚	1	0	0
H4	森平	1	0	0
⑥	石田	3	1	0
③	小林	3	2	0
①7	喜多川	3	1	0
⑤	吉田	3	0	0
⑦	石川	2	0	0
1	須永	0	0	0
H	山崎	1	0	0
②	一場	2	0	0
⑨	小出	2	1	0

振球犠盗失――
3 1 0 0 2 24 5 0

▷**本塁打** 鈴木 ▷**二塁打** 金井駿 鈴木 佐伯 小出 ▷**審判** 井汲 土沢 武藤勝 千喜良

2014年4月12日（土） 桐生球場

	1	2	3	4	5	6	7	8	9	10	計
樹徳	0	0	0	3	4	0	1				8
前橋育英	0	0	0	0	0	0	0				0

育英の立て直し期待

斎藤章児の目

戦前の予想では、総合的にバランスの取れている昨秋優勝の健大高崎、投打の軸を中心に総合力の樹徳、昨秋は不本意な初戦敗退だが全国制覇のエースが健在の前橋育英、2年生レギュラーが8人とはいえ、今春のセンバツ8強の桐生第一の私学4校を昨年からの実績で優勝候補に挙げた。

初戦から、候補とした前橋育英と樹徳が対戦する好カード。この一戦に注目したのは、シード権を取れないと夏の炎天下で長丁場の中、チームのコンディションを維持しながら戦うのが難しいからだ。夏の甲子園を狙うチームは、春は最低でもベスト8まで勝ち上がりシード権を取りたい。

大事な試合に先発した投手は樹徳がホジャティ、前橋育英は喜多川だった。両投手とも立ち上がりは制球難で、球数が多く苦しんだが、相手の雑な攻撃に救われた。樹徳は二回表無死一、二塁で二走走塁ミス。前橋育英は三回裏1死三塁でスクイズを失敗して併殺。互いに三回まで先取点のチャンスをつぶした。

四回に樹徳は3四球を挟み、三つの二塁打で3点を挙げた。このイニングにエース高橋の登板はなく、五回も続投した喜多川は無死満塁で樹徳5番鈴木に満塁弾を浴びて万事休すとなった。1月に親指の骨折で状態は7、8割程度と万全ではないエース高橋に代わって、荒井監督は喜多川に期待をかけたが、予想もしない大敗で悔いの残る一戦となった。夏までの3カ月間でチームを立て直すにはエースの復活が全てだろう。

樹徳は二回のようなボーンヘッドをなくし、七回の得点のように隙のない攻撃ができれば投打のバランスが良いだけに期待が持てそうだ。勝ち上がりに注目だ。

第66回春季関東地区高校野球大会県予選〈準決勝〉

▶2回表樹徳1死一塁、野平が川岸をかえす中越え三塁打を放つ

樹徳 乱打戦制す

樹徳が乱打戦を制した。二回、佐伯からの４連打、野平の三塁打などで５点を先制。四回は無安打でつかんだ１死二、三塁から山本の適時打で２点追加した。五回、六回に加点して振り切った。健大高崎は二回、柘植の３ランから追撃。脇本と柴引のソロなどで追いすがったが、及ばなかった。

樹徳

		打安点
③	渡辺	621
⑤	川岸	400
⑥	野平	442
⑨	鈴木	320
⑦	金井聖	420
④	山本	523
⑧	佐伯	521
②	周籐	531
①	ホジャティ	311
	振球犠盗失 48514	39 18 9

健大高崎

		打安点
⑧	平山	421
④	星野	300
③	長島	512
⑨	脇本	421
⑦	山上	500
⑥	佐藤	100
6	横溝	300
H	中筋	100
⑤	柴引	531
②	柘植	413
①	高橋	000
1	池田	100
1	松野	110
1	川井	200
	振球犠盗失 24002	39 10 8

▷**本塁打** 柘植　脇本　柴引　▷**三塁打** 野平　ホジャティ　▷**二塁打** 佐伯2　周藤　松野　平山　長島　▷**審判** 井汲　常沢　小谷野　小暮

2014年5月3日（土）　高崎城南球場

	1	2	3	4	5	6	7	8	9	10	計
樹徳	0	5	0	2	3	1	0	0	0		11
健大高崎	0	3	1	2	0	2	0	0	0		8

斎藤章児の目

一本調子になったホジャティ

ほぼ1人で投げ抜いてきた樹徳先発ホジャティ。準決勝は初回、先頭をエラーで出したが、けん制球とクイックモーションで二盗を阻止。健大高崎の足を封じて、立ちあがりはうまくいったかに見えた。しかし、二回以降も走者を気にして一本調子になり、大量点を献上した。

ホジャティについて気付いたことを挙げると、①テンポよく投げるのは、野手にとって守りやすいが、単調になると逆に打者がタイミングを取りやすくなる ②投球時に肘が肩より下がることがある。リリースポイントが早くなり単調になる原因 ③ストライクゾーンからボールになる制球力を身に付けたい ④チェンジアップを含む緩急は同じ腕の振りで、25～30キロの差がほしい―など。捕手のミットの位置が高く感じた。低くしたい。

▲安定した投球で７回を３安打に抑えた桐一の山田

桐生第一 変化球さえた山田、７回無失点

桐生第一が投打で館林を圧倒した。打線は五回以外毎回得点し、先発山田知輝は７回を３安打無失点に抑えた。１、２番がチャンスメークして中軸でかえす必勝パターンがこの日も機能した。初回、安打で出塁した先頭の吉田　龍登を石井翔太がきっちり送り、盗塁も絡めて３番柳谷参助の犠飛で１点を先制。早々に主導権を握った。その後も相手先発の変化球を狙い、長打７本を放つなど　圧倒した。山田はスライダー、スプリットがさえた。４人で打ち取った三、四回以外は３人ずつで攻撃を切った。

館林		打	安	点
⑦	三田	2	0	0
⑥	米山	3	1	0
⑤	津川	3	0	0
③	関	3	0	0
⑨	新井	3	0	0
②	茂木	2	1	0
⑧	内山	2	1	0
①	中田	1	0	0
④	吉田	2	0	0

振球	犠	盗	失			
5	1	1	0	3	21	3	0

桐生第一		打	安	点
⑦	吉田	3	2	0
④	石井	3	2	1
⑨	柳谷	2	1	2
①	山田	4	3	2
③	速水	4	1	1
②	小野田	3	0	0
⑧	翁長	3	1	0
⑤	久保田	3	1	0
⑥	高橋章	2	1	1

振球	犠	盗	失			
2	3	3	3	2	27	12	7

▷**三塁打** 柳谷　吉田　▷**二塁打** 山田２　石井　久保田　翁長　▷**審判** 岡部　小林　川崎　高橋

2014年5月3日（土） 高崎城南球場

	1	2	3	4	5	6	7	8	9	10	計
館林	0	0	0	0	0	0	0				0
桐生第一	2	2	1	2	0	2	×				9

斎藤章児の目

体幹がしっかりした山田

第2試合、館林対桐生第一は館林が善戦したと言っていいだろう。中田投手は勉強になったはずだ。桐生第一の山田投手の良さは、①体幹がしっかりしていて投球フォームが軸を中心に崩れない ②3球投げたら1ボール2ストライクを心掛けている ③スプリットで低めのストライクゾーンからボールへの制球力 ④スライダーの外角ストライクゾーンからボールへの制球力 ⑤直球は内角高めと外角低めの出し入れができる—ことだ。

山田選手は4番も務める。打席で投手ではなく4番打者としての心構えを持つことは立派で、とても大切である。しかし、七回、9点差で二走の時、三盗を試みた。ここは自重してほしい。怪我をしたらどうする。何が起こるかわからない。悪いことではないし、むしろ褒めたいぐらいだが、我慢することも大切である。

第66回春季関東地区高校野球大会県予選〈決勝〉

▶桐一打線を2点に抑え、完投した樹徳のホジャティ

2014年5月4日（日） 高崎城南球場

	1	2	3	4	5	6	7	8	9	10	計
桐生第一	1	0	0	0	0	1	0	0	0		2
樹　徳	0	0	1	1	0	4	0	0	×		6

樹徳 22年ぶり頂点

樹徳は六回の集中打で接戦から抜け出し、そのまま勝利した。同点に追いつかれた六回、1死満塁から佐伯、周藤の連続適時打など打者10人5安打で4点を挙げた。先発ホジャティは7安打2失点で完投。桐生第一は初回、清野の適時打で先制。六回に同点としたが、七回以降は無安打に抑えられた。

桐生第一

		打	安	点
⑦	吉　田	4	2	0
④	石　井	2	0	0
⑨	柳　谷	3	0	0
③	山　田	4	0	0
②	清　野	4	2	1
⑧1	翁　長	3	1	0
⑤	久保田	3	1	0
⑥	高橋章	2	0	0
H	速　水	1	1	1
6	奥　川	1	0	0
①	東　宮	2	0	0
H	清　村	1	0	0
1	糸　井	0	0	0
8	水　越	1	0	0

振球犠盗失
4 5 1 1 2　31 7 2

樹　徳

		打	安	点
③	渡　辺	4	2	1
⑤	川　岸	3	1	1
⑥	野　平	5	0	0
⑨	鈴　木	4	1	0
⑦	金井聖	2	2	0
④	山　本	3	1	1
⑧	佐　伯	4	1	1
②	周　藤	4	2	2
①	ホジャティ	2	0	0

振球犠盗失
4 4 4 1 0　31 10 6

▷**二塁打** 清野　金井聖　鈴木　▷**審判** 阿部忠　井汲　土沢　折茂

斎藤章児の目

樹徳 投打かみ合う

樹徳がセンバツ帰りの桐生第一との決勝戦を6―2で制した。投打がかみ合った会心の勝利だ。三、四回と六回の攻撃でみせた点の取り方が勝因の一つ目。三、四回は先頭打者が敵失で出塁し、手堅く犠打で送り、得点に結びつけた。六回は四球を挟んで5安打4得点と、好機に打線がつながった。

二つ目は主戦ホジャティ博和の尻上がりの好投だ。初回こそ高めを痛打されて先取点を与えたが、二回以降、緩急をつけた粘り強い投球が徐々に安定感を増していった。変化球が低めに制球されると直球が生かせるし、当然緩急の組み立てができる。投手は常に良い出来とは限らないが、好投手は監督のちょっとしたヒントで立ち直れるものだ。七回以降の投球の組み立ては準決勝とは見違える出来栄えだった。

この大会は昨夏以降の実績から樹徳を含む私学4強の対決とよんでいた。樹徳はその前橋育英、健大高崎、桐生第一を破り優勝した。対決のなかった高橋光成（前橋育英）、山田輝（桐生第一）とは夏の大会で決着をつけることになる。

17日から関東大会が始まる。樹徳のホジャティ投手には、緩急と低めの変化球の制球の組み立てで粘り強い投球をテンポよく試すことを期待したい。大会序盤の勝利に貢献した野平はチーム打撃にこだわるあまり、バッティングが窮屈になり、右手の使い方が小さくなりつつある。振り切った後に左肩があごの下に入るように。右肩は後方へ振れなければ左手を離してもいいのでは。

桐生第一は山田投手の打席での身体の切れが鈍い。疲れの蓄積でなければいいが。十分に手入れをして関東大会へ備えてほしい。

▶6回表桐一2死一、二塁、代打速水が翁長をかえす同点の左前打を放つ

第96回全国高校野球選手権群馬大会〈1回戦〉

▶3回裏前橋2死二、三塁、横堀が阿久津、舩戸をかえす勝ち越し打を放つ

前橋 猛攻12得点、打線爆発

前橋は2点を追う二回、横堀、北爪の連続適時打で同点にした。三回は舩戸、横堀の適時打などで4点を追加した。四回は打者11人を送り、長短6安打を集中して6点を奪った。高崎工は初回、氷見の2点適時三塁打で先制した。12安打で9点と粘ったが、届かなかった。

高崎工				打	安	点	振	球
④	荒木	(3)	高崎吉井中央	6	1	0	0	0
⑤	梅本	(2)	高崎群馬中央	5	1	0	0	0
⑨	丸山	(2)	高崎高松	5	2	0	1	0
⑦	屋敷	(3)	安中一	5	3	1	0	0
⑧	氷見	(3)	安中一	4	3	4	0	1
③	関根	(2)	高崎佐野	4	0	1	0	1
②	田中将	(2)	安中一	4	2	1	0	1
⑥	佐藤翼	(1)	高崎並榎	2	0	0	1	0
H	田中稔	(3)	渋川	1	0	0	1	0
6	金井	(3)	安中松井田東	0	0	0	0	1
H	滝上	(3)	甘楽二	1	0	0	1	0
①	飯島	(2)	高崎一	1	0	0	1	0
1	前原	(3)	前橋箱田	0	0	0	0	0
H	榊原	(3)	安中一	0	0	0	0	1
1	上原	(3)	安中一	0	0	0	0	0
1	田島	(3)	安中二	2	0	1	1	0
			犠盗失併残					
			1 1 1 1 10	40	12	8	6	5

前橋				打	安	点	振	球
⑦	渋川	(3)	前橋富士見	4	0	0	0	1
①8	西目	(3)	伊勢崎三	5	1	1	0	0
⑥	石原	(3)	伊勢崎一	5	2	0	1	0
③	小鮒	(3)	前橋荒砥	4	1	0	0	1
④	阿久津	(3)	みどり大間々東	4	2	0	0	0
⑨	舩戸	(3)	前橋粕川	5	4	2	0	0
9	朝倉	(3)	群大附	0	0	0	0	0
⑤	栗原	(3)	伊勢崎二	4	1	2	0	1
5	真下	(2)	昭和	0	0	0	0	0
⑧	横堀	(3)	伊勢崎境北	3	3	4	0	0
R8	木村	(3)	前橋粕川	0	0	0	0	0
1	金井	(2)	前橋桂萱	1	0	0	0	0
1	笠原	(3)	前橋春日	1	0	0	1	0
②	北爪	(2)	前橋みずき	4	3	3	0	0
			犠盗失併残					
			1 0 3 0 8	40	17	12	2	3

▷**本塁打** 氷見　▷**三塁打** 氷見　▷**二塁打** 北爪　▷**審判** 井汲　山口美　川崎　関根

2014年7月12日（土） 上毛新聞敷島球場

	1	2	3	4	5	6	7	8	9	10	計
高崎工	2	0	2	0	2	0	2	0	1		9
前橋	0	2	4	6	0	0	0	0	×		12

熱球解説

予想外の乱打戦

台風一過の青空の下、球児の熱戦が幕を開けた。今年の群馬大会は過去にない戦国模様だ。甲子園優勝投手が残る前橋育英、選抜8強で自信を深めた桐生第一、関東大会で躍進した樹徳、昨秋優勝の健大高崎の4校が中心だが、その他も十分優勝の可能性を秘める。

開会式直後の開幕戦、高崎工対前橋を見た。好投手と評判の西目直生君と高崎工打線との対戦がまず楽しみで、好勝負を期待したが、両校投手とも不調で予想外の乱打戦になった。高崎工4番手の田島克樹君、前橋3番手の笠原大知君でやっと落ち着いた。投げてみなくては調子がつかめないようでは、監督の作戦も立てにくい。

前橋は17安打で勝ったが内容に納得はしていないと思う。守りではシートノックから悪送球したり、足がつった選手も2人いた。暑さ対策を怠りなく、悔いを残さないようにしたい。

西目君はどうしたのか、本来の投球ができていなかったと思う。下半身が使えていない投げ方で、打者にとってはボールが見やすかったはずだ。鏡の前のシャドーピッチングでチェックしてみてはどうだろう。

今日の試合はたくさんの失敗が出たが、野球は三振、失策などもともと失敗がつきもの。個人の失敗を責めないで皆でカバー(フォロー、バックアップ)するのが野球というスポーツだ。

夏の大会は梅雨時のコンディション調整をはじめ選手個々の調子をいかに大会に合わせるかが難しい。両チームともそれを痛感した試合だったのではないか。

第96回全国高校野球選手権群馬大会〈2回戦〉

▶7回表関学無死一、三塁、大塚が渡辺をかえす勝ち越しのスクイズを決める

関学附 乱打戦 小技で制す

関学附が乱打戦を制した。7―7で迎えた七回、四球と右前打、敵失で無死一、三塁とし、大塚のスクイズで勝ち越した。さらに今泉の中前打と神藤の中犠飛で2点を加え、突き放した。桐生は相手を上回る15安打を放ったが、同点止まりだった。勝負どころであと一本が出なかった。

関学附				打	安	点	振	球
⑥	川島	(2)	館林一	6	2	1	1	0
⑧	飯村	(3)	館林二	3	1	0	0	0
②	渡辺	(2)	埼玉羽生東	4	2	2	0	1
⑤	藤家	(2)	明和	3	2	1	0	2
⑦	大塚	(1)	埼玉羽生西	5	3	2	0	0
⑨	岡村	(2)	館林多々良	5	2	2	0	0
③	今泉	(3)	板倉	4	1	1	0	1
④	神藤	(2)	邑楽	1	0	1	0	2
①	長沢	(1)	埼玉羽生東	2	0	0	0	0
1	山崎	(3)	板倉	2	0	0	1	0
			犠盗失併残					
			5 0 1 1 7	35	13	10	2	6

桐生				打	安	点	振	球
⑧18	新井惇	(3)	前橋桂萱	5	1	0	1	0
⑥	高橋	(3)	桐生川内	5	4	1	0	0
⑦	新井遼	(3)	みどり笠懸	5	3	0	0	0
③	大岡	(3)	太田毛里田	5	3	2	0	0
⑨	森下	(3)	みどり笠懸南	4	1	2	0	1
④	山洞	(3)	桐生相生	1	0	0	0	1
H	荒木	(3)	太田薮塚本町	1	1	1	0	0
4	立沢	(3)	桐生桜木	1	0	0	0	0
H	門倉	(3)	伊勢崎赤堀	1	0	0	0	0
R	大嶋航	(3)	群大附	0	0	0	0	0
②	園田	(2)	桐生川内	5	2	2	1	0
⑤	金子	(3)	玉村	3	0	0	0	0
①	堀越	(2)	伊勢崎三	1	0	0	0	0
H	深沢	(2)	みどり大間々	1	0	0	0	0
8	下田	(3)	桐生新里	1	0	0	1	0
1	薗田	(2)	桐生境野	0	0	0	0	0
			犠盗失併残					
			3 0 3 0 9	39	15	8	3	2

▷**三塁打** 渡辺　▷**二塁打** 藤家　森下　渡辺　大岡　川島　新井惇　高橋　▷**審判** 高橋浩　金井　阿部勝　田村淳

2014年7月15日（火） 高崎城南球場

	1	2	3	4	5	6	7	8	9	10	計
関学附	3	1	0	0	3	0	3	2	0		12
桐生	0	0	2	0	3	2	0	1	0		8

25歳、見事な采配

熱球解説

早いもので全67チームが登場し、32校が勝ち残った。関学附―桐生戦は両校とも投手陣に柱がなく、継投策が鍵を握るという同型のチームで、試合の流れとベンチの采配に注目した。

桐生の先発は2年生エースの堀越君で順当だったが、関学附は意外にも1年生の長沢君を先発させるという大胆な起用だった。おそらく打撃戦になることは想定内で、ある程度の失点は覚悟の上と読んでいたと思う。

関学附は五回に2点差まで追い上げられても我慢できたのは、初回の3点が効いたのと、2番手山崎君への負担を軽くするためにできるだけ長沢君を投げさせる狙いがあったのだろう。

六回に同点に追いつかれても動じないで最後まで攻めの姿勢を崩さなかったのは羽鳥監督に「勝利の方程式」が計算されていたのだろうか。それほど調子が良いとは思えない長沢君を心身とも限界ぎりぎりまで引っ張ったしたたかさは、とても25歳とは思えない。

桐生15安打8得点に対して、関学13安打で12得点を挙げた。送りバント、スクイズをうまく絡めて効率よく打線でつなげた。よく勉強しているし、これから期待したい若手監督の一人だ。

一方桐生だが、ほぼ互角の内容で六回に同点に追いついた場面は圧巻だった。力は存分に出したし、負けて悔いなしだろう。名門・桐生の復活を待ち望んでいる高校野球ファンは多い。かく言う私も故稲川東一郎監督に憧れて群馬で修行させてもらった一人として寂しい感は否めない。

桐生の部員を見て感じたことがある。あいさつ、礼儀、身なり、スタンドでの観戦態度、どれを取っても伝統は生きている。球技より球道。「技術は二流たれ。されど精神は一流たれ」。これも桐生の伝統ではないか。

▲1回表樹徳1死二塁、野平が川岸をかえす先制の右前打を放つ

樹徳 投打圧倒

樹徳は初回、野平の適時打で先制。三回は鈴木、山本の連続適時二塁打で2点、五回は佐伯の右前打で1点追加した。七回は佐伯のランニング本塁打で3点を奪い、試合を決めた。太田工は7安打を放ったが、あと一本が出なかった。二回は1死三塁を生かせなかった。

樹　徳

				打	安	点	振	球
⑦	金井聖	(3)	みどり笠懸南	4	0	0	3	0
1	清　水	(2)	桐生中央	0	0	0	0	0
1	葮　葉	(2)	太田南	0	0	0	0	0
⑤	川　岸	(3)	栃木足利西	4	1	0	1	0
⑥	野　平	(3)	太田宝泉	3	1	1	1	1
③	金井駿	(3)	伊勢崎一	3	1	0	1	1
⑨	鈴　木	(3)	館林四	4	2	1	0	0
④	山　本	(3)	高崎高南	3	1	1	0	1
⑧	佐　伯	(3)	桐生清流	4	2	4	0	0
②	周　藤	(3)	太田薮塚本町	2	0	0	0	2
①7	ホジャティ	(3)	邑楽南	2	0	0	0	0

犠	盗	失	併	残					
1	3	0	1	7	29	8	7	6	5

太　田　工

				打	安	点	振	球
⑧	稲　葉	(3)	邑楽	3	2	0	0	0
⑥	福　田	(3)	太田毛里田	2	0	0	0	0
⑦	柴　崎	(2)	館林四	3	1	0	1	0
②	近　藤	(2)	太田生品	3	1	0	0	0
①	皆　川	(3)	館林四	3	1	0	0	0
⑤	桑　原	(3)	邑楽	2	0	0	0	0
③	半田直	(3)	太田南	2	0	0	1	0
H	中村一	(3)	大泉南	1	0	0	1	0
④	半田将	(3)	栃木足利山辺	2	0	0	0	0
H	丸　山	(2)	太田薮塚本町	1	1	0	0	0
⑨	藤　森	(3)	太田東	2	1	0	0	0
H	中村祐	(3)	太田休泊	1	0	0	0	0

犠	盗	失	併	残					
2	0	1	0	6	25	7	0	3	0

▷**本塁打** 佐伯　▷**二塁打** 鈴木　山本　皆川　▷**審判** 星野　岡部　中野　権田

2014年7月21日（月） 上毛新聞敷島球場

	1	2	3	4	5	6	7	8	9	10	計
樹徳	1	0	2	0	1	0	3				7
太田工	0	0	0	0	0	0	0				0

チーム状態上向き

熱球解説

隙あらばシード校を倒そうと虎視眈々の太田工に対して、樹徳がどう戦うか。今大会、いまひとつ計り知れない樹徳の戦力を知る上で格好の相手となった。

太田工は樹徳ホジャティの立ち上がりを攻め、初回と二回に無死から積極的な打撃とバントで好機をつくった。しかし、それを逃すとホジャティのテンポの良い投球と走者がいる時の低めの制球力に苦しみ、攻略の糸口をつかめないままコールドで屈した。

実力に得点差ほどの開きはないが、展開によってバントが使えなくなると一方的になる典型的な試合だった。

ホジャティはフォームが安定したことで手の振りが良くなり、制球力が付いた。速いテンポが効果的だった。春の大会から関東大会へと投げ勝つことにより自信が付いてきたのだろう。樹徳打線は四死球、失策、ボークも絡んで8安打で7得点を挙げる効率の良い攻撃を展開した。投打がかみ合い、調子は上向いている。大会終盤に向けてチーム状態は良好と見た。

樹徳は春の大会を制して第1シードを勝ち取ったことで比較的対戦相手に恵まれた。城南ゾーンに強豪校が集まり、つぶし合う中、漁夫の利を生かして決勝から逆算し、そこに照準を合わせて状態を上向かせるチームづくりを当然のことながらしているだろう。

ただ、楽観視は禁物だ。私の経験では阿井英二郎(日本ハムヘッドコーチ)の時代、夏ノーシードから優勝したことがあるが、対戦した投手はどれもそうそうたるメンバーで、一戦勝つごとにチームが育ち、強くなっていった記憶がある。

自信とうぬぼれは紙一重だから、油断なく。

第96回全国高校野球選手権群馬大会〈準決勝〉

▶8回裏清明2死二、三塁、木村竜の時、暴投で三瓶かえり決勝点

2014年7月26日（土） 上毛新聞敷島球場

	1	2	3	4	5	6	7	8	9	10	計
高経附	0	0	2	0	0	0	0	0	0		2
伊勢崎清明	0	0	0	0	2	0	0	1	×		3

清明 逆転勝ち

２点を追う伊勢崎清明は五回、２死満塁から大滝の二ゴロが敵失を誘い同点。八回は三瓶、木村明の長短２安打などで２死二、三塁から、木村竜の振り逃げの間に三瓶が生還し、勝ち越した。高経附は三回に２死満塁から新井の左前打で２点を先制したが、追加点を奪えなかった。

高経附

				打	安	点	振	球
⑥	品田	(3)	高崎長野郷	4	2	0	1	0
④	土谷	(3)	藤岡小野	4	2	0	1	1
⑧	樋口	(3)	高崎群馬中央	5	1	0	1	0
⑦	水野	(2)	高崎並榎	3	1	0	2	1
③	新井	(3)	高崎塚沢	4	2	2	0	0
⑤	秀島	(3)	高崎並榎	3	1	0	0	0
②	丸山	(3)	前橋東	3	0	0	0	1
①	堀地	(3)	高崎倉賀野	4	0	0	2	0
⑨	萩原	(3)	渋川北	4	1	0	0	0

犠	盗	失	併	残	打	安	点	振	球
2	0	1	2	10	34	10	2	7	3

伊勢崎清明

				打	安	点	振	球
⑧	木村明	(3)	前橋木瀬	4	1	0	1	1
④	木村竜	(3)	伊勢崎四	4	2	0	1	0
⑤	川島	(3)	伊勢崎三	4	1	0	1	1
③	大滝	(3)	伊勢崎四	3	0	0	0	1
⑨	石綿	(3)	前橋荒砥	3	0	0	2	1
①	青柳	(3)	前橋五	4	2	0	0	0
⑦	茂木	(3)	伊勢崎二	3	1	0	0	0
②	福田	(3)	伊勢崎二	3	1	0	0	1
⑥	三瓶	(3)	伊勢崎四	3	1	0	0	1

犠	盗	失	併	残	打	安	点	振	球
2	1	0	1	12	31	9	0	5	6

▷**二塁打** 三瓶　▷**審判** 川崎　飯塚　長谷川　土沢

熱球解説 思わぬミス敗因に

高経附は準々決勝で堀地投手が第1シード樹徳のホジャティ投手に投げ勝ち、伊勢崎清明は青柳投手が2戦目で昨夏準Vの農大二吉田投手に投げ勝った。ともに強豪校相手に粘り、接戦を勝ち上がってきた。

同じタイプのチームで好投手同士の対決となれば、点の取り合いは考えにくい。ここという時の一つのミスが試合を決める。両校とも準決勝という未知の世界での対戦であり、いかに普段通り戦えるかが鍵となる。

三回表2死満塁、高経附は5番新井君の2点タイムリーで先制した。ところが五回裏の清明2死満塁の場面。ここで4試合無失策の高経附内野にエラーがあり、同点とされた。八回裏清明2死二、三塁で振り逃げがあり、この1点が試合を決める決勝点となった。

清明の青柳投手は、10安打されながらも、粘りのあるピッチングが最後の勝利につながった。思いもよらないミスが直接敗因になったが、高経附の諸君は、チームワークの良さでここまで勝ち上がって新しい伝統を築き上げた。蒲谷前監督の教えが小池現監督に引き継がれ、高経附の伝統は、後輩に受け継がれていくだろう。

試合に負けて落胆もするが、高校野球には次代の生徒が待っている。新しい選手が先輩の素晴らしい流れをくみ、新チームが出発するのだから、勝負は既に始まっている。高校野球は、このように結果以上にその過程の積み重ねが大切だと考えている。

▶3回表高経附2死満塁、新井が萩原、樋口をかえす左前打を放つ

第96回全国高校野球選手権大会〈1回戦〉

▶3回表健大高崎1死一塁、打者長島のとき、星野が二盗

2014年8月13日（水） 甲子園球場

	1	2	3	4	5	6	7	8	9	10	計
健大高崎	0	0	2	1	2	0	0	0	0		5
岩　　国	1	2	0	0	0	0	0	0	0		3

健大 3点差逆転、走り勝つ

３点を追う健大高崎は三回、先頭の平山が死球で出塁。盗塁と続く星野の左前打で無死一、三塁とし、脇本の左犠飛で１点を返した。星野は盗塁と暴投で三進し、長島の三ゴロで２点目の本塁を踏んだ。四回は四球で出塁した山上が暴投で一気に三塁まで進み、柴引の遊ゴロで同点とした。五回は２死走者なしから脇本、長島、柘植、山上が４連打。２盗塁を絡めて２点を奪い、勝ち越した。先発川井は２回３失点で降板したが、救援した高橋が７回を被安打２、奪三振９、無失点と好投した。

健大高崎

				打	得	安	点	振	球	犠	盗	失
⑧	平　山	(3)	千葉千城台南	4	1	0	0	0	1	0	1	0
④	星　野	(3)	沼田東	5	1	1	0	0	0	0	1	0
⑨	脇　本	(3)	沼田	4	1	2	1	0	0	1	1	0
③	長　島	(3)	埼玉坂戸住吉	5	1	2	2	1	0	0	1	0
②	柘　植	(2)	高崎矢中	4	0	1	1	0	0	0	0	0
⑦	山　上	(3)	大阪箕面四	3	1	1	0	0	1	0	0	0
⑤	柴　引	(2)	沖縄宮里	3	0	1	1	0	1	0	0	0
⑥	横　溝	(3)	横浜都岡	2	0	0	0	1	1	1	0	0
①	川　井	(2)	藤岡東	1	0	0	0	0	0	0	0	0
1	高　橋	(3)	高崎長野郷	2	0	0	0	0	0	1	0	0
	計			33	5	8	5	2	4	3	4	0

岩　　国

			打	得	安	点	振	球	犠	盗	失
④	川　本	(2)	4	1	3	1	1	0	0	0	1
⑦	男　谷	(2)	4	0	2	1	0	0	0	0	0
②	水　野	(2)	4	0	0	0	2	0	0	0	0
③	二十八	(3)	4	0	0	0	2	0	0	0	0
①	柳　川	(3)	3	0	0	0	3	1	0	0	0
⑥	木　原	(3)	3	1	0	0	0	1	0	0	0
⑨	亀　谷	(3)	2	0	0	0	2	0	1	0	0
H	東	(3)	1	0	0	0	0	0	0	0	0
⑤	河　村	(3)	3	1	2	1	0	0	0	0	0
⑧	神　足	(3)	2	0	0	0	1	0	1	0	0
	計		30	3	7	3	11	2	2	0	1

▷**三塁打** 川本　▷**二塁打** 脇本　柴引　川本　河村　長島

熱球解説

機動力野球は健在

甲子園の第1試合は投手の立ち上がりの出来が勝敗を左右する。コンディションの調整が難しい。高校野球では試合の5時間前の起床が望ましく、第1試合なら午前3時、必然的に消灯は午後9時前になる。

「練習は試合のための練習であって、練習のための練習ではない」と実戦的な練習を追求する青柳博文監督のことだから、抜かりなく選手を指導したはず。チーム全体の動きは良かった。

先発の川井智也君は自らを律する意識の高い投手だが、2年生でもあり、気負いがあったか。力んで直球、変化球とも高く抜けていた。六分の力で制球主体の投球が欲しかった。緩急を付けて低め中心に組み立てることに一考を要する。甲子園で試合を経験するごとに硬さがほぐれ、重心が下がり、タイミングが取れるようになる例はよく聞く。

一方、三回からの高橋和輝君はカーブスライダー、チェンジアップを内外角に散らし、直球をうまく使って岩国打線に的を絞らせなかった。7イニングを被安打2、与四死球1、毎回の9奪三振は立派。勝因の第一にしたい。

第二は持ち味の機動力。3点を追う健大高崎は三回表、死球と左前打の走者がともに二盗し、左飛と三ゴロで2点。四回表も四球の走者が暴投で三進し、次の遊ゴロで無安打で同点にした。五回表は2死からの4連打と2盗塁で揺さぶり、2点を加えた。走者がバッテリーに揺さぶりをかけ、打者が攻め込むスタイルは健在である。

▶5回表健大2死二塁、長嶋が脇本をかえす勝ち越しの左前打を放つ

最後に、健大高崎の座右の銘である「不如人和」を踏まえた「みんなのために」という気持ちだ。一人一人の力は小さいが、幾重にもつなげると、技術を超えて目に見えぬ大きな力となって運を切り開く。まだまだ伸びしろのある健大高崎に期待が膨らむ。

第96回全国高校野球選手権大会〈2回戦〉

▶2回表利府2死二塁、那須野の中前打で本塁を狙った竹内をタッチアウトにする捕手の柘植

2014年8月18日（月） 甲子園球場

	1	2	3	4	5	6	7	8	9	10	計
利府	0	0	0	0	0	0	0	0	0		0
健大高崎	3	0	2	1	0	2	0	2	×		10

健大16強、機動力さえ利府に大勝

健大高崎が盤石の試合運びで大勝、ベスト16に進出。初回に4盗塁を絡めて好機を広げ、4番長島の左犠飛と5番柘植、6番山上の連続二塁打で3点を先制。流れをつかむと、その後も持ち味の機動力を生かした攻撃でリードを広げた。3番脇本は4度の出塁全てで生還。長島が2打数2安打3打点、柘植が5打数4安打5打点と、中軸の勝負強さが際立った。先発川井は毎回走者を背負うも、5回を被安打4で無失点と粘投。残り4回は高橋、石毛、松野の継投で二塁を踏ませず完封リレー。初戦に続き無失策の堅守も光った。

利府

			打	得	安	点	振	球	犠	盗	失
⑦	万城目	(2)	4	0	0	0	1	0	0	0	0
⑧	上野	(3)	3	0	0	0	1	1	0	0	0
④	浜田	(2)	4	0	1	0	0	0	0	0	0
③	瀬戸	(2)	2	0	0	0	0	1	0	0	0
3	猪又	(3)	0	0	0	0	0	0	0	0	0
1	渡辺	(3)	1	0	1	0	0	0	0	0	0
1	菊池	(3)	0	0	0	0	0	0	0	0	0
②	小野	(2)	3	0	0	0	0	0	1	0	0
2	後藤	(3)	0	0	0	0	0	0	0	0	0
⑨	竹内	(3)	3	0	1	0	1	1	0	0	0
⑤	鈴木	(3)	2	0	1	0	0	0	1	0	0
R5	高橋	(2)	0	0	0	0	0	0	0	0	0
5	小山	(3)	1	0	0	0	0	0	0	0	0
①	奈須野	(3)	1	0	1	0	0	0	0	0	0
13	山内	(3)	2	0	0	0	1	0	0	0	0
H	阿部	(3)	1	0	0	0	0	0	0	0	0
⑥	葛巻	(3)	3	0	2	0	0	0	0	0	0
	計		30	0	7	0	4	3	2	0	0

健大高崎

				打	得	安	点	振	球	犠	盗	失
⑧	平山	(3)	千葉千城台南	5	0	1	0	0	0	0	2	0
④	星野	(3)	沼田東	3	2	1	0	0	2	0	1	0
⑨	脇本	(3)	沼田	4	4	3	0	0	1	0	4	0
③	長島	(3)	埼玉坂戸住吉	2	2	2	3	0	1	2	0	0
②	柘植	(2)	高崎矢中	5	2	4	5	0	0	0	1	0
⑦	山上	(3)	大阪箕面四	4	0	2	1	0	0	0	1	0
7	持田	(3)	埼玉深谷藤沢	0	0	0	0	0	0	0	0	0
⑤	柴引	(2)	沖縄宮里	4	0	1	1	0	0	0	1	0
5	林	(2)	藤岡東	0	0	0	0	0	0	0	0	0
⑥	横溝	(3)	横浜都岡	3	0	1	0	0	1	0	1	0
①	川井	(2)	藤岡東	2	0	0	0	0	0	0	0	0
H	中筋	(3)	和歌山紀伊	1	0	0	0	0	0	0	0	0
1	高橋	(3)	高崎長野郷	0	0	0	0	0	0	0	0	0
H	金城	(1)	沖縄普天間	1	0	0	0	0	0	0	0	0
1	石毛	(1)	千葉旭海上	0	0	0	0	0	0	0	0	0
1	松野	(3)	長野松本信明	0	0	0	0	0	0	0	0	0
	計			34	10	15	10	0	5	2	11	0

▷**三塁打** 長島　▷**二塁打** 拓植2　山上　脇本

熱球解説　初回の4盗塁 強烈

初回の先制パンチで主導権を握ったまま、最後まで完全なワンサイドゲームとなった。二つの三盗を含む初回の4盗塁は強烈なインパクトがあった。「また走るかもしれない」というプレッシャーで投手の下半身は安定感を欠き、野手も警戒して守りにくくなった。不十分な態勢の相手を突く攻撃はそう難しいことではなかった。

三回無死二塁から4番長島に送りバントをさせた。二走は初回に三盗を決めている脇本だったこともあり、「おっ」と思ったが、監督からのメッセージだなと理解できた。「浮かれるな。1点1点大事に行こう」ということだ。結果的に2点を加え、試合の流れを完全につかんだのだから、監督の思惑通りと言っていい。

この試合で注目したのは、先発を誰にするか。初戦の序盤に3点を失った川井に任せるか、迷ったはずだ。ただ、エース高橋と共に軸になってほしいから、川井の復調に期待したようだ。青柳監督の人間的な心の広さと言うか、教育者の姿勢が強く出た結果だろうか。

残念ながら川井はやっともったという感じ。甲子園の2試合を見た限り、持ち味が見えてこない。今後、厳しい相手と当たれば抑えきれないだろう。外の低めを微妙なコントロールで突く球がほしい。

この試合、6点リードした五回から盗塁失敗と併殺が2回ずつ出た。特に五回の併殺は1死一、二塁から代打に強打させた。本来なら機動力を使った場面だと思うが、大量リードの中、選手に経験を積ませたかったのだろうか。

10―0の圧勝の悪影響が気になる。1球1球の厳しさを感じなかった試合から一転して次からは甲子園らしい接戦が予想される。五回以降のことは早く忘れて、謙虚に構えるべきだ。これからが本番というつもりで、引き締めて試合に臨んでほしい。

▶利府に大勝し初の3回戦進出を果たし喜ぶ健大高崎ナイン

第96回全国高校野球選手権大会〈3回戦〉

▶3回裏健大1死満塁、脇本の走者一掃の右翼線二塁打で生還した一走の星野（4）を笑顔で迎える健大高崎ナイン

2014年8月21日（木） 甲子園球場

	1	2	3	4	5	6	7	8	9	10	計
山形中央	0	1	0	0	2	0	0	0	0		3
健大高崎	1	0	4	0	0	1	0	2	×		8

健大 初の8強

健大高崎が持ち前の機動力と強打を発揮し、7盗塁12安打で効率良く8点を挙げて快勝した。初回、四球に犠打、盗塁を絡めて無安打で1点を先制すると、三回も四死球を足場に一気に攻め立てた。平山の内野安打などで1死満塁から脇本が走者一掃の右翼線二塁打を放つなど、打者10人で4点を挙げて突き放した。六回は星野の中前打、八回は脇本、長島の連続適時打でダメを押した。先発石毛は三回を1失点の粘投。継投した高橋は五回に長短4安打を許して2点を失ったが、その後は立ち直り、六回以降は1安打無失点に抑え込んだ。

山形中央

			打	得	安	点	振	球	犠	盗	失
④	高橋裕	(2)	4	0	2	0	1	0	0	0	0
⑦	高橋隆	(3)	4	0	3	1	0	0	0	0	1
⑨	永　井	(3)	4	0	1	0	0	0	0	0	1
⑤	青　木	(2)	4	1	1	1	2	0	0	0	0
③	高橋和	(3)	4	0	0	0	1	0	0	0	0
⑥	中　村	(3)	4	0	0	0	0	0	0	0	0
⑧	高橋稜	(2)	4	1	1	0	0	0	0	0	0
②	阿部宏	(3)	2	1	1	1	1	1	0	0	0
H	奥　山	(3)	1	0	0	0	1	0	0	0	0
①	佐藤僚	(2)	1	0	0	0	1	0	0	0	0
1	石　川	(3)	2	0	0	0	2	0	0	0	0
	計		34	3	9	3	9	1	0	0	2

健大高崎

				打	得	安	点	振	球	犠	盗	失
⑧	平　山	(3)	千葉千城台南	4	4	3	0	1	1	0	2	0
④	星　野	(3)	沼田東	3	1	1	1	0	0	2	1	0
⑨	脇　本	(3)	沼田	5	2	2	5	2	0	0	1	0
③	長　島	(3)	埼玉坂戸住吉	4	0	1	1	0	1	0	2	0
②	柘　植	(2)	高崎矢中	5	0	1	1	1	0	0	0	0
⑦	山　上	(3)	大阪箕面四	3	0	2	0	1	1	0	1	0
⑤	柴　引	(2)	沖縄宮里	3	0	1	0	1	1	0	0	0
⑥	横　溝	(3)	横浜都岡	3	0	0	0	0	1	0	0	0
①	石　毛	(1)	千葉旭海上	0	0	0	0	0	1	0	0	0
R	持　田	(3)	埼玉深谷藤沢	0	1	0	0	0	0	0	0	0
1	高　橋	(3)	高崎長野郷	3	0	1	0	2	0	0	0	0
	計			33	8	12	8	8	6	2	7	0

▷**二塁打** 脇本　高橋稜　阿部宏　平山

熱球解説 石毛使えるめど

健大高崎が勝利するためには先発投手が序盤に試合を壊さないことが大切だ。その間に攻撃陣が機動力を発揮して主導権を握るのが勝利の方程式になっている。

1年生左腕、石毛の出来は良かった。制球が良く、四球がなかった。速球も変化球も投げたいところに投げられていた。ただ、モーションの中で右脚が着地する時、やや上体が突っ込み気味で球離れが早く、高めに浮いていた。ボール二つ低めにコントロールしたい。これを修正すれば、もっと良くなる。

打線は1、2番がチャンスをつくり、クリーンアップでかえす理想の形で攻めた。特に脇本の技術が光った。ノーステップで打つから頭が動かず、ミートがうまい。ボールの見極めもいい。今のままでも十分だが、上げた脚を同じ所に柔らかく戻すだけでも、飛距離はもっと出るだろう。将来的にはタイミングの取り方を学び、さらに飛躍してほしい。

1番の平山に当たりが出てきたのは、これから勝ち上がるために好材料だろう。山形中央戦は3安打で4度ホームを踏んだ。まさに1番打者らしい活躍だった。中でも第1打席は四球で出塁し、犠打で送られ、左投手の隙を突いて三盗を決めた。三回のバントも絶妙だった。

この試合、盗塁は七つと健大にしては控えめだが、記録をつくるのが目的ではないので、有効な場面で決められればいい。打線は連打4回を含む計12安打と結果を残した。投手陣も1年生石毛を使えるめどが立ち、高橋もエースらしい安定感を発揮した。全体的にチームはいい状態になってきた。

そんな中で迎える準々決勝に期待が膨らむ。相手に不足なし。今や横綱格の大阪桐蔭のことだから、バッテリーを中心に機動力封じの策を練っているはずだ。点の取り合いが予想され、そうなれば健大にチャンスが出てくるが、機動力を封じられれば大阪桐蔭のワンサイドもあり得る。健大の投手陣が、アウトコースに緩急を付けて粘り強く有効な球を投げられるか。ボール球を振らせられるか。その辺りが勝負を分けるだろう。

第96回全国高校野球選手権大会〈準々決勝〉

▶7回表大阪桐蔭の中村に2点本塁打を浴び、マウンドに集まる健大高崎ナイン

2014年8月22日（金） 甲子園球場

	1	2	3	4	5	6	7	8	9	10	計
大阪桐蔭	0	0	2	0	0	0	2	1	0		5
健大高崎	1	0	0	1	0	0	0	0	0		2

健大 4強逃す 機動力で確かな足跡

健大高崎は足を使った攻撃で相手を揺さぶった。初回、先頭の平山が四球で出塁して二盗。犠打で三進すると、脇本の中犠飛で先制した。1—2で迎えた四回無死から、脇本の右翼線二塁打と犠打で1死三塁とし、柘植の右前打で同点。さらに2死一、三塁で打者横溝の時、一走柴引が二盗を狙い、相手捕手の送球間に三走柘植が本塁に突入した。勝ち越しかと思われたが、横溝が守備妨害と判定された。六回は2死から山上が内野安打と二盗。2点を追う七回も、2死から平山が四球と二盗で好機をつくったが、後が続かなかった。先発川井は4回を投げて2失点。2番手松野は五、六回を無安打で抑えたが、七回に2ランを浴びた。主戦高橋も八回に1点を失い、リードを広げられた。

大阪桐蔭

			打	得	安	点	振	球	犠	盗	失
⑦	中村	(3)	3	1	2	3	0	1	1	0	0
④	峯本	(3)	3	1	0	0	0	2	0	1	0
⑤	香月	(3)	5	0	1	0	0	0	0	0	0
③	正随	(3)	4	0	2	2	0	1	0	0	0
⑨	青柳	(2)	4	0	0	0	2	1	0	0	0
②	横井	(3)	4	0	1	0	1	0	0	0	0
⑧	森	(3)	3	1	1	0	0	0	1	0	0
⑥	福田	(2)	4	0	0	0	2	0	0	0	0
①	福島	(3)	4	2	2	0	0	0	0	0	0
	計		34	5	9	5	5	5	2	1	0

健大高崎

				打	得	安	点	振	球	犠	盗	失
⑧	平山	(3)	千葉千城台南	2	1	1	0	0	2	0	3	0
④	星野	(3)	沼田東	3	0	1	0	0	0	1	0	0
⑨	脇本	(3)	沼田	3	1	1	1	0	0	1	0	0
③	長島	(3)	埼玉坂戸住吉	3	0	1	0	0	0	1	0	0
②	柘植	(2)	高崎矢中	4	0	2	1	1	0	0	0	0
⑦	山上	(3)	大阪箕面四	4	0	1	0	0	0	0	1	0
⑤	柴引	(2)	沖縄宮里	4	0	1	0	1	0	0	0	0
⑥	横溝	(3)	横浜都岡	3	0	0	0	1	0	0	0	0
6	中筋	(3)	和歌山紀伊	1	0	0	0	0	0	0	0	0
①	川井	(2)	藤岡東	1	0	0	0	1	0	0	0	0
1	松野	(3)	長野松本信明	1	0	0	0	0	0	0	0	0
H	金城	(1)	沖縄普天間	1	0	0	0	1	0	0	0	0
1	高橋	(3)	高崎長野郷	1	0	0	0	0	0	0	0	0
	計			31	2	8	2	5	2	3	4	0

▷**三塁打** 正随　▷**二塁打** 脇本　拓植

熱球解説 強豪と堂々の戦い

一球の怖さを思い知った試合だった。2ランを浴びた松野の失投と2点タイムリーを許した中堅平山の捕球判断の誤りだ。この二つの「一球」により、大阪桐蔭は5得点中4点を稼いだ。

2番手として五回から継投した松野は、緩急を付けたアウトローを軸に制球良くまずまずの投球をしていた。ところが松野にとって2巡目となる先頭の打者に対して、あの球は厳しかった。真ん中に甘く入ったスライダーだが、一番投げてはいけない球だった。

平山の捕球判断の誤りが出たのは三回表2死一、二塁の場面。中堅の右翼寄りに飛んだ浅いライナーを俊足を生かして突っ込み、後ろにそらした。諦めてワンバウンドで取っていれば、二走が投手で無理な走塁はしないだろうから、無得点で終えた可能性もある。ぎりぎりのプレーだから平山を責められないが、避けたかった逆転打だ。

同点にした後、流れを変えるプレーがあった。2死一、三塁から一走が飛び出して誘う間に三走が本塁を突くプレーの時、空振りした打者が守備妨害と判定された。審判は以前より厳しく取るようになったと思った。同点に追い付き、ペースをつかみかけていた場面だけに悔やまれる。

この回を境につきも徐々に大阪桐蔭に流れ、強い打球が何度か野手の正面を突いた。良い当たりが正面を突くのは、相手投手の球が低めに来ていたからでもある。

試合の内容は互角だった。春夏4度の優勝を誇る大阪桐蔭を相手に物おじせず、堂々と渡り合った。その強さは全国に認知され、群馬の知名度アップにも貢献したはずだ。胸を張って帰ってきてほしい。

今回の健大の躍進であらためて群馬の高校野球の力が上がっていることを実感した。健大は機動力を磨き、今のスタイルを完成させてまた甲子園で暴れれば、群馬のもう一段のレベルアップにつながるだろう。

▶7回裏健大2死一塁、四球で出塁し二盗を決める平山

上毛スポーツ

第96回 夏の甲子園

健大高崎が大阪桐蔭に2―5で惜敗した22日の甲子園準々決勝。初の4強入りはならなかったが、1番平山敦規が3盗塁を決めて93年ぶりに1大会の個人最多盗塁記録8に並ぶなど、持ち前の機動力を存分に発揮した。川井智也、松野光次郎、高橋和輝の3投手が継投し、強打の大阪桐蔭打線を相手に粘り強く投げ抜いた。4試合連続で無失策だった堅守も光った。この日でベスト4が出そろい、大阪桐蔭、三重、敦賀気比（福井）日本文理（新潟）が準決勝に進んだ。23日の休養日を挟み、24日に実施される準決勝は三重―日本文理、大阪桐蔭―敦賀気比の顔合わせとなった。

関連記事 24〜26面

健大野球貫く

平山 93年ぶり 最多タイ8盗塁

7回表大阪桐蔭の中村に2点本塁打を浴び、マウンドに集まる健大高崎ナイン＝甲子園

大阪桐蔭―健大高崎 7回裏健大2死一塁、四球で出塁し二盗を決める平山

▼準々決勝
健大高崎―大阪桐蔭

大阪桐蔭	0	0	2	0	0	0	2	1	0	5
健大高崎	1	0	0	1	0	0	0	0	0	2

（大）福島―横井
（健）川井、松野、高橋―柘植
▼本塁打　中村1号2ラン（松野）

「記録、試合後知った」

4試合でチーム26盗塁

磨いた機動力 存分

上毛新聞 2014年8月23日付

２０１５年（平成27）

熱球解説
斎藤 章児

樹徳―太工戦

め制球力に苦しみ、攻略
の糸口をつかめないまま
ールドで屈した。

鴻城戦

斎藤章児の目

「守りこそ最大の攻め」
と公言していた中国地区覇
者の宇部鴻城に対して、「機
動破壊」を掲げる健大高崎
がどんな戦い方を見せるか
に注目してみた。
まず取り上げたいのは１
点を先制した後の初回裏の
守りだ。無死１塁で相手の
送りバントの構え。健大の
川井投手は左打者の外角を
攻め、ダッシュできた三塁

た。
二回裏の
塁から、中国
健大のサ
クホーム・ウ
裏、無死１
は鴻城の４
がないと見
堅守

第87回選抜高校野球大会〈1回戦〉

▶変化球を主体に11奪三振で完投した川井

2015年３月25日（水） 甲子園球場

	1	2	3	4	5	6	7	8	9	10	計
健大高崎	1	3	0	0	1	0	1	0	3		9
宇部鴻城	0	0	0	0	0	0	0	1	0		1

健大 圧勝発進、宇部鴻城（山口）破る

健大高崎は計13安打を放った。初回、四球の相馬が盗塁と暴投で三進し、柴引の中前打で先制した。二回には佐藤と春日の連打などで１死満塁とし、相馬の走者一掃の三塁打でリードを４点に広げた。五回には柴引がソロ本塁打を放ち、九回もダメ押しの３点を加えた。春日は５打数５安打の活躍だった。

先発の川井は130キロ台の直球とチェンジアップ、スライダーでコーナーを突き、11奪三振。８安打を浴びながら要所を締めて１失点完投した。

健大高崎

				打	得	安	点	振	球
④	相馬	(3)	千葉銚子四	3	1	1	3	0	2
4	宮本	(2)	栃木黒磯	0	0	0	0	0	0
⑥	林	(3)	藤岡東	3	2	0	0	1	2
②	柘植	(3)	高崎矢中	5	1	2	0	1	0
⑤3	柴引	(3)	沖縄宮里	4	1	3	3	0	0
H3	小谷	(3)	大阪高槻二	0	0	0	0	0	0
③	大島	(3)	前橋南橘	2	0	0	0	0	0
9	皆川	(3)	栃木矢板	1	0	0	0	1	0
H7	知念	(3)	沖縄北谷	1	1	1	0	0	0
⑨5	佐藤	(3)	伊勢崎殖蓮	4	0	1	1	1	1
⑧	春日	(3)	川崎臨港	5	1	5	1	0	0
⑦9	比嘉	(3)	沖縄山内	4	1	0	1	0	0
①	川井	(3)	藤岡東	4	1	0	0	1	0
	計			36	9	13	9	5	5

宇部鴻城

			打	得	安	点	振	球
④	藤田	(3)	4	0	2	0	1	0
①9	上西	(3)	3	0	1	0	0	1
⑨5	上田	(2)	4	0	1	1	1	0
⑦	岡田	(3)	4	0	1	0	0	0
③	仲西	(3)	2	0	0	0	2	0
H3	中村勝	(2)	2	0	1	0	1	0
②	町田	(3)	4	0	0	0	2	0
⑧	梅本	(3)	3	0	1	0	1	0
H	岡辺	(3)	1	0	0	0	0	0
⑥	梅岡	(3)	3	0	0	0	1	0
⑤	芦浦	(3)	2	0	0	0	2	0
H	巻幡	(3)	1	1	1	0	0	0
1	中杉	(3)	0	0	0	0	0	0
1	木場	(3)	0	0	0	0	0	0
	計		33	1	8	1	11	1

▷**三塁打** 相馬 春日 ▷**二塁打** 岡田

斎藤章児の目　堅守で追撃阻む

「守りこそ最大の攻め」と公言していた中国地区覇者の宇部鴻城に対して、「機動破壊」を掲げる健大高崎がどんな戦い方を見せるかに注目してみた。

まず取り上げたいのは1点を先制した後の初回裏の守りだ。無死1塁で相手は送りバントの構え。健大の川井投手は左打者の外角を攻め、ダッシュしてきた柴引三塁手が見事に5—4—3のダブルプレーを決めた。

柘植捕手のリードがさえた。勝負強い4番岡田の前で三者凡退に抑えたこのプレーは主導権争いに影響した。

二回裏の守りでは2死二塁から、中前打を浴びたが健大の中堅手、春日のバックホームで本塁憤死。四回裏、無死一、二塁の場面では鴻城の4番岡田にバントがないと見ると、川井投手はスリットの連投で右邪飛に打ち取り、後続も連続三振に仕留めた。

さらに八回裏。健大は1点を返された後、なお2死二、三塁のピンチに立たされたが、鴻城の岡田の一、二塁間のヒット性の当たりを二塁手、相馬が難なくさばいた。ことごとく健大の堅い守りが相手の追撃を阻んだ。

守りに絶対の自信を持っていたはずの鴻城もこれでは健大の「守りの攻め」になすすべなく、敗戦もやむなしということか。

健大の隙のない機動力はまだまだ発展途上だが、私が注目したのは九回表無死一、二塁で4番柴引の1ボール後、バントのうまい小谷を代打に送ったことだ。6—1で5点リードしている時に1本塁打を含む3安打3打点の4番打者に代えてだ。

4番といえどもここはどうしても走者を二、三塁に進めたい。1発よりも確実に送ることを優先したベンチの采配だった。結果、ダメ押しとも言える3点が入る。これが甲子園戦法なのである。

さあ次戦である。健大の機動力と天理の打力は互角の戦いと見る。調子上昇中の川井投手に期待したい。守りの要、柘植捕手のインサイドワークが鍵を握っている。

▶5回表健大1死、柴引が左中間へ本塁打を放つ

第87回選抜高校野球大会〈2回戦〉

▶4回裏健大高崎1死三塁、相馬が中前に先制打を放つ

2015年3月28日（土） 甲子園球場

	1	2	3	4	5	6	7	8	9	10	計
天理	0	0	0	0	0	0	1	0	0		1
健大高崎	0	0	0	1	0	0	1	1	×		3

相馬先制打、健大8強

健大高崎は四回、中前打の柘植が暴投と内野ゴロの間に三塁に進み、相馬の中前打で先制。同点で迎えた七回には柴引の右前打、相馬の死球で無死一、二塁とし、小谷の送りバントで1死二、三塁に好機を広げると、続く佐藤の一ゴロの間に柴引がヘッドスライディングを決めて勝ち越した。

八回には四球で無死一塁となったところで俊足の宮本を代走に送り、1死後、春日の左中間への二塁打で一気に本塁までかえり、リードを2点に広げた。

川井は初回に内野安打を許した後、六回まで無安打を続けた。七回に無死から三塁打を浴び、適時打で1点を失ったが、その後は締めた。ピンチらしいピンチは七回だけで、4安打、2四球の好投。6三振を奪った。

天理

	選手	学年	打	得	安	点	振	球
⑧	船曳	(3)	4	0	1	0	3	0
①7	斎藤	(3)	4	0	0	0	0	0
⑥	貞光	(3)	4	1	1	0	0	0
③	坂口	(3)	3	0	0	0	1	1
⑨	冨木	(3)	4	0	1	1	0	0
⑤	川崎	(3)	4	0	0	0	0	0
④	前久保	(3)	3	0	0	0	0	0
⑦	森	(3)	2	0	0	0	2	1
1	森浦	(2)	0	0	0	0	0	0
②	堤田	(3)	2	0	1	0	0	0
	計		30	1	4	1	6	2

健大高崎

	選手	学年	出身	打	得	安	点	振	球
⑧	春日	(3)	川崎臨港	3	0	1	1	0	1
⑥	林	(3)	藤岡東	4	0	0	0	0	0
②	柘植	(3)	高崎矢中	3	1	1	0	1	1
⑤	柴引	(3)	沖縄宮里	3	1	1	0	0	0
④	相馬	(3)	千葉銚子四	2	0	1	1	0	1
③	大島	(3)	前橋南橘	2	0	0	0	1	0
H3	小谷	(3)	大阪高槻二	0	0	0	0	0	0
⑨	佐藤	(3)	伊勢崎殖蓮	3	0	1	1	0	0
⑦	知念	(3)	沖縄北谷	2	0	0	0	0	1
R	宮本	(2)	栃木黒磯	0	1	0	0	0	0
7	比嘉	(3)	沖縄山内	0	0	0	0	0	0
①	川井	(3)	藤岡東	3	0	0	0	0	0
	計			25	3	5	3	2	4

▷**三塁打** 貞光　▷**二塁打** 春日

斎藤章児の目

機動破壊で追加点

選抜高校野球大会は８強が出そろい、後半戦に突入する。健大高崎は持ち前の機動力を武器に近畿大会覇者の天理を破り準々決勝に進んだ。

中学生ボーイズリーグ、藤岡ボーイズ出身の川井投手、柘植捕手、林内野手の活躍が目立っている。川井投手は中学からバッテリーを組む柘植捕手を信頼し、呼吸はぴったり。遊撃手の林は堅守でチームの勝利に貢献している。四回の先制点は、先頭の柘植が中前打で出塁したことがきっかけとなった。

川井投手は４安打２四球１失点の好投。七回に天理の貞光に打たれた左翼線の三塁打も打ち取った当たりだった。川井投手の左打者への外角の球に威力があり、甲子園の右翼から左翼へ浜風が吹くことを考慮するなど左打者対策を取っていれば、捕球できたはずだった。あまりにもライン際が空きすぎていた。

終盤の足を使った攻撃は見事だった。七回には１死二、三塁で、内野ゴロの送球の間に柴引が本塁を突いて勝ち越し、八回はエンドランを成功させ追加点を奪った。まさに健大高崎が掲げる「機動破壊」の実践だった。

ただ、初回１死三塁で三走が空振りに飛び出し先制機を逃した場面はもっと工夫がほしかった。打席には巧打者の柘植。初球以外は４球目まで無警戒だったため、スクイズという選択肢もあった。

ただ、打者有利のスリーボールワンストライクとなってからは、柘植ならば悪くても外野フライ、強い打球で内野を抜ける当たりが打てる可能性は高い。このため、三走は柘植の打球を見届けてからスタートすればよく、焦る必要はなかった。

それでも本県勢が４季連続で８強以上となる価値ある勝利だ。今後もダイヤモンドを縦横無尽に走り回って先取点を奪い、得点を重ねていく攻撃をみせてほしい。

▶７回表天理無死三塁、坂口がバックネット際に放った邪飛を、健大の捕手柘植が滑り込んでキャッチ

第87回選抜高校野球大会〈準々決勝〉

▶東海大四（北海道）に敗れ、肩を落とす健大高崎ナイン

2015年3月29日（日） 甲子園球場

	1	2	3	4	5	6	7	8	9	10	計
東海大四	0	0	0	0	1	0	0	0	0		1
健大高崎	0	0	0	0	0	0	0	0	0		0

健大惜敗 4強逃す

健大高崎は積極性が裏目に出るプレーもあって攻撃の芽を摘まれ、本塁が遠かった。

一回1死二塁、柘植の左邪飛で二走林が三塁を狙ったがアウトとなり逸機。二回は無死一、二塁で二走柴引が捕手からの送球で刺された後、後続も断たれた。四回1死一、二塁は併殺に終わった。

五回に1点を先制された後、七回に四球と敵失で1死三塁と同点機を迎えたが、後続が凡退。八回は先頭比嘉が安打で出塁も併殺で好機を広げられず、九回は柴引がこの日3本目の安打を放つ粘りも生かせなかった。

先発橋詰は5回を投げ、4安打1失点で試合を作ったものの、五回1死二塁から代打吉田に右中間を破られた1球が痛かった。六回から登板のエース川井は2安打無失点。

東海大四

	選手	学年	打	得	安	点	振	球
⑥	冨田	(3)	4	0	1	0	2	0
④	金村	(3)	3	0	1	0	1	1
⑨	山本	(3)	4	0	1	0	0	0
③	邵	(3)	4	0	0	0	3	0
⑦	塩田	(3)	4	0	1	0	0	0
②	小川	(3)	3	1	1	0	0	0
⑤	立花	(3)	3	0	0	0	2	0
①	権	(2)	1	0	0	0	0	0
H	吉田	(3)	1	0	1	1	0	0
1	大沢	(3)	1	0	0	0	0	0
⑧	渡瀬	(3)	3	0	0	0	0	0
	計		31	1	6	1	8	1

健大高崎

	選手	学年	出身	打	得	安	点	振	球
⑧	春日	(3)	川崎臨港	3	0	1	0	1	1
⑥	林	(3)	藤岡東	4	0	1	0	2	0
②	柘植	(3)	高崎矢中	4	0	0	0	2	0
⑤	柴引	(3)	沖縄宮里	3	0	3	0	0	1
R	宮本	(2)	栃木黒磯	0	0	0	0	0	0
④	相馬	(3)	千葉銚子四	4	0	2	0	0	0
⑨	佐藤	(3)	伊勢崎殖蓮	4	0	0	0	0	0
③	大島	(3)	前橋南橘	3	0	0	0	0	0
⑦	柳元	(3)	鹿児島紫原	2	0	0	0	1	0
7	比嘉	(3)	沖縄山内	1	0	1	0	0	0
①	橋詰	(3)	名古屋振甫	2	0	0	0	1	0
1	川井	(3)	藤岡東	1	0	0	0	0	0
	計			31	0	8	0	7	2

▷**二塁打** 山本

斎藤章児の目　機動力、状況判断を

健大高崎は東海大四に0―1で完封負けした。四回までに好機で得点できなかったことが最大の敗因。五回から相手主戦が登板する前に先発投手を捕まえたかった。機動力を過信し、四回まで得点できる機会を自らつぶした印象を受けた。状況に応じて機動力を生かすべきだった。

初回1死二塁、柘植の浅い左邪飛で二走林が三塁を狙ったが、無謀な走塁。4番柴引、5番相馬の主軸を控えていることも考えるべきだった。二回には連打で無死一、二塁を作りながら二走の柴引がけん制死。三回は1死一塁で一走の春日が飛び出し挟殺。どのプレーも焦る必要はなく、自らチャンスの芽を摘んだ。

しかも、五回表に相手に先制点を奪われ、流れを持っていかれた。五回裏から相手主戦が出てきてから攻撃は後手に回った。七回無死一塁で相馬が内野ゴロを放ち、敵失で二塁へ走った場面は、相馬は一塁で止まり、無死一、三塁にして攻めるべきだった。八回、比嘉が安打で出塁した後、川井が送りバントを試みて併殺に倒れた時も微妙に攻撃がかみ合っていなかった。

この日の相手投手陣の好調さを考慮しても勝てない相手ではなかった。「機動破壊」も発展途上にあると感じた。

それでも光るプレーはあった。特に川井投手が一本立ちした。ストライクゾーンを広く使うことができるようになり、外角へのチェンジアップなど変化球が使えるようになった。2番手の橋詰投手も甲子園の大舞台を経験できたことは大きいだろう。

投手を中心とした守備はできている。あとは、次のステージまで機動力の精度を上げて進化させることだ。そのためには点差やイニング、アウトカウントや打順など状況判断が不可欠だ。

▶東海大四打線を5回まで4安打1失点に抑え、好投した健大の先発橋詰

第97回全国高校野球選手権群馬大会〈1回戦〉

▶1回裏四ツ葉1死三塁、高橋のスクイズで4点目の本塁を突き、ベンチに迎えられる岡田一

2015年7月11日（土） 上毛新聞敷島球場

	1	2	3	4	5	6	7	8	9	10	計
松井田	0	0	2	0	0						2
四ツ葉	4	3	0	3	2x						12

四ツ葉 夏1勝、2年目で初の校歌

四ツ葉が12安打12得点と効率よく攻めて松井田にコールド勝ちした。クリーンアップがいずれも複数安打を放ち、計7打点を稼いだ。

四ツ葉は初回、死球や敵失で1死満塁とし、岡田一平の3点三塁打で先制。二回には3四球を足場に連打で3点を加え、早くも試合を一方的にした。狙い球を絞り、たたきつける打撃が安打につながった。

松井田は三回、連続死球と暴投で2死二、三塁とし、高橋暁基、青木慶亮の連打で2点を返したが、反撃はそこまでだった。

松井田

				打	安	点	振	球
⑥	佐藤	(2)	高崎片岡	2	1	0	0	1
④	冨樫	(2)	安中二	1	0	0	1	1
②	小此木	(3)	安中松井田東	3	1	0	0	0
⑤	高橋	(2)	高崎豊岡	1	1	1	0	2
①8	青木	(3)	高崎塚沢	3	1	1	0	0
③	佐野	(3)	安中松井田北	3	1	0	0	0
⑧1	萩原	(2)	安中二	2	0	0	1	0
⑨	石倉	(1)	高崎群馬南	2	0	0	0	0
⑦	武藤	(1)	高崎高松	2	0	0	0	0

犠	盗	失	併	残	打	安	点	振	球
1	0	2	0	7	19	5	2	2	4

四ッ葉

				打	安	点	振	球
⑥	井上	(3)	四ッ葉中等	1	0	0	0	2
⑤	角田	(2)	四ッ葉中等	2	0	0	0	1
③	須田	(3)	四ッ葉中等	3	2	1	0	1
②	町田	(2)	四ッ葉中等	4	2	2	0	0
⑨1	岡田一	(2)	四ッ葉中等	3	3	4	0	1
⑧	高橋	(3)	四ッ葉中等	3	1	2	1	0
①	岡田将	(3)	四ッ葉中等	2	1	1	1	1
9	青木	(1)	四ッ葉中等	1	1	1	0	0
④	大森	(3)	四ッ葉中等	2	1	1	0	0
⑦	川野	(3)	四ッ葉中等	2	1	0	0	1

犠	盗	失	併	残	打	安	点	振	球
4	5	0	1	8	23	12	12	2	7

▷**三塁打** 岡田一　▷**二塁打** 岡田一　高橋　岡田将　須田　▷**審判** 小暮　木暮　飯塚　長谷川

熱球解説　制球力を高めよう

梅雨明けを思わせるような晴天に恵まれた開会式。まるで、高校野球100年を祝っているようで球児たちの行進も元気あるのが印象的だった。

さまざまなドラマを生んだこの100年。高校野球の伝統は、ただ受け継がれたものでなく、時代とともに創造され、進化し受け継がれている。大きな出来事として日本中を不幸に巻き込んだ戦争を体験した。その後の70年間の平和に感謝し、野球のできる喜びをかみしめて、第97回全国高校野球選手権群馬大会を迎えた。

今、群馬の野球が注目されている。全国では4季連続8強以上。そのうち優勝1回とレベルの高さを誇っている。

県民の願いは、101年に向け5期連続、6期連続と記録を更新することだ。勝ち抜いたチームは群馬の伝統を守って頑張ってほしい。歴史は事実だが、伝統を守るということは創造の世界である。

開会式直後の第1試合。両チームとも部員は少人数。四ツ葉中等は16人、松井田は13人。まず練習方法に苦労したことが分かる。私が2回目の監督を引き受けた時、秋の新チーム(1976年)で15人。休みが出るとチームプレー、実戦プレー、連続プレーができず、個人の練習のみだった。人は欲しい。四ツ葉中等は元気いっぱいの入場行進がそのまま試合に表現されていた。

立ち上がりこそ硬かったが、徐々にほぐれ、後半に打球が伸びて長打が出たのは5万回のスイングの成果。

投手陣の課題は制球力。肩の開きが早く、状態が倒れ、球離れが早いから右打者の内角高めに抜けてしまう。シャドーピッチングで体幹を倒さず、肩の入れ替えを数多くやってみよう。スライダーは手首をひねらず、指先を切るようにしてみよう。

選手宣誓の前橋商の石川博喜主将。「3年間のドラマの完結編は甲子園で」。よく言ってくれたと思う。勝ち抜いているチームに与えられた目標だ。頑張れ。勝ち運に恵まれなかったチーム（松井田）は次のステージ、続編もあります。

3年間のドラマは「3念感」にしてみましょう。3念は理念、信念、執念。高校野球は理念を追求し、信念を持って打ち込み、勝負には執念を発揮しよう。そして、3感（感謝、感動、感激）を知ることです。

第97回全国高校野球選手権群馬大会〈2回戦〉

▶7回表清明1死満塁、星野泰が走者一掃の中越え三塁打を放つ

2015年7月14日（火） 上毛新聞敷島球場

	1	2	3	4	5	6	7	8	9	10	計
伊勢崎清明	0	0	2	1	0	2	3	0	0		8
藤岡工	0	0	0	0	2	0	0	0	2		4

清明 10安打8点 好機逃さず

好機を逃さなかった伊勢崎清明が10安打8得点で勝利した。藤岡工は逸機が目立ち、9安打を放ちながら4得点。

伊勢崎清明は三回2死一塁から海蓋、岡本の連打と暴投で2点を先制。四回に星野の適時二塁打で1点を追加した。六回には内野ゴロと敵失で2点を加え、七回1死満塁から星野の三塁打で突き放した。

藤岡工は五回に中野の二塁打を足場に、飯島、山本、井田の3連打で2点。九回にも2点を挙げたが、及ばなかった。

伊勢崎清明

				打	安	点	振	球
⑥	末広	(3)	太田木崎	4	0	0	0	1
④	海蓋	(3)	伊勢崎三	4	2	0	0	0
⑤1	岡本卓	(2)	玉村南	4	1	1	0	1
⑦	原	(2)	玉村	4	1	0	1	0
③	星野拓	(3)	伊勢崎四	3	1	0	0	1
①9	前原	(3)	伊勢崎赤堀	4	2	0	0	1
②	星野泰	(3)	伊勢崎宮郷	5	2	4	2	0
2	佐々木	(2)	太田藪塚本町	0	0	0	0	0
⑧5	手塚	(3)	太田藪塚本町	4	0	1	1	0
⑨	比嘉	(3)	伊勢崎四	3	1	0	1	1
8	永田	(2)	伊勢崎三	0	0	0	0	0

犠盗失併残
3 1 1 2 8 35 10 6 5 5

藤岡工

				打	安	点	振	球
⑧1	庭屋	(3)	藤岡小野	3	0	0	0	1
⑤	黒沢	(3)	藤岡西	4	1	0	1	0
④	手計	(3)	埼玉上里北	3	0	0	0	0
H	木村	(3)	藤岡東	1	1	0	0	0
R	保泉	(3)	藤岡東	0	0	0	0	0
③	武井	(3)	高崎入野	4	1	0	1	0
⑦	町田	(2)	高崎高南	4	0	1	1	0
②	中野	(3)	藤岡西	4	2	0	0	0
⑥	飯島	(3)	藤岡東	3	2	1	0	1
⑨	山本	(3)	藤岡北	4	1	1	0	0
①	井田	(3)	高崎高南	2	1	1	0	0
8	川腰	(3)	高崎榛名	1	0	0	1	0

犠盗失併残
0 0 2 0 4 33 9 4 4 2

▷**三塁打** 星野泰 ▷**二塁打** 前原 星野泰 中野 飯島 ▷**審判** 坂本剛 佐伯 桑原勝 原

熱球解説　大きかった走塁ミス

昨夏の群馬大会準優勝をはじめ、近年の好成績から甲子園初出場の期待が高まる伊勢崎清明の初戦に注目した。

群馬の場合、頂点までに最大7試合ある。その中に必ず苦戦や接戦があるだろう。打撃は相手の投手に影響されやすい。となると、バッテリーを中心とした守りの完成度が不可欠となる。今日はその辺りに重点を置いて観戦した。

内野を中心に守備はよく鍛えられていた。心配したのは投手陣。先発の前原圭道君は直球が伸びず、変化球も甘いコースが目立った。疲れが残っていたのか、切れもいまひとつ。

七回から継投した岡本卓也君と合わせて4失点。本来であればもっと安定感のある2人だ。初戦の緊張や暑さもあっただろう。勝ったことで成長も見込める。次回の登板がこの夏を占う試金石になりそうだ。

打線にも不安を残したようだ。10安打8得点の数字はいいが、打ちづらい球を打つケースが目立った。走者がいるならファーストストライクを打ちにいってもいいが、いないならくさい球は見逃すべきだろう。

先発投手が完投で27のアウトを取る場合、1人1球増えるごとに27球、2球なら54球を投げさせることになる。相手の疲労を考えれば、ボール球を打たないことが重要になってくる。今後の課題ではないか。

さて試合展開だが、六回の藤岡工の守備が勝敗の分かれ目だった。二つの失策と四球が絡んで2失点。しかも併殺にできる打球が得点につながってしまったのが痛かった。あそこで流れが決まってしまった。

五回の攻撃で藤工が犯した二つの走塁ミスも大きかった。1死二塁で打者は左中間打。二走は一気に本塁を突くべきだった。少し打球反応が遅れたように見えた。外野が横に動いたら先の塁を狙うのは基本。走者は打球の行方だけなく、外野の位置も確認しておくべきだった。

それから直後の一、二塁。捕手の暴投で三進した後に二、三塁となったが、この時はボールはまだ外野にあった。生還していれば同点だっただけに、惜しかった。

藤工の先発投手は制球がよく、打撃もよく振れていて9安打。それでも勝てなかったのは、野球が安打の打ち合いで勝ち負けを決める競技ではないからだ。つまるところ、重要なのは三つの『B』。『バント』『ベースオンボールズ（四球）』『ボーンヘッド（判断の悪いまずいプレー）』。そこに「H（ヒット）」は入らない。清明に力負けしていなかった。指揮官は春に代わったばかりと聞いた。この敗戦を教訓として、新チームづくりに生かしてほしい。

第97回全国高校野球選手権群馬大会〈3回戦〉

▶利根実打線を8回1安打に抑えた健大高崎の先発橋詰

2015年7月18日（土） 高崎城南球場

	1	2	3	4	5	6	7	8	9	10	計
健大高崎	0	0	0	1	0	0	0	0	0		1
利根実	0	0	0	0	0	0	0	0	0		0

健大 1点死守

第2シード健大高崎が苦しみながら逃げ切った。打線は利根実の先発飯塚の巧みな投球に決定打を欠き、敵失絡みの1点止まり。先発橋詰の8回1安打の危なげない投球が支えた。

健大高崎は四回、柴引の左飛が敵失を誘い、犠打で1死三塁とし、宮本の右前打で先制。その他も毎回のように走者を出したが、あと一本が出なかった。

利根実は二、七、八、九回と得点圏に走者を進めた。九回裏には、継投の川井から本多巨樹の左前打、四球で1死一、二塁と粘った。

健大高崎

				打	安	点	振	球
⑧	春日	(3)	川崎臨港	5	0	0	0	0
⑥	林	(3)	藤岡東	3	2	0	1	1
④	相馬	(3)	千葉銚子四	4	1	0	0	0
⑤	柴引	(3)	沖縄宮里	4	0	0	0	0
②	柘植	(3)	高崎矢中	3	0	0	0	0
⑨	宮本	(2)	栃木那須塩原黒磯	4	1	1	0	0
⑦	佐藤	(3)	伊勢崎殖蓮	4	2	0	0	0
③	大島	(3)	前橋南橘	4	1	0	0	0
3	比嘉	(3)	沖縄山内	0	0	0	0	0
①	橋詰	(3)	名古屋振甫	3	1	0	0	0
H	皆川	(3)	栃木矢板	1	0	0	0	0
R	柳元	(3)	鹿児島紫原	0	0	0	0	0
1	川井	(3)	藤岡東	0	0	0	0	0

犠盗失併残
10019 35 8 1 1 1

利根実

				打	安	点	振	球
⑥	生津	(3)	みなかみ新治	4	0	0	0	0
⑤	本多	(3)	みなかみ新治	4	1	0	1	0
④	田辺	(2)	沼田	2	0	0	1	2
⑦	岡村	(3)	みなかみ新治	3	0	0	1	1
⑨	井上	(3)	沼田利根	2	0	0	0	0
②	森山	(3)	みなかみ月夜野	3	0	0	1	0
①	飯塚	(3)	沼田利根	3	1	0	0	0
③	山後	(2)	昭和	2	0	0	1	0
⑧	永井	(3)	沼田東	3	0	0	0	0

犠盗失併残
20204 26 2 0 5 3

▷**審判** 千喜良　椛沢　荻原　三栖

熱球解説　鳴り潜めた機動力

一、二回戦が終わり、参加校の半数以上が姿を消した。第1シードの前橋育英も初戦で敗れた。育英は初出場で全国制覇を遂げた後、2年間6度の県大会で3回の初戦敗退を喫した。王者のプレッシャーからだろうか、伸び悩んでいるように見える。

樹徳が無欲で戦いに挑むならば、実力は伯仲しているだけに、育英の苦戦は予想されていた。樹徳ナインが伸び伸びと戦っていたのに対し、育英はエース久保田が立ち上がりから力み、フォームを修正できず、制球の乱れから四球を連発、先制した得点を守り切れず、相手に流れた勢いを最後まで取り戻すことができなかった。

これが、高校野球の怖さであり、夏の大会で勝つことの難しさである。いくつかの例外もあるが、昔から群馬には「春の優勝校は夏には勝てない」というジンクスめいたものがある。育英にはそれを打ち破ってほしかった。

さて、今日は第2シード健大高崎の登場である。この試合は四回の攻防が全てだった。利根実エース飯塚が散発8安打、自責点0の好投も、外野手の失策による1失点に泣いた。初回からテンポよくストレートを内外角に見せておいて縦のスライダーに緩急をつけて打者のタイミングを狂わせ、スプリットだろうか、うまく打ち取っていた。

四回表、先頭打者の柴引をスライダーの緩急で追い込んだ後、勝負球が真ん中に入り、左翼への飛球失策で無死二塁のピンチを迎えた。続く打者柘植の送りバントは投前。走者柴引が二、三塁間で立ち止まるという中途半端な動き（スタートが悪かったのか、打球が強過ぎたのか。いずれにしても、不可解である）をしたにもかかわらず、飯塚は走者を見もせず一塁へ送球。

普段の練習通りであるならば、捕手の指示で二走をアウトにすることができ、この回の失点は防ぐことができたかもしれない。

利根実はこの1失点のみで最終回を迎え、エース川井を引きずり出し1死一、二塁。チャンスが広がり逆転まである状況をつくり上げた戦いぶりは大いに称賛に値する。声の指示、1点の攻防を徹底する練習を積み重ね、さらに上を狙えるチームになってほしい。

一方の健大高崎。前述の四回表、二走の中途半端な走塁。六回表の単独スチールの失敗。また、セーフティーで相手の足元から揺さぶりをかける戦法なども一切、見られなかった。機動力はどこへ。辛口評価もやむを得ないか。機動力の勘違いは自滅行為となり、さらに、無謀な単独走塁はお互いの不信感を増幅させる。

「不如人和」（人の和に勝るものはない。全てに勝る）は、お互いの信頼関係である。機動力野球は「不如人和」あってのものであることをお忘れなく。第1シードの初戦敗退に続き、第2シードは大苦戦の末の辛勝である。これが今の群馬のレベルの高さを物語っていると言えよう。

第97回全国高校野球選手権群馬大会〈準々決勝〉

▶1回裏健大2死一、二塁、春日が佐藤、小谷をかえす左越え二塁打を放つ

2015年7月22日（水） 上毛新聞敷島球場

	1	2	3	4	5	6	7	8	9	10	計
関学附	0	0	0	0	0						0
健大高崎	6	1	0	3	×						10

健大圧倒 初回一挙6点

厳しい接戦を2試合続けた健大高崎が吹っ切れたように打ちまくった。初回から打者10人で畳み掛け、その勢いでコールドに持ち込んだ。先発の川井は強打の関学附を4回1安打に抑え、隙を与えなかった。

健大は初回1死から宮本、相馬の連打で一、二塁とし、柴引の中前打が敵失を誘う間に先制。佐藤、春日、川井も適時打を続け、試合を一方的にした。10点リードした直後の五回は継投の吉田が3人で締めた。

関学附は藤家の1安打のみ。三回には四球の小島が二盗、犠打で三進したが、生かせなかった。

関学附

				打	安	点	振	球
⑥	木村	(3)	邑楽	2	0	0	1	0
⑨	岡村	(3)	館林多々良	2	0	0	1	0
②	渡辺	(3)	埼玉羽生東	2	0	0	0	0
⑤	藤家	(3)	明和	2	1	0	1	0
⑦	大塚	(2)	埼玉羽生西	1	0	0	0	0
④	神藤	(3)	邑楽	2	0	0	0	0
③	中尾	(2)	大泉北	2	0	0	0	0
⑧	小島	(2)	館林三	0	0	0	0	1
H	野沢	(3)	館林二	1	0	0	1	0
①	為ケ井	(3)	邑楽	0	0	0	0	0

犠	盗	失	併	残	打	安	点	振	球
2	1	2	0	2	14	1	0	4	1

健大高崎

				打	安	点	振	球
⑥	林	(3)	藤岡東	3	1	0	0	1
⑨	宮本	(2)	栃木那須塩原黒磯	3	1	0	0	1
9	皆川	(3)	栃木矢板	0	0	0	0	0
④	相馬	(3)	千葉銚子四	2	2	0	0	0
⑤	柴引	(3)	沖縄宮里	3	2	1	0	0
②	柘植	(3)	高崎矢中	3	1	1	1	0
⑦	佐藤	(3)	伊勢崎殖蓮	3	2	2	0	0
③	小谷	(3)	大阪高槻二	1	0	0	0	2
⑧	春日	(3)	川崎臨港	2	1	3	0	0
①	川井	(3)	藤岡東	2	1	1	0	0
H	大島	(3)	前橋南橘	1	1	1	0	0
R	柳元	(3)	鹿児島紫原	0	0	0	0	0
1	吉田	(3)	埼玉鶴ケ島西	0	0	0	0	0

犠	盗	失	併	残	打	安	点	振	球
2	3	0	0	7	23	12	9	1	4

▷**二塁打** 春日　林　相馬　▷**審判** 木暮　早川　金子　長谷川

熱球解説 勢い通じぬ地力の差

ベスト8、ベスト4、決勝戦と勝ち上がるにはそれなりの壁がある。

初戦にシード校沼田を11―0のコールドで破り調子を上げていた関学附と、第2戦利根実に1―0、第3戦前橋工に延長十一回3―2で辛勝した健大高崎の一戦。好ゲームを期待したが試合は過去の対戦成績だけでは分からないものだ。

初回で勝負は決まってしまった。関学三者凡退の裏、健大は打者10人で6安打6得点、興味は半減する。それでも関学は送りバント二つ、盗塁も決め、やることはやったが、1安打1四球ではいかんともしがたく、地力の差を感じた。しかし監督はまだ3年目。これからのチーム作り、選手作りに期待したい。

健大は全国でいくつ勝つかを目標にして練習しているチーム。そろそろこの辺りから調子を上げてくるだろう。前工戦の終盤辺りからセーフティーバントを徐々に使い始めて攻撃のリズムが出てきたようだ。

走塁と合わせたり、プッシュしてみたり、相手の足元から攻略していくことから走塁につなげていくのが本来の機動力戦略だ。機動力は攻めのリズムに乗せること。そしてチームの生産性を高めるもので、打者と走者はそれぞれの単独もあるが打者と走者の合わせ技があってもよい。

例えばセーフティーで一塁走者を三塁まで進塁させるにはどこを狙えばよいか。セーフティーで二塁走者をホームに返すためにはどこを狙えばよいか。まだまだ健大の機動力は発展途上だ。

チームは各人の信頼で結ばれて「人の和に如かず」で心をひとつにして戦うことが本来。そのためチームにあってはならないものは①無駄②無理③無謀。これを「ダリボウの法則」という。一つでも出ると、信頼は失われる。

それらを一切犯さない野球が理想。どうせやるならここまで完成度を高めてみてはいかがかな。きょうでベスト4が出そろう。

第97回全国高校野球選手権群馬大会〈決勝〉

▶7回裏健大1死一、三塁、柴引が林をかえす左犠飛を放つ

2015年7月26日（日） 上毛新聞敷島球場

	1	2	3	4	5	6	7	8	9	10	計
桐生第一	1	0	0	0	0	0	1	2	0		4
健大高崎	0	2	0	0	0	0	3	0	×		5

健大 3季連続 甲子園、桐一の追撃 あと一歩

中盤まで桐生第一の山田、健大高崎の川井両エースの好投と堅守で締まった投手戦となったが、七、八回に点を取り合い、１点差で健大が逃げ切った。

健大は山田から先発全員安打。１点を追う二回、柴引と柘植の連打と宮本の送りバントで１死二、三塁とし、佐藤と川井の適時打で逆転した。同点後の七回は春日、林、相馬の３連打で勝ち越し、柴引の左犠飛と柘植の適時打で点差を広げた。

桐一は先発川井の立ち上がりを攻め、２四球と速水の中前打で先制。七回には先頭の吉田が内野安打で出塁し、山田の左犠飛などで2点目。八回２死一、二塁から石井の左翼線二塁打で１点差に迫ったが、あと１点が遠かった。

桐生第一

				打	安	点	振	球
⑨	吉田	(3)	高崎矢中	5	1	0	0	0
⑧	翁長	(3)	さいたま内谷	2	0	0	0	2
⑦	柳谷参	(3)	太田城西	4	4	0	0	1
①	山田	(3)	栃木足利坂西	3	0	1	1	1
③	速水	(3)	高崎並榎	5	1	1	1	0
⑥	鏑木	(1)	桐生相生	3	1	0	0	1
②	小野田	(3)	広島三原二	4	3	0	0	0
R	久保	(3)	太田城西	0	0	0	0	0
5	八代	(3)	栃木足利毛野	0	0	0	0	0
⑤	柳谷太	(2)	太田城西	0	0	0	0	0
5	久保田	(3)	大泉西	2	0	0	2	0
H2	高田	(2)	埼玉深谷南	1	0	0	0	0
④	石井	(3)	栃木足利坂西	4	1	2	0	0

犠	盗	失	併	残	打	安	点	振	球
3	0	1	0	10	33	11	4	4	5

健大高崎

				打	安	点	振	球
⑧	春日	(3)	川崎臨港	5	1	0	2	0
⑥	林	(3)	藤岡東	4	2	0	0	0
④	相馬	(3)	千葉銚子西	4	1	1	0	0
⑤	柴引	(3)	沖縄宮里	3	1	1	0	0
②	柘植	(3)	高崎矢中	4	2	1	0	0
⑨	宮本	(2)	栃木那須塩原黒磯	3	1	0	0	0
⑦	佐藤	(3)	伊勢崎殖蓮	4	1	1	0	0
③	小谷	(3)	大阪高槻二	3	1	0	1	1
①	川井	(3)	藤岡東	3	1	1	0	0

犠	盗	失	併	残	打	安	点	振	球
3	2	0	0	8	33	11	5	3	1

▷**二塁打** 石井　柳谷参　▷**審判** 飯塚実　星野　木暮　長谷川

熱球解説　明暗分けた本塁憤死

群雄割拠の群馬大会。決勝戦に駒を進めたのは私学3強のうち健大高崎と桐生第一。昨夏、今春と2季連続で甲子園を経験した健大に対し、昨春の選抜ベスト8の主力選手を残す桐一。昨夏以降、同カードでの対戦は健大の3戦3勝である。健大が3季連続の出場を決めるのか、桐一がこの雪辱戦を制し、7年ぶりの夏を制するのか、どちらも引けないところで、好勝負が期待された。

桐一が勝つためにはエース山田君が健大の機動力をいかに封じ込めるか、にかかっていた。

桐一は初回、立ち上がりの制球に苦しむ健大の川井君から2死後、連続四球で一、二塁とし、速水の中前打で先取点を奪ったが、二回裏、健大が4安打に犠打、四球を絡めて逆転すると、桐一は以降毎回安打もあと一本が出ず。七回、山田の犠飛で同点に追いつくも、その裏すぐさま3点突き放された。

先攻のチームは、追い上げても同点止まりで逆転をしないと後攻のチームが有利に展開することになる。この試合、桐一が主導権を握ったのは初回だけであり、八回に2点を返し1点差に迫るも、そこまでだった。

この勝負の明暗を分けたのは、九回表桐一、四球で出た先頭の翁長を一塁に置いて、3番柳谷の左翼線への二塁打で一塁走者が本塁を突いたが憤死したプレーだ。九回無死二、三塁、1点ビハインドで4番山田の場面での采配が見たかった。

4―5で健大が勝利したこの試合、両チーム同数の11安打で、打撃力は互角と見たが、セーフティーバント、走塁面も加えた攻撃力となるとリズムがある健大の方が攻撃の幅がある分、一枚上であった。

投手力は両エースとも絶好調とは言えないまでも連打を浴びた桐一の山田君よりも、球数は多かったが粘り強いピッチングをした健大の川井君のほうが内容はよかったか。ほぼ復調してきたと見てよい。この完投は甲子園でプラスに働くと思う。中盤のよかったところは、カーブの切れ、ストレートが伸びていたこと、何よりもチェンジアップが効果的だった。

攻撃面では前橋工戦から、後半の勝負どころでセーフティーバントが有効だった。機動力が攻撃の幅をつくる。健大の機動力は、今後まだまだ発展していく可能性を大いに秘めている。現状に満足せず、さらに高みを目指し、全国で大きく羽ばたいてほしい。

一方、敗れはしたものの勝ったチームに勝るとも劣らない実力を兼ね備えた桐一の戦いぶりも誠に見事であった。球史に残る戦いを繰り広げたこの両校が共に甲子園で活躍する姿を見たいと思ったのは、私だけではあるまい。

第97回全国高校野球選手権大会〈1回戦〉

▶6回裏健大2死、セーフティーバントを決め、一塁にヘッドスライディングする林。続く相馬の適時打で9点目の生還を果たす

2015年8月10日（月） 甲子園球場

	1	2	3	4	5	6	7	8	9	10	計
健大高崎	0	0	8	0	0	1	1	0	0		10
寒　川	0	0	0	2	0	0	0	2	0		4

健大 快勝発進

三回に打者13人を送る猛攻で8得点のビッグイニングをつくった。健大高崎の甲子園の成績は2011年夏から今回を含めて出場5大会とも初戦突破となり、春夏通算10勝目。

健大高崎は計10安打。重盗を含む7盗塁を決め、機動力を絡めて効率よく攻めた。三回は小谷、佐藤の連打と四球で無死満塁とし、春日の中前適時打で2点を先制。犠打と四球で再び満塁とし、柴引、栢植、宮本の長短3連打と重盗、敵失も絡んで大量点を奪った。

先発の川井は七回まで4連打を含む7安打を許しながら、要所を締めて2失点。130キロ台の直球とチェンジアップ、スライダーでコースを突いた。八回は吉田、九回は橋詰が継投し、寒川の追い上げをかわした。

健大高崎

				打	得	安	点	振	球
⑧	春　日	(3)	川崎望港	5	1	1	2	0	0
⑥	林	(3)	藤岡東	4	1	1	0	1	0
④	相　馬	(3)	千葉銚子四	4	1	1	1	0	1
⑤	柴　引	(3)	沖縄宮里	5	1	2	2	1	0
②	栢　植	(3)	高崎矢中	5	0	1	2	0	0
⑨	宮　本	(2)	栃木那須塩原黒磯	3	2	1	0	0	1
1	吉　田	(3)	埼玉鶴ケ島西	0	0	0	0	0	0
1	橋　詰	(3)	名古屋振甫	0	0	0	0	0	0
③	小　谷	(3)	大阪高槻二	4	2	2	0	0	0
⑦	佐　藤	(3)	伊勢崎殖蓮	4	1	1	0	0	0
1⑨	川　井	(3)	藤岡東	2	1	0	0	0	2
	計			36	10	10	7	2	4

寒　川

			打	得	安	点	振	球
⑥	永　福	(3)	5	0	1	0	0	0
⑤	金　川	(3)	5	0	0	0	0	0
1⑧	高　田	(3)	5	1	1	0	3	0
③	白　井	(3)	4	0	2	1	0	0
⑦	河　村	(3)	3	1	1	0	0	1
⑨	佐々木	(3)	2	1	2	0	0	1
⑧	黒　田	(2)	1	0	0	0	0	2
1	杉　本	(3)	1	1	1	0	0	0
②	赤　穂	(3)	4	0	1	1	2	0
④	浅　野	(3)	3	0	0	1	0	1
	計		33	4	9	3	5	5

▷**二塁打** 柴引、宮本、高田、小谷、赤穂

熱球解説 走力の差 勝敗分ける

健大高崎が10―4の大差で初戦を突破した。安打数は健大が10本、寒川が9本と差はない。それでも6点差がついたのは、健大の代名詞ともいえる機動力、つまり走力の差だった。

序盤は互角の展開。重苦しい雰囲気を破ったのは三回表、先頭の小谷魁星君がフルカウントから2球ファウルで粘った後の中前打だった。ここから打線がつながり、小谷君を含め打者13人が6安打、3四死球、3盗塁の猛攻で大量8得点を奪ってほぼ試合を決めた。

走攻守とも初戦にしては上出来だ。特に走塁は光った。三回2死一、三塁からのダブルスチールで、三走宮本隆寛君のスライディングは見事だった。タイミング的にはアウトだったが、捕手のタッチをうまくかわして本塁に生還してみせた。宮本君は七回にも1死から二盗に成功。さらに積極的に三盗を狙うと、敵失を誘い10点目を挙げた。

攻撃は投手を除くスタメン全員安打とむらなく打っている。柴引良介君の1、2打席の逆方向への右打ちはお手本通り。4、5打席は狙ったのか腰が開いてしまった。柘植世那捕手は右方向にはいい打球を飛ばしているが、左方向へはバットが遠回りしてボールの外側をたたき、引っかけている。バットを内側から出すイメージで振ってほしい。次戦までにハーフティーバッティングをやるといいかもしれない。

守備はさすがに鍛えられていた。一回無死一塁で、送りバントが投飛になった。川井投手はわざとショートバウンドで捕球して併殺に仕留めた。冷静なファインプレーだった。柘植捕手は四回無死一、二塁で二走を刺した。その後の一死満塁も変化球で追い込み、直球で見逃し三振にする好リード。この回は4連打を浴びて2四球を出したが2点で抑えた。六回2死二塁の右翼へのライナーをダイビングキャッチした宮本君もよかった。

川井智也投手は制球が安定しなくても落ち着いていた。調子のいい時は打者に考える余裕を与えずテンポよく投げる。調子がいまひとつと自覚しているため慎重に投げているのだと思うが、間を取るインターバル投法は連打されたり、ピンチの時にすればいい。バックには堅守の内外野手がいる。信頼し、捕手のキャッチャーミットだけを目掛けて投げてほしい。

第97回全国高校野球選手権大会〈2回戦〉

▶8回裏健大高崎無死満塁、宮本が中前に決勝打を放つ

2015年8月14日（金） 甲子園球場

	1	2	3	4	5	6	7	8	9	10	計
創成館	1	0	0	0	0	0	1	1	0		3
健大高崎	0	0	0	0	3	0	0	5	×		8

健大 光る決定力、8回5点勝ち越し

健大高崎が終盤までもつれる接戦を八回の大量点で決着をつけた。集中打が光り、橋詰直弥と川井智也の継投でしのいだ。

初回は併殺、二回はけん制死と序盤は攻撃がかみ合わなかった。四回まで2安打に抑えられたが、1点を追う五回に連打やバントで打開した。先頭の宮本隆寛が右前打で出塁。続く小谷魁星のバント安打が敵失を誘って無死一、三塁とすると、そこから犠飛と3安打で試合をひっくり返した。

同点とされた八回には主軸が好機をつくり下位打線が応えた。無死一塁からともに前の3打席で凡退した柴引良介、柘植世那の安打で無死満塁とすると、長短3安打で一気に勝負を決めた。

創成館

			打	得	安	点	振	球
③	鳥飼	(3)	4	1	3	0	0	0
⑨	嶋田	(3)	3	1	1	1	0	0
9	吉田	(3)	0	0	0	0	0	0
⑧	峯	(3)	3	0	0	0	0	0
⑦1	鷲崎	(3)	3	0	1	1	0	1
②	大田	(3)	3	1	1	0	0	1
⑥	宇土	(2)	3	0	0	0	0	1
④	中島崇	(3)	4	0	1	0	1	0
⑤	中島巧	(2)	3	0	1	0	1	0
H	近藤将	(3)	1	0	0	0	0	0
①	藤崎	(3)	2	0	0	0	1	0
1	水永	(3)	1	0	0	0	1	0
7	麻生	(3)	1	0	0	0	1	0
	計		31	3	8	2	5	3

健大高崎

				打	得	安	点	振	球
⑧	春日	(3)	川崎臨港	5	0	2	0	0	0
⑥	林	(3)	藤岡東	5	0	0	0	0	0
④	相馬	(3)	千葉銚子四	2	1	1	2	0	2
⑤	柴引	(3)	沖縄宮里	4	1	1	0	0	0
②	柘植	(3)	高崎矢中	4	1	1	0	2	0
⑨	宮本	(2)	栃木那須塩原黒磯	3	2	3	1	0	1
③	小谷	(3)	大阪高槻二	4	2	2	2	0	0
⑦	佐藤	(3)	伊勢崎殖蓮	2	0	1	1	0	0
①	橋詰	(3)	名古屋振甫	0	0	0	0	0	0
H	大島	(3)	前橋南橘	1	0	1	0	0	0
R	柳元	(3)	鹿児島紫原	0	1	0	0	0	0
1	川井	(3)	藤岡東	2	0	1	2	0	0
	計			32	8	13	8	2	3

▷**三塁打** 鳥飼　▷**二塁打** 大田　鷲崎　川井

熱球解説　好守で逆転を許さず

健大高崎の創成館戦を、初戦の寒川戦の戦いぶりを検証した上で論じたい。

寒川戦はセーフティーやプッシュバントで相手バッテリーを揺さぶり、出塁するとスチールやエンドランなどでかき回して攻撃のリズムをつくた。さらに、四死球と犠打を絡め、連打を引き出す打線は健在で、得点を生産する本来の機動力を発揮していた。守備も扇の要の柘植世那主将を中心に堅守を誇っている。県大会から上り調子と見た。

この健大を相手に創成館は2人の左腕の継投で3点以内に封じ込めれば、勝負になると見ていたようだ。しかし、先攻のチームが同点に追いついても逆転しない限りは後攻のチームが有利なことは言うまでもない。

健大は八回に同点に追い付かれたが、続く1死一、二塁のピンチは次打者を併殺に切った。逆転を許さなかったのは、この試合のポイントの一つだろう。創成館は攻守ともに健大と互角の戦いで粘ったが、直後に大量5点を奪われ、万事休す。終わってみれば5点差がついた。

対戦前の紙上対談で青柳博文監督が「走塁や機動力が注目されるが、基本的には守り勝つ野球なので捕手の柘植主将を中心に守る」と語っていたのが印象的だ。監督らしい控えめな談話であり、しかも主将を立てているのは興味深かった。走攻守三拍子そろった魅せる健大野球は、オーケストラが奏でる美しい音色のハーモニーにも似ていて、チームが一つとなり、一体感が生まれる。

健大はあいさつもでき、グラウンドマナーもよく、整然とそろって行動する姿は美しい。高校野球に限らず、スポーツは全てに潔く、さわやかで美しくなくてはならない。

健大にとっては、この試合で序盤の接戦に耐え、好機に集中打があったこと、投手陣も粘りの投球ができたことは次戦への大きな弾みとなる。群馬の球児も応援している。彼らのためにも8強入りを目指して頑張ってほしい。

第97回全国高校野球選手権大会〈3回戦〉

▶7回表秋田商2死、会田の右中間への打球を、健大の中堅手・春日（右）が右翼手・宮本と交差しながら好捕

2015年8月17日（月）　甲子園球場

	1	2	3	4	5	6	7	8	9	10	計
秋田商	0	2	0	1	0	0	0	0	0	1	4
健大高崎	1	0	0	0	0	0	0	2	0	0	3

健大８強逃す、「夏」通算 県勢初の勝ち越し

健大高崎は秋田商に延長の末、３―４で敗れた。昨夏、今春と３季連続の８強に一歩届かなかった。健大は初回に幸先よく先制したが、二回に逆転され、劣勢のまま終盤に突入。八回、１死から林、相馬の連打で一、二塁とし、重盗が敵失を誘って１点。さらに柴引の適時三塁打で同点に追い付いた。だが延長十回、連打で勝ち越しを許し、そのまま敗れた。

県勢の夏の選手権通算成績は67勝66敗となり、大会創設100年目で初めて勝ち越して終わった。

秋田商

			打	得	安	点	振	球
⑧	会田	⑶	5	1	3	0	0	0
⑥	草彅	⑶	5	0	1	1	1	0
③	武田	⑵	5	0	0	0	0	0
⑤	小南	⑵	4	1	2	0	0	0
①	成田翔	⑶	4	1	2	0	2	0
④	古谷	⑵	3	0	0	0	1	0
⑦	成田和	⑵	2	1	0	1	1	1
⑨	近野	⑵	4	0	1	2	2	0
②	工藤	⑶	4	0	0	0	1	0
	計		36	4	9	4	8	1

健大高崎

				打	得	安	点	振	球
⑧	春日	⑶	川崎望港	5	0	0	0	3	0
⑥	林	⑶	藤岡東	4	2	2	0	0	1
④	相馬	⑶	千葉銚子四	5	1	1	0	2	0
⑤	柴引	⑶	沖縄宮里	4	0	3	2	0	1
R	柳元	⑶	鹿児島紫原	0	0	0	0	0	0
②	柘植	⑶	高崎矢中	5	0	0	0	0	0
⑨	宮本	⑵	栃木那須塩原黒磯	4	0	1	0	1	1
③	小谷	⑶	大阪高槻二	3	0	1	0	0	2
⑦	佐藤	⑶	伊勢崎殖蓮	4	0	0	0	0	0
①	橋詰	⑶	名古屋振甫	1	0	0	0	0	0
H	大島	⑶	前橋南橘	1	0	0	0	0	0
1⑨	川井	⑶	藤岡東	2	0	1	0	1	0
	計			38	3	9	2	7	5

▷**三塁打** 柴引　▷**二塁打** 近野、会田

熱球解説　難しい1点の攻防

8強まであと1勝。それも延長十回、3―4。最少得点差の1点に泣いた。健大高崎―秋田商戦は、1点の攻防の教材になる。

健大は一回裏に先制し、「後の先」で試合を有利に進めた。ところが、先発橋詰は横手投げで左打者の内角を攻めきれず、二回1死から中前打、2死から無駄な四球を与えて、一、二塁とピンチを広げ、中越え二塁打で逆転された。

3人はいずれも左打者である。打たれたのはやむを得ないとしても四球は余計だ。せっかく先制したが、早くも二回に逆転された。2回戦の創成館戦と逆の追いかける展開になった。

1―2で迎えた二回裏。主導権を取り戻すためにやや焦ったか、あるいは相手バッテリーを甘く見たか。四球で出塁した宮本を、セオリーなら堅く送りバントだが、走らせて盗塁死。この後、七回まで1安打に抑えられたばかりか、四回に秋田商に無死から連打され、送りバントやスクイズで大きな1点を追加された。回が進むごとにこの1点が重くのしかかった。

だが、1―3のまま耐えるしかなかった健大は六回から川井がパーフェクトな投球をしている間に八回に好機が巡ってきた。1死から3連打に重盗を絡ませるなどして同点とした。

ここまでは良かったが、追い付いても逆転できなければ、創成館と同じ運命。青柳監督が相手投手を攻略するには「前半はボディーブローを重ねて後半勝負」と言った通り、せっかく七回まで115球を投げさせたのに、もったいなかった。

この悪い流れの負け戦を勝つ唯一の好機が次の場面だった。3―3の同点で迎えた八回裏1死三塁、打者は柘植主将。打たせるなら外飛。狙い球は当然決まってくる。確認が徹底されていれば、初球から遊ゴロになる球に手を出さないだろう。

セオリーならスクイズが正解。責任感があり、チームの勝利を優先する主将ならば、スクイズの方が確実に決められたと思う。九、十回の無死一塁で送ることもできず、最後は良い当たりが中堅の正面を突き万事休す。あくまでも結果論だが、別の攻め方をしていれば、といくつか残念な点があった。

ただ、勝負は時の運。どっちに転んでも不思議のない勝負だった。全力を尽くした選手は胸を張って帰ってきてほしい。ことしも熱い夏を健大のおかげで楽しませていただいた。高校野球は奥が深く、これだという答えは難しいが、今年は「1点の攻防」の教材を与えてくれたことに感謝申し上げる。

熱球解説

斎藤 章児

仙台育英―東海大相模戦

健大と投手力に差

勝ち上がりを見ると両チームの打撃、守備は互角。ただ、二枚看板で来た東海大相模の小笠原投手の方が、ほぼ1人だった仙台育英の佐藤世投手より肩に余裕があり、有利と見ていた。試合は門馬監督の『信念』と佐々木監督の『執念』にナインが応え、決勝らしい見応えのある一戦だった。

相模が4―0とリードした時は一方的になる気配だった。育英が三回裏に3点を取り返すも、すぐ2点を加えてペースはそのまま。しかし六回裏、育英の代打策が当たって二死満塁の好機をつくると、1番佐藤将君が走者一掃の三塁打で同点。監督の執念がバットに乗り移ったようだった。

ただ、相模は追い付かれても主導権を渡さなかった。七回表、ベンチ前の円陣で門馬監督と選手は笑顔だった。この余裕は自信の表れか、それとも小笠原君と心中を決めて迷いを吹っ切った笑顔か。すると九回表、小笠原君が勝ち越し本塁打。門馬監督にぶれない信念を感じた。

健大高崎と両チームを比較してみたい。攻撃力と守備力は引けを取っていない。鍛え抜かれた盗塁、的確な状況判断による走塁、磨きを掛けたセーフティーバントなどの機動力は全国でも抜けている。長打力はやや劣るが、健大のクリーンアップも力はあった。それを発揮できていれば、もう少し上に行けたはずだ。

両校との一番の違いは投手力だ。小笠原君は150㌔の直球主体でスライダー、チェンジアップの切れも抜群。佐藤世君はフォークボールを上下左右に自在に操っていた。テンポもよく打者に考える隙を与えず、走者を許せば間を取るなど駆け引きもうまかった。

健大の川井投手に限らず、群馬の投手は走者がいてもいなくても同じテンポだった。よく野手が守備からリズムをつくると言うが、投手も自らリズムをつくり出したい。

そのために制球力はもちろん、絶対の自信を持つ決め球が必要だ。日本一になった桐生第一の正田投手は大きなカーブ、前橋育英の高橋投手は角度のある150㌔近い直球と、優勝にふさわしい武器を持っていた。

県内の野球関係者はまず投手を育てることが重要だ。最速145～150㌔の投手2人、または130㌔台のタイプの違う投手3人をそろえたいところ。好投手が出てくれば打ち崩そうと打撃力も上がるし、打撃力が上がれば守備力も必然的に向上する。

攻撃的な守備で優勝した前橋育英、機動力で全国に名を知らしめた健大など県内のレベルは確実に上がっている。今大会では鳥羽や秋田商など公立校も活躍した。群馬も私学だけでなく公立校が実力を付けて切磋琢磨していけば、3度目の全国制覇もそう遠くない。

（元農大高野球部監督）

上毛新聞 2015年8月21日付

2016年（平成28）

熱球解説
斎藤章児

樹徳―太工戦

めの制球力に苦しみ、攻略へ
の糸口をつかめないままコ
ールドで屈した。

斎藤章児の目

鴻城戦

「守りこそ最大の攻め」
と公言していた中国地区覇
者の宇部鴻城に対して、「機
動破壊」を掲げる健大高崎
がどんな戦い方を見せるか
に注目してみた。
　まず取り上げたいのは1
点を先制した後の初回鴻城の
守りだ。無死1塁で相手は
送りバントの構え。健大の
川井投手は左打者の外角を
攻め、ダッシュしてきた

堅守

第88回選抜高校野球大会〈1回戦〉

▶滋賀学園に敗れ、肩を落とし引き上げる桐一ナイン

2016年3月20日（日） 甲子園球場

	1	2	3	4	5	6	7	8	9	10	計
滋賀学園	0	3	0	4	0	2	0	0	0		9
桐生第一	0	0	0	0	0	0	3	2	0		5

桐一 初戦敗退、滋賀に5―9

桐生第一は滋賀学園（滋賀）を猛追したものの5―9で敗退。2年ぶり5度目の出場で、8強入りした前回に続く初戦突破はならなかった。

桐生第一は11安打のうち10安打を六回以降に集める粘り強さをみせた。9点を追う七回、先頭の柳谷太一が二塁打で出塁。無死一、三塁から相手の悪送球の間に1点を返すと、2死二、三塁から3番高田修平主将の右前打で2点を挙げた。八回にも2点を加えたが、反撃はそこまでだった。

先発のエース内池翔は立ち上がりから制球に苦しみ、7安打7失点で四回途中で降板。中継ぎの青木快人が2失点で耐え、八回からは金田海都が3三振を含む打者6人で締めた。

滋賀学園

		打	得	安	点	振	球
⑨	徳留 (3)	4	0	0	1	1	1
④	井川 (3)	4	1	2	2	0	0
②	後藤 (2)	5	1	1	1	3	0
③	馬越 (3)	2	1	1	0	1	3
⑤	松岡 (3)	4	1	1	1	0	0
⑦	山口 (3)	5	1	1	0	1	0
⑧	西村 (3)	4	1	1	2	2	0
⑥	小浜 (2)	5	2	3	1	1	0
①	神村 (2)	4	1	1	0	1	0
	計	37	9	11	8	10	4

桐生第一

			打	得	安	点	振	球
⑧	追川 (3)	高崎倉渕	5	0	0	0	1	0
⑦	下間 (2)	埼玉坂戸住吉	5	0	1	1	2	0
②	髙田 (3)	埼玉深谷南	4	0	2	2	0	1
⑤	鏑木 (2)	桐生相生	4	0	3	0	1	1
③	宝田 (3)	高崎豊岡	4	0	1	0	1	0
1	金田 (3)	桐生梅田	0	0	0	0	0	0
H	山下 (3)	高崎高松	1	0	0	0	1	0
⑨	池田 (3)	沼田南	5	0	1	0	1	0
⑥	柳谷 (3)	太田城西	5	1	2	0	2	0
①	内池 (3)	桐生川内	0	0	0	0	0	0
1	青木 (3)	横浜釜利谷	1	0	0	0	1	0
H3	佐藤 (2)	東京小平五	2	2	1	0	0	0
④	斎藤 (3)	桐生川内	3	2	0	1	0	1
	計		39	5	11	4	10	3

▷**三塁打** 西村　▷**二塁打** 小浜、柳谷

斎藤章児の目　収穫多かった投手陣

開会式後の第3試合とあってコンディションのつくり方がまず一つ、課題になると考えていた。関西が地元の滋賀学園は昼寝場所を確保できたというが、果たしてアウェーの桐生第一はどうだったか。加えて第2試合は、関東大会の準決勝で完敗した常総学院（茨城）が目の前で敗退。動揺しない訳がない。

前日の雨に入場行進、開幕2試合と続いたグラウンドの状態も最悪だっただろう。こうした悪条件の重なりが「堅守の桐一」らしからぬ、失策絡みの失点につながったのではないか。

さて、試合の分岐点について振り返ろう。ポイントとなったのはいずれも滋賀の攻撃。二回無死一、二塁と四回無死一塁の場面だ。打順は下位だったから、セオリーで言えば送りバント。だが、ベンチは強攻策を取った。

バッターが併殺になりづらい左打者というのもあったかもしれないが、強攻策は裏目に出ることの方が多い。それが吉と出たのはチャレンジャー精神に尽きる。リスクを背負ってでも勝ちを狙う采配が思いきりのいいスイングにつながり、序盤の7得点につながった。高校野球は気の持ちようが結果に表れるスポーツだが、それを象徴するような場面ともなった。

初戦敗退となった桐一だが、収穫の方が多かったように思う。先発の内池君は7失点ながらボール自体は悪くなかった。手を焼いた6人の左打者へのインコースの攻め方が決まっていれば、結果は変わっていただろう。2番手の青木君も調子は良かった。緩急をつけて、後は緩いスライダーを習得し、欲を言えば落ちる球もあれば相手打者のバットが空を切るシーンが目に浮かぶ。力のある球を投げていた金田君の今後にも期待できそうだ。

打線も0－9から5点を取った。特に右打者の逆方向への打ち方は理想的なフォームで高い技術を感じた。猛打賞の鏑木君に適時打の下間君、代打の佐藤君と2年生がしっかり結果を出したのも選手層の底上げが成功した証拠と言える。

まだまだ伸びしろのある桐一ナインは、手応えのある悔しさからすぐに練習に入れるだろう。春の県予選を勝ち上がれば関東大会だ。そこでまた一回り成長した姿を見せてくれるはずだ。個人的には「夏の本命は桐一」との思いを強くした選抜だった。

ただ一つ、残念に思うのは定年退職する青柳正志部長の花道を勝利で飾れなかったことか。26年間にわたり福田監督を支えてきた同氏にはこの場を借りて、あらためて敬意を表したい。

第98回全国高校野球選手権群馬大会〈1回戦〉

投打がっちり、太東 完勝

　太田東が終盤に勝ち越した。互いに無得点で迎えた八回、先頭から４者連続の四死球で先制し、井草の中前打などでさらに２点を追加した。先発針谷は、やや荒れ球ながら被安打４、２四球に抑えて完封。

　前橋東は思うように走者を進められず、二回の１死二塁、六回１死三塁などの好機を生かせなかった。

▶前東打線を４安打完封した太東の針谷

2016年7月10日（日） 上毛新聞敷島球場

	1	2	3	4	5	6	7	8	9	10	計
太田東	0	0	0	0	0	0	0	3	1		4
前橋東	0	0	0	0	0	0	0	0	0		0

太田東

				打	安	点	振	球
⑥	金谷	⑵	太田南	2	0	0	1	3
⑧	若井	⑶	館林三	4	1	0	0	1
⑦	大島	⑶	邑楽	4	0	0	2	1
⑤	川田	⑶	太田南	3	0	1	1	1
④	井草	⑶	邑楽	3	3	1	0	1
⑨	渡辺	⑶	太田城西	2	0	1	0	0
②	間宮	⑶	館林四	3	1	0	1	1
③	松村	⑵	太田西	2	1	0	0	1
①	針谷	⑶	邑楽	2	0	0	1	0

犠	盗	失	併	残					
5	0	2	1	8	25	6	3	6	9

前橋東

				打	安	点	振	球
②	吉沢隆	⑶	前橋五	3	0	0	1	1
⑥	吉沢希	⑶	伊勢崎三	4	0	0	1	0
⑨8	西山	⑵	前橋箱田	4	1	0	1	0
⑤	高橋	⑶	伊勢崎三	3	1	0	0	1
③	大内	⑶	前橋荒砥	3	0	0	2	0
⑧1	小見	⑶	前橋芳賀	4	0	0	1	0
⑦	関口	⑵	前橋東	3	1	0	1	0
①9	真下	⑶	前橋粕川	3	0	0	0	0
④	岩田	⑶	前橋富士見	3	1	0	0	0

犠	盗	失	併	残					
1	1	2	2	6	30	4	0	7	2

▷**二塁打** 間宮　▷**審判** 長谷川　星野　荻原　増田

熱球解説　難しい「一球」の読み

雨で順延となった唯一の1回戦、太田東—前橋東。スコアだけを見ると投手戦のように見える。だが、両校とも好機で決定打を欠いた末の七回までの「0行進」だった。

両投手とも初戦ということもあり、立ち上がりはフォームの硬さや球数の多さが目立った。ボール先行で苦しい投球が続いたが、どちらも拙攻に救われた。

この試合の勝敗のポイントは分かりやすい。前橋東の真下投手の疲れが見え始めた八回表だ。4連続四死球を与えて均衡が破れた。その後のタイムリー、犠飛と1安打で3点を失い、試合の流れはほぼ決まってしまった。

真下投手は六回まで4安打、1四球に抑える好投を見せた。しかし、五、六回に先頭打者を許しながら4三振を奪う力投と、二回の投球時に受けた踏み込み足への打球の影響が、八回に一気に疲労として出たのではないだろうか。結果的に七回までが限度だったと見る。

1安打で3点を献上してしまった前橋東にとって反撃は厳しく、八回裏の無死から左前打で走者を一塁に置いても、この点差では打つ手がないだろう。一方の太田東も四回を除いて毎回無死から走者を出したが、いずれも本塁は遠かった。

ただ拙攻もある中で、太田東の針谷投手は味方の攻撃を信じていた。安定感ある投球のおかげでバックも守りやすかったと思う。針谷投手の好投を勝因の第一に挙げることに、誰も異論はないはずだ。

両校に言えることだが、攻撃しているチームがカウントを悪くして追い込まれていた印象を受ける。犠打にせよ打撃にせよ、この「一球」というタイミングを読むことは難しい。

しかし、試合でそんなことは言っていられない。戦略というのは、相手の力と技を封じ込み、相手のウイークポイントを突く。完璧にできないまでも、力を出させないように作戦を練る。戦術で封じ込めて相手に野球をさせないで攻め込めば勝機が見えてくる。野球の戦法に絶対はないが、そうした追求をしていくことには価値があるはずだ。

第98回全国高校野球選手権群馬大会〈2回戦〉

▶9回表高商2死、篠原が左越えソロを放つ

2016年7月14日（木） 高崎城南球場

	1	2	3	4	5	6	7	8	9	10	計
高崎商	0	0	3	0	1	0	0	0	1		5
市太田	0	0	0	2	0	0	0	0	1		3

高商 巧者健在

高崎商は三回1死から宇木、中平、斎藤の長短3安打を集め、3点を先制。五回に長野、斎藤の連打、九回には篠原のソロで1点ずつ追加した。投げては先発阿久津と2番手小池が計3失点で切り抜けた。

市太田は九回、中川、茂木の連打などで2点差に迫り、さらに1死二、三塁としたが、そこまでだった。

高崎商

				打	安	点	振	球
⑧	松本	(3)	伊勢崎赤堀	5	2	0	0	0
⑨	佐々木	(3)	高崎八幡	1	0	0	0	0
H9	篠原	(3)	長野原東	3	2	1	0	0
④	宇木	(3)	前橋春日	5	1	0	0	0
③	中平	(3)	高崎大類	4	1	1	1	0
⑦	長野	(3)	高崎八幡	3	1	0	0	1
⑤	斎藤	(3)	伊勢崎境北	4	3	3	0	0
②	間渕	(3)	前橋元総社	4	0	0	0	0
⑥	反町	(3)	高崎矢中	2	0	0	0	2
①	阿久津	(3)	高崎塚沢	2	0	0	0	0
H	小田桐	(3)	渋川赤城南	1	0	0	0	0
1	小池	(2)	東吾妻岩島	1	0	0	1	0

犠盗失併残
1 1 0 1 7　35 10 5 2 3

市太田

				打	安	点	振	球
④	町田	(3)	太田城西	4	0	0	1	1
⑧	霜田	(3)	太田尾島	4	2	0	0	0
⑨	佐口	(3)	太田強戸	2	1	1	0	1
②	近藤	(3)	太田城東	3	0	0	2	0
③	寺崎	(3)	板倉	3	1	1	0	1
⑤	中村	(2)	太田綿打	2	0	0	0	1
⑥	山村	(1)	太田南	3	0	0	0	0
H	中川	(3)	太田西	1	1	0	0	0
R	久保田	(3)	伊勢崎境北	0	0	0	0	0
①	阿部	(3)	太田宝泉	1	0	0	1	0
H	桑子	(3)	太田東	1	1	0	0	0
R	栗原	(3)	太田休泊	0	0	0	0	0
1	菊地	(1)	太田毛里田	0	0	0	0	1
H	茂木	(2)	太田木崎	1	1	1	0	0
⑦	関根	(3)	太田宝泉	1	0	0	0	0
H	島田	(3)	みどり大間々東	1	0	0	0	0
7	山城	(1)	太田西	0	0	0	0	0

犠盗失併残
6 0 1 0 8　27 7 3 4 5

▷**本塁打** 篠原　▷**三塁打** 中平　斎藤2　佐口　▷**二塁打** 篠原　▷**審判** 川崎　中野　真下　青木

熱球解説　1点の積み重ね重要

高崎商と市太田の一戦は、両校のファンが期待する注目の好カードであった。高商は4年前の夏季大会で富岡潤一監督の下、11度目の甲子園出場を果たした。

ところが、せっかくの甲子園出場も22年ぶりでは「夏の高商」をほしいままにしていた時代からは物足りなく「かつては…」と言わざるを得ない。富岡監督は「夏の高商」の復活と、それを望むファンの期待を一身に担っている。

一方、市太田は太田商時代に夏は過去4度決勝戦に進出するも、あと一歩で甲子園出場を果たせないでいる。社会人野球の富士重工業を全国準優勝に導いた経験をもつ水久保国一監督を迎え、太田市民は「今度こそ甲子園出場を」と期待している。

この試合における高商の勝因は、斎藤優の攻守にわたる活躍だ。三回表1死一、三塁からやや短く持ったバットを振り抜き右中間三塁打で2打点。1点差に追い上げられた五回には、2死一塁で左中間三塁打を放ちさらに1打点。二回の中前打と合わせて3安打3打点は、攻撃の殊勲者といえる。

だが今回の解説では高商4―2の六回裏の守備に注目したい。僅差における1死一、二塁の場面では、一、三塁手はライン際を固めるのが鉄則。三塁斎藤は最高のポジショニングだった。三塁線を襲う痛烈な打球を飛び込んで好捕するとベースを踏み、一塁へ送球し併殺が成立。抜かれていれば1点入り、1死二、三塁は確実。二走は逆転の走者となり、流れは市太田に変わったかもしれない。

結果として斎藤の超ファインプレーで得点を阻止された市太田であったが、さかのぼって無死一塁の場面で4番近藤は2ボールから送りバント。もう1球見逃す手もあったのではないかと思う。

「大量点も1点の積み重ね」が持論である私には、セオリーを重視したバント戦法もオーソドックスな野球には欠かせない。だが、27分の6のアウトと考えてみるとどうか。

市太田のバントは6回試みて、ほとんど一発で成功している。相手の投手がストライクが入らず苦しんでいるときは、2ストライクくらいまで投げさせてはどうか。四球で出塁すれば好機は広がった。そう考えてみると、市太田にも勝機があったはずだ。

第98回全国高校野球選手権群馬大会〈4回戦〉

▶桐一打線を3安打に抑え完封した育英先発の佐藤

2016年7月21日（木） 上毛新聞敷島球場

	1	2	3	4	5	6	7	8	9	10	計
桐生第一	0	0	0	0	0	0	0	0	0		0
前橋育英	0	0	1	0	2	0	0	0	×		3

V候補対決 育英完勝

前橋育英は先発佐藤が３安打完封した。打線は三回１死から、浅見の中前打と連続四球で満塁とし、三ツ井の中犠飛で先制。五回は石川が中前打で出塁し、伊藤の２ランで優位に立った。

桐生第一は四回、柳谷の内野安打と内池の犠打などで三塁へ走者を進めたが得点できなかった。

桐生第一

				打	安	点	振	球
⑨	追川	⑶	高崎倉渕	4	1	0	1	0
④	御供	⑶	藤岡鬼石	4	0	0	0	0
②	高田	⑶	埼玉深谷南	4	1	0	0	0
⑤	鏑木	⑵	桐生相生	3	0	0	1	1
⑥	柳谷	⑶	太田城西	4	1	0	0	0
①7	内池	⑶	桐生川内	2	0	0	1	1
③	池田	⑶	沼田南	3	0	0	0	0
H	宝田	⑶	高崎豊岡	1	0	0	0	0
⑦	下間	⑵	埼玉坂戸住吉	2	0	0	0	0
1	金田	⑶	桐生梅田	1	0	0	1	0
H	仙道	⑶	桐生清流	1	0	0	0	0
⑧	斎藤	⑶	桐生川内	0	0	0	0	3

犠	盗	失	併	残					
1	0	0	0	8	29	3	0	4	5

前橋育英

				打	安	点	振	球
⑦	石川	⑶	太田北	4	1	0	1	0
⑧9	浅見	⑶	高崎片岡	3	2	0	0	0
③	伊藤	⑶	藤岡北	3	1	2	1	1
⑥	小川	⑶	館林多々良	2	0	0	0	2
⑨	三ツ井	⑶	沼田	2	0	1	2	0
5	島崎	⑶	栃木足利三	1	0	0	0	0
①	佐藤	⑶	下仁田	4	2	0	0	0
②	森田	⑶	渋川北橘	3	0	0	0	1
⑤	堀口	⑵	高崎佐野	2	0	0	1	0
H8	丸山	⑵	高崎倉渕	1	0	0	0	0
④	長谷川	⑶	安中二	3	0	0	0	0

犠	盗	失	併	残					
2	2	1	0	7	28	6	3	5	4

▷**本塁打** 伊藤　▷**二塁打** 佐藤　▷**審判** 岡部猛　田村淳　堀越克　土沢

熱球解説 つなぎに徹した育英

春の関東王者、第1シード前橋育英とノーシードながら選抜大会帰りの桐生第一の対戦。両校とも投手を中心とした堅い守りで負けにくいイメージがある。従って勝負のポイントは、互いの堅守をどう攻略するかだ。

試合は育英が3―0で勝利したが、勝因の一つはエース佐藤君が前2戦で、良くなかった立ち上がりを克服したこと。これまでカウントを悪くしていた高めの直球を、この試合ではそのまま生かした。カーブでカウントを稼ぎ、チェンジアップと思われる別の変化球も見せながら、力のある直球を勝負球にした。

変化球は内野ゴロ、高めの直球は詰まらせて凡飛で打ち取る。速球とカーブで緩急をつけ、縦の組み立てが成功したと考える。短期間での高い修正力は荒井監督の指示によるものだろう。

二つ目は、育英が昨秋からテーマとする「攻撃的な守備」と「得点力」に選手の工夫が見えたこと。私の目には各自が、つなぎの野球に徹していたように映った。三回1死一塁の場面。桐一先発、内池君の低めの変化球には手を出さず、伊藤君、小川君が連続四球でつないで満塁とし、三ツ井君の中犠飛で先取点を挙げた。五回1死二塁では、伊藤君が変化球の後の直球を狙い澄ましたように左翼へ2ラン。変化球後の直球狙いは、これもベンチの指示が徹底しているように思えた。

桐一は佐藤君の立ち上がり、打ち気にはやって高めに抜けた直球に手を出し、相手を助けていた感があった。前の2試合から考えて、佐藤君攻略の鍵は立ち上がりにあったと思うが、桐一らしい各打者のしぶとさや、身上とする後半の粘り強い攻撃は残念ながら見ることができなかった。

それにしても高校野球は奥が深い。この日の一戦、勝敗は紙一重の差とみていたが、予想した展開とは、だいぶ懸け離れていた。高校野球ファン注目の一戦は雨模様ながら多くの観客を集め、両校の応援も熱を帯びた。ベンチ入りできずスタンドで応援していた3年生は、野球に打ち込んだ経験が今後の人生に多大な影響をもたらすはず。目先の勝利ではなく、人生の勝利を目指してほしい。次は君たちの番だ。

▲試合終了後、前橋育英の佐藤投手と握手を交わす桐生第一の内池投手（左から２人目）

第98回全国高校野球選手権群馬大会〈準決勝〉

▶7回裏育英1死一塁、右翼席へ2ランを放つ丸山

2016年7月26日（火） 上毛新聞敷島球場

	1	2	3	4	5	6	7	8	9	10	計
前橋工	0	0	0	1	0	0	0	0	0		1
前橋育英	0	0	1	0	0	0	2	0	×		3

育英 接戦制す

前橋育英が競り勝った。三回、丸山の三塁打と森田の左犠飛で先制。同点の七回、１死一塁から丸山が２ランを放ち試合を決めた。先発佐藤は２安打１失点で完投。五回以降は四球の走者１人に抑え込んだ。

前橋工は四回に挙げた亀井の右越え三塁打による１点だけ。好投の先発八野田を援護できなかった。

前橋工

				打	安	点	振	球
⑧	高草木	(3)	前橋芳賀	4	1	0	0	0
⑨	設楽	(3)	前橋桂萱	3	0	0	2	1
⑦	中林	(3)	前橋七	3	0	0	2	0
⑤	桐生	(3)	前橋桂萱	4	0	0	0	0
③	亀井	(3)	太田綿打	3	1	1	0	0
②	下城	(3)	みなかみ新治	3	0	0	1	0
④	浅野	(3)	前橋木瀬	2	0	0	1	0
H4	角田	(3)	前橋芳賀	1	0	0	0	0
⑥	茂木	(3)	高崎高南	2	0	0	1	1
①	八野田	(3)	伊勢崎三	1	0	0	1	1
H	安原	(3)	榛東	0	0	0	0	1
1	萩原	(3)	渋川金島	0	0	0	0	0

犠盗失併残――――

10013 26 2184

前橋育英

				打	安	点	振	球
⑦	石川	(3)	太田北	2	0	0	2	2
⑨	浅見	(3)	高崎片岡	2	0	0	2	2
⑤	飯島	(2)	館林一	4	0	0	1	0
⑥	小川	(3)	館林多々良	3	0	0	0	1
③	伊藤	(3)	藤岡北	4	0	0	1	0
①	佐藤	(3)	下仁田	3	1	0	1	0
⑧	丸山	(2)	高崎倉渕	3	2	2	0	0
②	森田	(3)	渋川北橘	2	2	1	0	0
④	長谷川	(3)	安中二	1	0	0	1	0

犠盗失併残――――

30015 24 5385

▷**本塁打** 丸山　▷**三塁打** 亀井　丸山　▷**審判** 小林登　高橋正　飯塚　久木原

熱球解説 チーム力成熟の育英

雨中の準決勝。条件は同じとはいえ、3年生にとっては最後の大会になるのだから、できれば最高のグラウンドコンディションでやらせてあげたかった。結果は同じかもしれないが、持てる力を思う存分、発揮してほしいと思うのは私一人ではないはずだ。

それはさておき、「負けにくい野球」の前橋育英にとって1点を競う試合はお手の物だ。派手さはないが「凡事徹底」。その延長線上に、現在の成熟したチームがある。その上、「得点力」を上げる工夫を始めたのだから、このチームを破るのは厄介だろう。

この試合、最初にチャンスをつくったのは前橋工だった。三回表、下位が四死球で出塁して1死一、二塁。先取点の好機で上位打線に回ったが、結果は併殺に倒れた。育英に先制された直後の四回表では、2死三塁から亀井君の右越え三塁打で同点に追い付いたが、後が続かず。五回以降は、四球で走者を1人出しただけで、無得点に終わった。

前工先発の八野田君は六回まで2安打1失点と、育英の佐藤君と互角。雨で多少抑えが利かないこともあったと思うが、育英の丸山君に甘く高めに入ったところを狙われ、三回には三塁打、七回には1死一塁から右越え本塁打を浴びた。

それでもピッチングには苦心の跡がうかがえた。六回1死満塁の場面。チェンジアップをいいところで使い、3番、4番を打ち取った投球術は見事だった。

育英の殊勲者は、決勝2ランを放った丸山君と前工打線を2安打1失点に抑えた佐藤君だろう。佐藤君は投げるたびによくなっている。制球力のばらつきが無くなり、相変わらず緩急と高低の組み立てがうまくいっている。打線は上位に当たりがなくても、下位の4人で9打数5安打3打点。長打も含めて相手にとってはうるさい存在だ。

準決勝で敗れたとはいえ15年ぶりの甲子園に期待を持たせてくれた前工強豪復活を目指せ！十数年前、前工のグラウンドで見かけた言葉を書き留めておく。

甲子園という華

野球という名の種をまき
努力という名の肥料をまき
汗という名の水をやり
仲間という名の太陽を浴びせれば
甲子園という名の華が咲く

第98回全国高校野球選手権群馬大会〈決勝〉

▶延長12回表育英2死一、二塁、森田が伊藤、佐藤をかえす中越え三塁打を放つ

2016年7月28日（木） 上毛新聞敷島球場

	1	2	3	4	5	6	7	8	9	10	11	12	計
前橋育英	0	0	1	2	0	0	0	1	0	0	0	4	8
健大高崎	0	0	1	0	0	0	0	2	1	0	0	0	4

育英 3年ぶり2度目 甲子園

前橋育英は三回２死二塁から石川の右中間二塁打で先制した。四回には丸山、伊藤の連続適時打で２点を追加。八回は２死から死球と盗塁、敵失で加点した。同点とされて迎えた延長十二回は先頭の浅見が中前打で出塁し、死球と敵失で勝ち越した。さらに、佐藤の内野安打、森田の中越え三塁打などで計４点を奪い、試合を決めた。

健大高崎は三回、高橋の適時打で同点。八回は伊藤の二塁打で１点差に詰め寄った。九回は２四死球を足掛かりに安里の右前打などで同点とし、サヨナラの好機をつくったが、生かし切れなかった。

前橋育英

				打	安	点	振	球
⑦	石　川	(3)	太田北	4	1	1	1	1
1	吉　沢	(2)	渋川古巻	1	0	0	0	0
⑨	浅　見	(3)	高崎片岡	6	1	0	2	0
⑤	飯　島	(2)	館林一	3	0	0	0	1
H	三ツ井	(3)	沼田	1	0	0	0	0
5	島　崎	(3)	栃木足利三	1	0	0	0	0
⑥	小　川	(3)	館林多々良	4	1	0	2	2
⑧	丸　山	(2)	高崎倉渕	5	1	1	1	0
③	伊　藤	(3)	藤岡北	4	1	1	0	2
①7	佐　藤	(3)	下仁田	6	2	1	0	0
②	森　田	(3)	渋川北橘	6	2	2	0	0
④	長谷川	(3)	安中二	4	0	0	0	1

犠	盗	失	併	残	打	安	点	振	球
2	5	2	3	10	45	9	6	6	7

健大高崎

				打	安	点	振	球
⑨	高　山	(3)	藤岡西	5	2	0	0	1
⑤	宮　本	(3)	栃木那須塩原黒磯	4	1	0	0	2
④	安　里	(2)	沖縄宮里	6	3	0	0	0
③	山　下	(1)	大阪柏原	2	0	0	1	2
R	北　川	(3)	大阪城陽	0	0	0	0	0
3	堀　江	(2)	横浜金沢	0	0	0	0	0
H	川　村	(3)	高崎南八幡	1	0	0	1	0
3	片　倉	(2)	伊勢崎境西	1	1	0	0	0
⑧	高　橋	(3)	宇都宮姿川	6	3	1	1	0
⑦	小　野	(2)	高崎高南	2	0	0	0	0
1	伊　藤	(2)	三重四日市楠	3	3	2	0	1
⑥	湯　浅	(2)	富岡西	3	0	0	0	0
H6	渡　口	(2)	沖縄読谷	3	0	0	0	0
②	大　柿	(1)	栃木東陽	5	0	0	1	0
①7	石　毛	(3)	千葉旭海上	5	0	0	2	0

犠	盗	失	併	残	打	安	点	振	球
0	1	2	0	12	46	13	3	6	6

▷**三塁打** 森田　▷**二塁打** 石川　丸山　伊藤健　▷**審判** 井汲　星野　長谷川　木暮

熱球解説　白熱の決勝に感動

試合前の予想通り、堅守の前橋育英と機動破壊の健大高崎の対戦は決勝戦にふさわしい白熱した好ゲームだった。春の関東王者・育英と3年連続夏の甲子園出場を目指す健大。ともに引けない両者の意地がぶつかり合った。両校の監督は5点勝負と見ていたと思う。

育英の先発は中1日で佐藤君。健大は石毛君が連投。育英は三回2死二塁から石川君の右中間二塁打で先制点。四回には1死一塁から丸山君の左翼への二塁打でエンドランが決まり加点し、続く伊藤君の中前打で3点目を入れ、さらに佐藤君が右前打を放った。

連打を受け健大は横手投げの伊藤君に交代。伊藤君は九回まで無安打に抑えたが、八回2死から死球で走者を出し、盗塁された後、次打者を三ゴロに打ち取った打球を守備の乱れで、重い1点を献上してしまった。疲労が見えてきた佐藤君から、八、九回で3点を奪っているだけに、健大にも九回で勝つチャンスはあったということだ。

延長十二回、育英1死一、二塁で一ゴロ。一塁ベースに入る投手にトスをして2死二、三塁にする場面だが、一塁手が逆にターンして遊撃手が走者と重なり、低投した球が逸れ5点目が入り決勝点となった。判断ミスがなければと惜しまれる。

育英は春から夏にかけて、森田君の成長が著しい。佐藤君が好投できるのも、森田君のインサイドワークによるところが大きい。リードオフマンの石川君と、中軸を担う丸山君の調子は良さそうで、小川君、三ツ井君も甲子園までに復調しそうだ。

最後になる今年の群馬大会は育英の優勝で幕を閉じたが、3年生球児たちには感動をありがとうと言いたい。これからの人生、目先の損得勘定に惑わされず、何が正しいか何が間違いかの判断基準をフェアプレー精神で考え、真理の追求をしてほしい。高校野球は社会学の基礎と言われている。

▶延長12回の熱戦を制し、マウンド上で喜びを爆発させる前橋育英ナイン

第98回全国高校野球選手権大会〈2回戦〉

▶初戦で敗れ、泣きながらスタンドに向かう育英ナイン

2016年8月11日（木） 甲子園球場

	1	2	3	4	5	6	7	8	9	10	計
嘉手納	0	0	1	0	0	0	8	1	0		10
前橋育英	0	0	2	0	1	0	0	0	0		3

育英まさか 七回、一挙8失点

前橋育英は相手の隙を逃さず、五回までに3得点。1点を追う三回、先頭伊藤の左前打が敵失を誘い一気に三進。長谷川の左前打で追い付くと、浅見と飯島の連続内野安打などで1点を勝ち越した。

五回には中前打の長谷川を二塁に置き、飯島の適時打で1点を加えた。続く小川も左中間を破る長打を放ったが、三塁憤死で得点に結び付かず。以降は打線がつながりを欠き、反撃できなかった。

先発佐藤は七回につかまり、継投の吉沢も流れを変えられず。この回9安打で8失点し、突き放された。

嘉手納

	選手	学年	打	得	安	点	振	球
⑧	幸地	(3)	5	1	3	4	0	0
⑨1	仲井間	(3)	6	1	3	0	1	0
③	大石	(3)	2	1	1	1	0	3
②	知花	(3)	5	1	3	2	1	1
⑤	比嘉花	(2)	6	0	0	0	0	0
⑥	古謝	(3)	5	1	2	0	0	0
①	仲地	(3)	4	1	2	0	0	1
9	松田	(2)	0	0	0	0	0	0
⑦	大城	(3)	5	2	2	1	0	0
④	新垣和	(2)	4	2	3	1	1	0
	計		42	10	19	9	3	5

前橋育英

	選手	学年	出身	打	得	安	点	振	球
⑦	石川	(3)	太田北	2	0	0	0	2	0
1	吉沢	(2)	渋川古巻	0	0	0	0	0	0
1	皆川	(2)	館林西	0	0	0	0	0	1
9	三ツ井	(3)	沼田	1	0	0	0	1	0
⑨8	浅見	(3)	高崎片岡	4	1	1	0	1	1
⑤	飯島	(2)	館林一	3	0	2	2	0	1
⑥	小川	(3)	館林多々良	4	0	1	0	2	0
⑧1	丸山	(2)	高崎倉渕	4	0	1	0	0	0
①7	佐藤	(3)	下仁田	3	0	1	0	1	1
②	森田	(3)	渋川北橘	4	0	0	0	0	0
③	伊藤	(3)	藤岡北	3	1	1	0	0	1
④	長谷川	(3)	安中二	3	1	2	1	0	0
H	島崎	(3)	栃木足利三	1	0	1	0	0	0
R	堀口	(2)	高崎佐野	0	0	0	0	0	0
	計			32	3	10	3	7	5

▷**二塁打** 大城　丸山　小川　幸地

熱球解説　好守に微妙な〝ずれ〟

やはり高校野球は何が起こるか分からない。改めてその怖さを思う試合だった。前橋育英は高校生レベルとしては、よく成熟したチームとの印象を持っていた。守りが堅くて負けにくい。正直なところ嘉手納には十中八九、勝つと踏んでいた。ではなぜ、こうなってしまったのか。大きな原因は試合間隔にあるとみる。7月28日の群馬大会決勝から中13日。これが少し長すぎた。感覚的に微妙な狂いが生じたのではないか。この狂いが好守で〝ずれ〟を生み、試合中に表れていた。特に中盤の攻撃からだった。育英ペースで進んでいた三回無死一塁は三振ゲッツー。四回2死一、三塁は本塁を狙った重盗が見破られて三走が刺された。五回2死一塁から左中間に運んだ小川君が二塁を蹴って三塁でタッチアウト。この間に本塁を突いた一走のホームインは認められず。打球は見えたはずだから、焦る必要はなかった。少しずつおかしくなっていったリズムは、守りにも影響していった。七回の守備。無死一塁で一塁方向に打球が転がった。投手か二塁手がカバーに入るはずだが、一塁手が捕った時には誰もいなかった。直後はプッシュバントが投手の頭を越えて守備が乱れた。ここから悪い流れが続いて、大量失点となった。育英にとっては抜け目のない守備網を広げ、相手を引っかけていくのが必勝パターンだ。だが、この試合はわずかなほころびが網の穴を広げ、最後には破綻してしまった。「甲子園には魔物が潜む」。群馬大会からは想像もつかない「凡事が徹底できていない」様子を見ていたら、そんな言葉も頭をよぎった。実践間隔が開けば開くほど、初戦の入りは難しくなる。試合の厳しさや激しさの記憶が薄れてしまうからだ。暑さにグラウンド確保にと問題もあっただろうが、育英はどれだけの時間を実戦形式に割いていたのだろう。どうしても足らなかったように感じてしまう。ただ予期せぬ大敗とはいえ、継投の3投手をはじめ、多くの2年生が甲子園の土を踏んだ。野手兼任の左腕投手左腕丸山君にスラッガーの飯野君と軸はそろっている。この悔しさを単なる思い出にしないで、来春の選抜甲子園を目指してほしい。それだけの力はあるし、そうでなければこの敗戦の意味もなくなる。それから3年生。みんな胸を張って群馬に帰ってきてほしい。死闘となった県予選を勝ち抜き、聖地に立ったことは誇りに思っていい。初戦敗退は関係ない。甲子園で最期の夏を終えられたこと。それこそが高校球児にとって最高の出来事なのだから。

第98回 夏の甲子園

佐藤粘投及ばず

育英初戦敗退

「相手が上だった」

小川主将の意地

左中間に痛烈な一打

育英ナインひと言

9番長谷川 三回同点打

2016 白球の詩

前橋育英 森田《もりた》 健斗《けんと》捕手

熱い指導に恩返しを

投手の長所引き出す

上毛新聞 2016年8月12日付

2017年（平成29）

熱球解説

斎藤 章児

樹徳ー太工戦

隙あらばシード校を倒そうと虎視眈々《たんたん》の太田工に対して、樹徳がどう戦うか。今大会、いまひとつ計り知れない樹徳の戦力を知る上で格好の相手となった。

太田工は樹徳ホジャティの立ち上がりを攻め、初回と二回に無死から積極的な打撃とバントで好機をつくった。しかし、それを逃すとホジャティのテンポの良い投球と走者がいる時の低めの制球力に苦しみ、攻略の糸口をつかめないままコールドで屈した。

第89回選抜高校野球大会〈1回戦〉

▶7回表中村1死一塁、武田の内野ゴロで一走を併殺に仕留める育英の堀口

2017年3月20日（月） 甲子園球場

	1	2	3	4	5	6	7	8	9	10	計
中　　村	0	0	0	0	0	0	0	0	1		1
前橋育英	0	2	0	0	0	3	0	0	×		5

育英 初戦突破、春夏合わせ県勢 100 勝目

前橋育英は相手の隙を逃さず、五回までに３得点。１点を追う三回、先頭伊前橋育英が序盤からのリードを守った。二回、先頭の飯島大夢主将、戸部魁人の連続安打と犠打で１死二、三塁とすると、田中宏樹の中前打で２点を先制した。

得点圏に２度走者が進むピンチをしのいだ直後の六回、１死から堀口優河、田中の連続中前打と盗塁で二、三塁とし、小池悠平が三塁線を破る二塁打で２点を追加。さらに丸山和郁の適時内野安打で５点目を奪った。

先発丸山は六回途中まで６奪三振と好投し、継投した皆川喬涼が２回を無失点。３番手根岸崇裕も１失点で抑えた。

中　　村			打	得	安	点	振	球
⑥	大　崎	(2)	3	0	2	0	0	1
⑦	伊与田	(2)	4	0	0	0	3	0
①	北　原	(3)	4	0	0	0	2	0
⑤	一　円	(3)	4	1	2	0	1	0
②	中　野	(3)	4	0	1	0	1	0
⑧	岡　上	(3)	4	0	1	1	0	0
⑨	岡　本	(2)	4	0	1	0	1	0
③	武　田	(3)	4	0	0	0	2	0
④	下　村	(3)	2	0	0	0	1	1
	計		33	1	7	1	11	2

前橋育英				打	得	安	点	振	球
①8	丸　山	(3)	高崎倉渕	4	0	1	1	2	0
④	黒　沢	(3)	高崎高松	4	0	1	0	0	0
⑧19	皆　川	(3)	館林四	3	0	1	0	0	1
⑤	飯　島	(3)	館林一	4	1	1	0	1	0
②	戸　部	(3)	桐生相生	4	1	1	0	1	0
⑥	堀　口	(3)	高崎佐野	2	1	1	0	0	1
⑦	田　中	(3)	前橋富士見	4	1	2	2	0	0
③	小　池	(2)	桐生川内	3	1	1	2	0	1
⑨	飯　塚	(3)	前橋東	1	0	0	0	0	1
1	根　岸	(3)	館林二	0	0	0	0	0	0
	計			29	5	9	5	4	4

▷**二塁打** 小池　一円

熱球解説　攻撃的守備でリズム

前橋育英が、ここ数年台頭してきた背景に攻撃的な守備がある。受け身で考えず、積極的に走者のアウトを狙ってリズムをつくり、そこからゲームを支配する。中村（高知）戦は育英の必勝パターンがはっきりと表れていた。

六回表の攻防が試合を左右した。中村打線に芯を捉えられ始めていた先発丸山君が先頭打者に中前打を打たれ、皆川君と交代。直後のけん制悪送球で無死二塁となり、失点の危機にあった。

ここで遊撃堀口君の好守が光った。中前に抜けそうな当たりを好捕し、三塁に送球して二走を刺した。二走の背中越しの難しい送球で、大事を取って一塁に投げてもおかしくない場面だったが、このプレーが大きかった。

中村はその後、2死一塁で一円君が右前打を打った。もし三走がいれば2―1と迫られたが、結果は無得点に終わった。ここで中村の流れは断ち切られ、下位打線から始まる六回裏に3点を追加する中押しを生んだ。まさに攻撃的な守備から流れをつかんだ瞬間だった。

今大会の育英には、怪我で抜けた好投手、吉沢君の穴をどう埋めるかというテーマがある。丸山君から皆川君、さらに根岸君も登板させられたのは収穫。この3人でつなぐという形がはっきりした点でも、非常に大きな1勝だ。

次は、初戦で21点を取った報徳学園（兵庫）。大差でもスクイズを敢行し、1点でも多く取る、関西の甲子園常連校らしい戦い方をしていた。

打ち勝つには5点は欲しい。丸山君と皆川君が打線を引っ張るためにも、根岸君の成長が鍵を握る。今日のように変化球で逃げず、高身長を生かした直球主体なら簡単には打たれない。次戦までにまだ時間がある。投手出身の荒井監督がどう修正してくるか注目したい。

▶5回表中村無死、岡本の飛球に飛びつき好捕する前橋育英の中堅・皆川

第89回選抜高校野球大会〈2回戦〉

▶二回から救援し、好投する育英の丸山

2017年3月26日（日） 甲子園球場

	1	2	3	4	5	6	7	8	9	10	計
前橋育英	0	0	0	0	0	0	0	0	0		0
報徳学園	4	0	0	0	0	0	0	0	×		4

育英 主導権握れず

前橋育英は相手右腕の投球に的を絞れず４安打、無得点に抑え込まれた。初回に失った４点を追い、得点圏までは走者を進めたが、かえせなかった。

四回無死から黒沢が左前打で出塁し、２死後、二盗を決めたものの後続が三振に倒れた。六回には四球で出た丸山、七回には敵失で出た皆川が二盗を狙ったが阻まれた。

九回には敵失と飯島の四球で２死一、二塁と見せ場をつくったが得点できなかった。先発根岸は初回、内野安打や四死球でピンチを招き、２連打などで４点を奪われた。二回から救援の丸山は相手打線を散発４安打に封じた。

前橋育英

				打	得	安	点	振	球
⑧1	丸山	(3)	高崎倉渕	3	0	0	0	0	1
④	黒沢	(3)	高崎高松	4	0	1	0	0	0
⑨8	皆川	(3)	館林四	4	0	1	0	0	0
⑤	飯島	(3)	館林一	3	0	1	0	2	1
②	戸部	(3)	桐生相生	4	0	0	0	2	0
⑥	堀口	(3)	高崎佐野	3	0	1	0	0	0
⑦	田中	(3)	前橋富士見	2	0	0	0	2	0
H	市川直	(3)	高崎吉井中央	0	0	0	0	0	1
R9	川端	(3)	昭和	0	0	0	0	0	0
③	小池	(2)	桐生川内	3	0	0	0	1	0
①	根岸	(3)	館林二	0	0	0	0	0	0
9	飯塚	(3)	前橋東	2	0	0	0	2	0
H	原田	(3)	高崎高南	1	0	0	0	1	0
7	町田	(3)	伊勢崎二	0	0	0	0	0	0
	計			29	0	4	0	10	3

報徳学園

			打	得	安	点	振	球
⑥	小園	(2)	4	0	1	0	0	0
⑧	永山	(3)	4	1	1	0	0	0
④	片岡	(3)	3	1	0	0	0	1
②	篠原	(3)	3	1	0	0	1	1
③	神頭	(2)	3	0	0	1	0	0
⑤	池上	(3)	3	1	3	1	0	0
⑦	長尾	(2)	3	0	1	2	0	0
7	岡本	(3)	0	0	0	0	0	0
⑨	塩月	(3)	3	0	0	0	0	0
①	西垣	(3)	3	0	1	0	1	0
	計		29	4	7	4	2	2

熱球解説　重かった初回4失点

本当に惜しい試合だった。育英はエースの吉沢君を怪我で欠き、チームづくりに苦心しながらも丸山君を中心にここまで来た。結果論になってしまうが、初回を0点で乗り切っていれば、丸山君と報徳学園の西垣君との投げ合いで、1点を争う息詰まる投手戦を見られたかもしれない。

すべては初回裏に尽きる。先発根岸君に責任をかぶせるのはたやすい。だがフィールディングに難しさのある大型投手、しかも甲子園初先発となれば、報徳の永山君がセーフティーバントを仕掛けたように足元を攻めるのが常道だ。あの場面は三塁飯島君が捕球に行ってもよかった。その後の連続四死球で1死満塁となった時に、タイムで一息つく必要もあった。

最大の問題は1死満塁からの遊ゴロ処理。いつもの育英なら6―4―3の併殺とし、無失点で切り抜けたはず。しかし本塁送球の態勢を取り、間に合わないとみて一塁送球し、なお二、三塁とされ、結果的に4点を失った。西垣君の調子からもあまりに重すぎた。

丸山君と皆川君を攻撃に専念させて何とか先制したい。そんな指揮官の思いからの起用だったのだろうが、初回に限っては積極的な守りから主導権を握る育英らしさを失っていた。二回から丸山君が登板すると、本来の育英守備陣に戻り、2度併殺を取った。投球リズムによって野手の守り方は大きく変わる。

報徳バッテリーは完成度が高く、序盤にカーブを打たれると、すぐ直球とスプリットの配球に切り替えて育英打線に三塁を踏ませなかった。守り優先のチームという点で育英と報徳は似ているが、一番大切なところで上回られた。そこまでチームを仕上げた甲子園常連校のベテラン監督の手腕に感心するほかない。

九回の飯島君のホームラン性のファウルを見ても、育英には力がある。だが、2013年夏の甲子園で高橋光成投手（現西武）を支え、何度となく接戦をものにした原動力は攻撃的守備だ。夏に向けて、揺らぐことのない、育英らしい守備を磨き上げてほしい。

第99回全国高校野球選手権群馬大会〈1回戦〉

▶3回裏高工2死三塁、松井が斎藤をかえす適時内野安打を放つ

2017年7月8日（土） 上毛新聞敷島球場

	1	2	3	4	5	6	7	8	9	10	計
伊勢崎工	1	0	0	0	0	0	0	0	0		1
高崎工	0	0	2	0	0	1	0	0	×		3

高工 競り勝つ、三回逆転

高崎工が競り勝った。1点を追う三回、工藤の左犠飛と松井の内野安打で逆転。逆転打は全力疾走が生んだ内野安打だった。1点を追う三回、9番赤堀の右前打から1死二、三塁とし、3番工藤が体勢を崩しながらも同点の犠飛を左翼に運んだ。続く松井の打球は好捕されたが、一気に一塁を駆け抜け決勝点につなげた。六回に高橋の適時二塁打で1点を追加した。先発上原は6回を投げ1失点、石北は3回を無失点に抑えた。伊勢崎工は初回に飯野、松本の連打などで1点を先制。二回以降は好機を生かせなかった。

伊勢崎工

				打	安	点	振	球
⑦	斎藤	(3)	伊勢崎境北	4	1	0	0	1
④	内藤	(3)	伊勢崎一	3	1	0	0	0
H	長沢	(2)	太田藪塚本町	1	0	0	1	0
⑧	飯野	(3)	伊勢崎宮郷	4	2	0	0	0
③	松本	(2)	伊勢崎四	4	1	1	1	0
⑨	関根	(3)	伊勢崎一	3	0	0	0	0
9	吾妻	(3)	伊勢崎殖蓮	1	0	0	0	0
⑤	藤井	(2)	太田綿打	4	1	0	0	0
②	柴崎	(2)	伊勢崎三	4	0	0	2	0
①	田島	(2)	伊勢崎境北	1	0	0	0	1
H	星野	(2)	太田藪塚本町	1	1	0	0	0
1	橋本	(3)	太田綿打	0	0	0	0	0
1	木村	(2)	伊勢崎二	0	0	0	0	0
H	中島	(3)	太田藪塚本町	1	1	0	0	0
R	森	(3)	太田強戸	0	0	0	0	0
⑥	藤沼	(2)	伊勢崎赤堀	3	1	0	0	0
H	吉野	(3)	太田尾島	1	0	0	1	0

犠盗失併残
1 1 1 2 10 35 9 1 5 2

高崎工

				打	安	点	振	球
⑨	斎藤	(3)	藤岡小野	4	0	0	0	0
④	石坂	(2)	高崎並榎	3	1	0	0	0
⑧	工藤	(3)	高崎豊岡	3	2	1	0	0
②	松井	(3)	高崎吉井中央	4	1	1	0	0
⑦	山下簾	(3)	高崎豊岡	4	0	0	0	0
7	清水	(2)	安中一	0	0	0	0	0
③	高橋智	(3)	高崎吉井中央	3	1	1	0	0
R	新井	(3)	富岡北	0	0	0	0	0
1	石北	(2)	榛東	1	0	0	0	0
⑤	清水谷	(3)	高崎榛名	3	1	0	0	1
①	上原	(2)	安中一	2	0	0	1	0
H3	内尾	(3)	高崎吉井中央	0	0	0	0	1
⑥	赤堀	(3)	藤岡小野	3	2	0	0	0

犠盗失併残
2 1 0 0 7 30 8 3 1 2

▷**三塁打** 藤井　▷**二塁打** 高橋智　▷**審判** 堀越大 木暮 堀越春 青山

熱球解説　基本の徹底　忘れずに

確実に進む少子化の影響で、全国高校野球選手権の参加校は14年連続減少と歯止めが利かない。今年もやってきた群馬大会は、出場チームが満を持し、それぞれの「思い」と「期待」を背負って開会式に参加した。中でもこの日、特別な思いで入場行進をしただろう2チームに注目した。

大間々は2年前の夏、3年生が引退して残った選手が1年生1人だけ。昨年2人、そして今年は7人の新入生を迎えて10人となり、春季大会に5季ぶりに出場した。やっと選手と野球をできる諏訪正浩監督の感慨はいかばかりか。立派な入場行進を見て、野球部を支える学校、父母会、地域の皆さんの喜びもひとしおだったと思う。

尾瀬・下仁田・万場・長野原の4校連合チームも集合できる場所と練習時間が限られ、合同練習をどう確保するか、関係者の皆さんの苦労は口で言うほど簡単ではないだろう。

両校とも野球ができる喜びを入場行進の一歩また一歩に感じ、グラウンドの感触を味わっているようだった。支えてくれた全ての人たちに感謝し、三振やエラーを恐れず元気いっぱいのプレーで応えることだ。

「歴史は事実、伝統は創造の世界」といわれる。伊勢崎工は創部93年、高崎工は72年と歴史を重ねているが、伝統というと印象が薄い気がする。伝統校と呼ばれたいもの。長い歴史の中で先人たちが伝えてきた、そのチームならではの精神的在り方を後輩の諸君が受け継ぐということがあってもいいのではないか。

野球においても時代が変われば方法論は進化して当然だが、「機動力野球」「守りの野球」「夏に強い○○高」など、特徴を言えばすぐ分かるチームには伝統ある強豪校が多い。

基本プレーの徹底も伝統校にはなくてはならない。伊工の初回1死二塁で、二塁走者が外野の守備位置を確認していたら、3番打者の中前打でホームインできたはず。4番の投手強襲安打で得点できたが、結果オーライの野球をしている間は、練習に隙がある。

三回裏の守備は1－1と追い付かれ、2死三塁。4番のゴロを一塁手が好捕したが、投手が一塁に入っていなかったため逆転を許した。投手は一、二塁間に打球が飛んだ瞬間、一塁にダッシュするのが定石。記録に残らないエラーは見落とさず、厳しくチェックすること。2年生が多いので、新チームに期待しよう。

▶9回裏吉井2死二、三塁、高橋の中前打で森作に続き、有賀が本塁を突きサヨナラ

2017年7月12日（水） 高崎城南球場

	1	2	3	4	5	6	7	8	9	10	計
伊勢崎商	0	0	1	0	0	1	0	3	0		5
吉　井	0	1	2	0	0	1	0	0	2x		6

吉井 歓喜、逆転サヨナラ

吉井が逆転サヨナラ勝ちした。二回に無安打ながら敵失と犠打などで１点を先制し、三回は２死三塁から吉沢、大河原の連続適時二塁打で勝ち越し。１点を追う九回２死二、三塁から高橋が中前打を放った。打球処理にてこずる隙を突いた二走有賀勁太がサヨナラの本塁に滑り込んだ。伊勢崎商は三回に追い付き、八回に阪下の２打席連続弾で逆転したが、リードを守れなかった。

伊勢崎商

				打	安	点	振	球
⑥	渡　辺	(3)	伊勢崎宮郷	5	2	1	1	0
⑤	薊	(3)	前橋木瀬	4	1	0	0	0
⑦	阪　下	(3)	太田木崎	5	3	3	0	0
③	小豆畑	(3)	玉村	3	2	0	0	2
⑨	川　島	(3)	前橋木瀬	2	0	0	1	0
②	高　橋	(3)	前橋七	4	0	0	0	0
⑧	富　田	(3)	伊勢崎境西	2	1	0	0	2
④	木　暮	(2)	伊勢崎三	3	1	0	0	0
①	茂　呂	(3)	太田木崎	3	0	0	2	1

犠	盗	失	併	残					
4	1	5	0	8	31	10	4	4	5

吉　井

				打	安	点	振	球
⑧	飯　塚	(3)	甘楽一	3	0	0	1	0
④	横　山	(2)	富岡南	4	0	0	0	0
⑨	吉　沢	(3)	高崎入野	4	1	1	0	0
⑤	大河原	(3)	甘楽一	4	2	1	0	0
③	田　村	(2)	富岡西	3	1	0	0	0
⑥	森　作	(3)	高崎入野	2	0	0	0	1
①7	有　賀	(3)	高崎入野	4	1	0	0	0
⑦	佐　藤	(3)	富岡西	3	0	0	0	0
1	森	(3)	高崎入野	0	0	0	0	0
②	高　橋	(2)	富岡	4	1	1	0	0

犠	盗	失	併	残					
4	0	1	2	4	31	6	3	1	1

▷**本塁打** 阪下２　渡辺　▷**三塁打** 大河原　▷**二塁打** 富田　吉沢　大河原　▷**審判** 武藤勝　青木仁　八木原　市川

熱球解説　相手の隙を逃さず

県内の高校野球で中堅クラスに位置する両校。監督も同世代で、吉井の湯浅正義監督はチームを率いて2年目、伊勢崎商の木村公則監督は1年目だ。これからのチーム目標をベスト8以上の常連校に仕上げるためにも、互いに負けられない相手だっただろう。

試合の主導権を握るには自分たちで攻撃して切り開くか、相手のミスで好機を得るかの2通りがある。初回に流れを持ってくるのが理想だが、選手が硬くなって思い通りにいかない場合が多い。

両校の入り方は対照的で、先攻の伊商は初球攻撃を仕掛け、後攻の吉井は1、2番が見極める作戦だったが、どちらも三者凡退した。一発勝負のトーナメントで、高校最後の試合になるかもしれないのだから硬くなるなという方が無理なことかもしれない。

勝った吉井は相手の隙を逃さなかった。二回無死から先頭が敵失で出塁し、犠打と野選で1死一、三塁とすると悪送球が飛び出し、無安打で先取点を奪った。三回も敵失と犠打で2死三塁とし、今度は連続二塁打で2点を追加した。

六回は1死三塁からけん制がそれた間に4点目を挙げ、九回は死球、右前打、犠打でつくった2死二、三塁から中前打と敵失でサヨナラを決めた。全得点に相手のエラーが絡んでいる。

負けた伊商は吉井を上回る10安打と打撃では勝ったものの、野球では負けた。二回は無死一塁で併殺、三回は無死一、三塁で併殺の間に1点のみ。もう少し工夫が欲しかった。

痛かったのは七回無死一塁から二盗が成功したと思ったら、捕手を妨害したとして打者がアウトになり走者を一塁へ戻されたこと。さらに走者もけん制で刺されて敗色濃厚になったが、八回にソロ本塁打と2点本塁打で派手な逆転を演じたのはさすがだった。

主将の渡辺涼太君は難しいゴロを幾度となく処理して前半のエラーを帳消しにし、八回には先頭で反撃の口火を切る一発を放った。それに応えた3番阪下直純君の2打席連続本塁打も見事。攻撃面の工夫と投内連係ができていたら、と惜しまれる。このチームが消えるのは少し早い気がする。

「勝ちに不思議な勝ちはあっても、負けに不思議な負けはない」とはよく言ったものだ。

第99回全国高校野球選手権群馬大会〈決勝〉

▶2年連続3度目の優勝を決め、喜びを爆発させる前橋育英ナイン

2017年7月27日（木） 上毛新聞敷島球場

	1	2	3	4	5	6	7	8	9	10	計
前橋育英	0	0	2	1	1	1	0	0	1		6
健大高崎	0	0	2	0	0	1	0	0	1		4

育英無敵、3季連続甲子園

　前橋育英が小刻みに加点して接戦を制した。三回、押し出し死球と暴投で2点を先制すると、四回は押し出し四球、五回は吉沢と小池の連続長打で1点ずつ加え、六回にも敵失でリードを拡大。九回に皆川の適時打でダメ押しした。先発皆川はやや制球に苦しみ三回で降板したが、2番手丸山が6回を投げ、健大高崎の反撃を4安打、2失点にとどめた。

　健大は三回、高山の適時二塁打などで2点を返し、一時は同点。六回に安藤の適時打で1点加え、九回にも左中間二塁打の湯浅を安藤の左前打でかえして追い上げたが、後続が断たれて届かなかった。

前橋育英

守備	氏名	学年	出身	打	安	点	振	球
⑧1	丸山	(3)	高崎倉渕	2	1	0	0	3
④	堀口	(3)	高崎佐野	2	0	2	1	2
②	戸部	(3)	桐生相生	5	1	0	1	0
⑤	飯島	(3)	館林一	3	0	0	2	1
①8	皆川	(3)	館林四	5	1	1	0	0
⑦	吉沢	(3)	渋川古巻	5	1	0	1	0
③	小池	(2)	桐生川内	4	1	1	0	1
⑨	飯塚	(3)	前橋東	3	1	0	1	1
⑥	黒沢	(3)	高崎高松	3	2	0	1	1

犠盗失併残
2 2 1 2 10 32 8 4 7 9

健大高崎

守備	氏名	学年	出身	打	安	点	振	球
④	安里	(3)	沖縄沖縄宮里	4	1	0	0	1
⑨	小野寺	(3)	東京多摩諏訪	4	2	0	1	0
⑧1	伊藤	(3)	三重四日市楠	4	0	0	0	0
③	山下	(2)	大阪柏原	4	1	0	1	0
⑦	高山	(2)	前橋南橘	4	2	1	0	0
⑤	渡口	(3)	沖縄読谷	3	1	0	0	1
⑥	湯浅	(3)	富岡西	3	1	0	0	1
②	安藤	(3)	茨城神栖波崎四	3	2	2	0	1
①	小野	(3)	高崎高南	1	0	0	1	0
1	竹本	(3)	千葉習志野七	1	0	0	0	0
8	今井	(2)	岐阜長良	1	0	0	0	0
H	大越	(2)	横浜岩崎	1	0	0	0	0

犠盗失併残
0 1 2 1 6 33 10 3 3 4

▷**三塁打** 小池　▷**二塁打** 吉沢　黒沢　高山2　湯浅　▷**審判** 井汲　木暮　長谷川　星野

熱球解説　明暗分けた序盤の攻防

大会前の予想どおり、決勝は5季連続の同一カードで前橋育英対健大高崎(育英の4連勝中)。その結果は6―4で、またも育英が勝利した。

攻撃的な走塁に加え、打撃力とメンタル面の強化を図り、この夏の大会に臨んだ健大高崎。結果的に4番山下君の5試合連続本塁打、チーム9本塁打の記録を生んだ。

一方の育英は粘り強い守りが持ち味。5人の強力投手陣から皆川君、吉沢君が先発で試合をつくり、絶対的なクローザー丸山君という必勝パターンを確立した。攻めの健大、守りの育英という対照的なチームの戦いになると見ていた。

だが初回、健大は2安打したが2人とも、けん制死。二回は2死から3連続四球のチャンスも拙攻で生かせなかった。健大は今度こそという気負いがプレッシャーになって表れたか、二回まで完璧に抑えていた先発小野君が突如崩れた。三回1死からの下位打線に死球を与え、一ゴロを連係ミスで内野安打とされてピンチを招くと、この回さらに三つの四死球を追加。育英が2点を先制した。

この回で健大は育英に流れを渡し、その裏4安打を重ねて2点を入れたが同点止まり。同じ2点でも、その内容は育英の1安打4四死球での2点に対し、健大は6安打3四死球で2点。ここで逆転できなかった健大は、最後まで一度もリードすることはなかった。

健大は打線と走塁で相手バッテリーと内野陣にプレッシャーをかけ、投手の甘くなったボールを狙い打ちするのが勝利の方程式。本来はこの日の育英のような得点パターンでなければならなかった。

勝った育英は昨年の調整失敗を生かしてくれるだろう丸山君と皆川君、吉沢君の体調管理、4番飯島君の打撃の調整が必須。県内球児の応援を背に、大いに活躍してもらいたい。健大には選抜への道と育英へのリベンジが課題として残る。高いレベルのチームづくりで群馬の高校野球ファンを楽しませてほしい。

決勝に進んだ2強と、それ以外のチームとの差が広がっていることについては、懸念を覚える。公立高校への期待になるわけだが、指導者が代わる度に野球のスタイルや基本方針も変わる。そのため、選手がなじむのに時間がかかるのが課題だろう。OBの協力を仰ぐことも考えてみてはどうだろうか。

2強は互いに切磋琢磨して力を付けており、その差を縮めるチームが出てこないと、ますます広がってしまう。ファンの野球離れが心配になる。高野連の先生方に対策をお願いしたい。

決勝に進んだ2校以外の球児も2年4カ月で学んだことを次のステージで生かして、「人生の甲子園」を目指してほしい。

第99回全国高校野球選手権〈1回戦〉

▶3回表前橋育英1死二塁、打者戸部の時、丸山が三塁盗塁を決める

2017年8月9日（水） 甲子園球場

	1	2	3	4	5	6	7	8	9	10	計
前橋育英	1	0	5	0	1	4	1	0	0		12
山梨学院	0	0	0	3	0	2	0	0	0		5

育英豪快、3発12点

前橋育英は三回と六回にビッグイニングをつくり、大量点で試合を優位に進めた。13四死球の相手投手の制球難に8盗塁を絡めて好機を広げ、9安打で2桁得点を挙げた。

初回に1点を先制。三回は右前打の丸山が初回に続く三盗で揺さぶり、小池の2ランまで4連打で5得点した。五回は飯塚が四球で出ると連続盗塁で悪送球を誘い、無安打で得点した。

六回は皆川の適時打と飯塚の右越え3ランで4点を追加。直後の守備は2失点したものの堀口、黒沢の二遊間が併殺を完成させてピンチを脱し、七回は飯島がソロを放った。投手陣は大量得点に守られ、3人の継投で反撃を許さなかった。

前橋育英

				打	得	安	点	振	球
⑧	丸　山	(3)	高崎倉渕	3	2	1	0	0	3
④	堀　口	(3)	高崎佐野	3	0	0	0	0	1
②	戸　部	(3)	桐生相生	3	1	0	0	2	3
⑤	飯　島	(3)	館林一	5	2	3	3	1	0
5	深　川	(3)	富岡東	0	0	0	0	0	0
①9	皆　川	(3)	館林西	5	2	2	2	0	1
⑦1	吉　沢	(3)	渋川古巻	5	1	1	1	3	0
1	根　岸	(3)	館林二	0	0	0	0	0	0
③	小　池	(2)	桐生川内	4	2	1	2	1	1
⑨7	飯　塚	(3)	前橋東	3	2	1	3	1	2
7	川　端	(3)	昭和	0	0	0	0	0	0
⑥	黒　沢	(3)	高崎高松	3	0	0	0	0	2
	計			34	12	9	11	8	13

山梨学院

			打	得	安	点	振	球
②37	五十嵐	(3)	4	0	1	3	0	1
③13	栗　尾	(3)	4	0	1	1	1	0
⑦	中　尾	(2)	3	0	0	0	1	0
H79	丹　沢	(3)	2	0	0	0	0	0
④	小　林	(3)	4	0	0	0	1	1
⑨	関　口	(3)	4	0	1	0	1	0
1	垣　越	(2)	0	0	0	0	0	0
⑤	清　水	(3)	3	1	0	0	1	1
⑧	松　尾	(3)	2	2	2	0	0	2
①	吉　松	(3)	1	0	0	0	0	0
1	宮　内	(3)	0	0	0	0	0	0
1	石　井	(3)	1	0	0	0	1	0
2	山　本	(3)	2	1	1	0	0	0
⑥	広　瀬	(3)	3	1	1	1	1	1
	計		33	5	7	5	7	6

▷**三塁打** 五十嵐　▷**二塁打** 皆川　吉沢　松尾

熱球解説 堅守に加え 走塁強化

前橋育英がここ数年、台頭してきた背景に「攻撃的な守備」が挙げられる。守備を受け身と考えずに相手の打者、走者にプレッシャーを与え、守備からリズムをつくって主導権を握る。そこから試合の展開を支配していく。これが育英の戦術である。

さて、今夏の初戦は山梨学院で互角の勝負とみられていたが、終わってみれば12―5と差のついた試合となった。

力の差はそれほど感じられないが、随所に育英らしさが見られた。1点リードの二回裏、山梨無死二塁の守備で、相手8番の吉松君の送りバントを育英の一塁、小池君が猛然とダッシュし処理すると、走者は三塁へスタートも切れず、二塁へ戻った。

もちろん走っていれば三塁憤死だ。何気ないプレーのように映るが、下位から上位へ打線が戻れば、1点は覚悟しなければならないケースだ。

次に先取点と2点目の足掛かりをつくった1番丸山君の1死からの三盗。2度とも4番飯島君の適時打で生還した。序盤、主導権を握る上で文字通り、リードオフマンぶりを発揮した。飯島君の本塁打を含む3安打も圧巻だった。打つべき打者が打つとチームは活気づく。

育英の攻撃は8個の盗塁で揺さぶり、13個の四死球でつなぎ、3本塁打を含む9安打で得点するというパターン。山梨は二回と八回の無死二塁の攻撃に何か工夫したら、試合は分からなかった。

こうやって見てくると、今年の育英は守備重視のチームから走塁と打撃に力を入れ強化してきたように映った。打力と走力が例年以上に仕上がり、従来の守備からリズムをつくることに加わるのだから、大いに期待されても良い。育英は次の2回戦まで中5日ある。丸山君の肩、飯島君の左手首を休ませられるのは大きい。現状よりは多少なりとも状態が良くなるはずだ。楽しみは先にある。

第99回全国高校野球選手権〈2回戦〉

▶明徳義塾（高知）を破り、喜ぶ前橋育英ナイン

2017年8月16日（水） 甲子園球場

	1	2	3	4	5	6	7	8	9	10	計
明徳義塾	0	0	0	0	0	0	0	0	1		1
前橋育英	0	0	1	0	0	0	2	0	×		3

育英守り抜く、リズム生んだバッテリー

前橋育英は三回と六回にビッグイニングをつくり、大量点で試合を優位に進めた。先発の皆川は最速149キロの直球と鋭いスライダーを織り交ぜ、九回途中まで４安打６奪三振と好投。１死球の制球も光った。九回に１点を失ったが、２死一塁で登板した左腕丸山が空振り三振で締めた。守備陣も無失策で支えた。

打線は三回、先頭丸山が右前打で出塁し、すかさず二盗。堀口の内野ゴロで１死三塁と好機を広げ、戸部の中前適時打で先制した。七回は黒沢の中前打から１死二塁とし、堀口が左中間へ適時二塁打。続く戸部も左前適時打で３点目を奪い、勝負を決めた。

明徳義塾

			打	得	安	点	振	球
⑤	菰渕	(2)	4	0	1	0	0	0
⑧	中坪	(3)	2	0	0	0	1	1
H	佐々木	(3)	1	1	1	0	0	0
⑨	西浦	(3)	4	0	1	1	0	0
⑦	谷合	(2)	4	0	1	0	2	0
⑥	今井	(3)	3	0	0	0	0	0
③	久後	(3)	3	0	0	0	1	0
②	筒井	(3)	3	0	0	0	1	0
①	市川	(2)	2	0	0	0	0	0
H	貫	(3)	1	0	0	0	0	0
1	北本	(3)	0	0	0	0	0	0
④	近本	(3)	2	0	0	0	2	0
H	盛田	(3)	1	0	0	0	0	0
	計		30	1	4	1	7	1

前橋育英

				打	得	安	点	振	球
⑧1	丸山	(3)	高崎倉渕	3	1	1	0	0	1
④	堀口	(3)	高崎佐野	3	1	1	1	0	0
②	戸部	(3)	桐生相生	4	0	2	2	0	0
⑤	飯島	(3)	館林一	3	0	1	0	0	1
5	深川	(3)	富岡東	0	0	0	0	0	0
①8	皆川	(3)	館林西	4	0	1	0	2	0
⑦	吉沢	(3)	渋川古巻	4	0	2	0	0	0
③	小池	(2)	桐生川内	3	0	0	0	1	1
⑨	飯塚	(3)	前橋東	4	0	1	0	1	0
⑥	黒沢	(3)	高崎高松	2	1	1	0	1	0
	計			30	3	10	3	5	3

▷**二塁打** 谷合　堀口　佐々木

熱球解説　攻撃的守備を徹底

前日の天候不良で1日順延になった前橋育英と明徳義塾（高知）戦。全国優勝の経験を持つチーム同士の対戦で、守備に自信のある両チームから容易な得点は望めない。ロースコアで1点の攻防から目が離せない好ゲームになると、楽しみにしていたファンも多かったと思う。明徳の馬淵監督にとって甲子園通算50勝目の懸かる試合でもあったが、1日延びたために、育英の荒井監督の53度目の誕生日と重なった。初戦の快勝で勢いづいた育英ナイン。この雨で「(荒井)監督さんのために」との日ごろの感謝の気持ち、〝凡事徹底〟がプレーに表れたように思えてならない。育英は二回の拙攻以外は各自が役割を果たし、育英らしい攻撃的守備をいかんなく発揮していた。先発した皆川君は投げるたびに成長を見せる。初戦は初回から変化球に頼ってフォームを崩していたが、明徳戦は本来の直球主体の組み立てでスピードに変化をつけ、テンポよくフォームを安定させた。二回からは徐々に変化球を交えて8回2／3を4安打1失点。6回を三人で抑え、最速149キロも記録した。丸山君も0回1／3だけだが万全と言ってよい。勝利の方程式は健在だ。守備は無失策の上、中堅丸山君がフェンス際の大飛球を倒れながらもつかむファインプレー。捕手戸部君はインサイドワークが光り、明徳初回の西浦君の二盗を阻止して相手の機動力を封じる結果を残した。二塁堀口君も再三、難しいゴロをさばいていた。打撃はフォロースルーを大きくとり、本塁打を狙うチームが増えているが、育英は右打者は右腕、左打者は左腕をたたみ込み、コンパクトに振り切っているのが調子上向きな打線につながっていると考えられる。上位から下位まで10安打したが、特に1～3番の活躍が目立った。丸山君は初回に三盗を決め、三回は右前打後の二盗で先制の生還。堀口君は初回の犠打、三回の進塁打に加え、七回は貴重な2点目の適時打を打った。3番戸部君は三回に先制の中前適時打、七回は左前適時打だ。負けたとはいえ育英の打撃状態に対して、内角攻めで中盤まで互角の戦いを演じた馬淵監督はさすがの戦略家だ。敗因を挙げれば、三回に先制を許した後、四回2死二、三塁の好機以外、八回まで一人も走者を出せなかった。それで七回に加点されては、やむを得ないか。「一球入魂、一戦必勝」だ。

第99回全国高校野球選手権〈3回戦〉

▶3回表花咲徳栄1死満塁、岩瀬の投ゴロで三走高井を本封、一塁へ送球し併殺とする前橋育英の捕手戸部

2017年8月19日（土）甲子園球場

	1	2	3	4	5	6	7	8	9	10	計
花咲徳栄	4	0	1	2	0	0	2	0	1		10
前橋育英	1	1	0	0	0	0	2	0	0		4

育英 8強逃す

前橋育英は序盤の失点が響き、劣勢を覆せなかった。先発丸山は初回1死から3連続長打を浴びるなど、立ち上がりを捉えられて3回5失点。2番手皆川も五、六回は三者凡退に抑えたものの、4回4失点と本調子ではなかった。

4点を背負った初回、四球の先頭丸山が二進後、三盗と相手投手の悪送球を誘い、無安打で1点を返し反撃開始。二回は吉沢の三塁打を足場に2点目を奪い、七回も小池のソロや戸部の適時打などで2点を追加した。ただ11安打したものの打線のつながりに欠け、流れを変えられなかった。

花咲徳栄

			打	得	安	点	振	球
⑧	太刀岡	(3)	4	1	0	0	1	1
④	千丸	(3)	5	2	2	0	1	0
⑦	西川	(3)	5	1	3	3	1	0
③	野村	(2)	5	2	3	1	2	0
②	須永	(3)	2	3	0	0	0	3
⑤	高井	(3)	4	1	3	3	0	1
⑨	小川	(3)	4	0	0	0	0	1
①	綱脇	(3)	4	0	1	2	1	0
1	清水	(3)	1	0	1	1	0	0
⑥	岩瀬	(3)	5	0	0	0	1	0
	計		39	10	13	10	7	6

前橋育英

				打	得	安	点	振	球
①8	丸山	(3)	高崎倉渕	2	1	0	0	0	2
④	堀口	(3)	高崎佐野	4	0	2	0	1	0
②	戸部	(3)	桐生相生	4	0	2	1	0	1
⑤	飯島	(3)	館林一	3	0	0	0	1	0
H	市川直	(3)	高崎吉井中央	1	0	0	0	1	0
5	深川	(3)	富岡東	1	0	0	0	0	0
⑧19	皆川	(3)	館林西	4	0	2	0	0	0
⑦1	吉沢	(3)	渋川古巻	4	1	1	0	0	0
③	小池	(2)	桐生川内	4	1	2	2	0	0
⑨7	飯塚	(3)	前橋東	4	0	1	0	1	0
⑥	黒沢	(3)	高崎高松	4	1	1	0	1	0
	計			35	4	11	3	5	3

▷**三塁打** 西川　吉沢　▷**二塁打** 千丸　野村2　西川　清水　堀口

熱球解説

勝負の左対策実らず

前橋育英は昨春の関東大会準々決勝で選抜帰りの花咲徳栄と対戦し、4―2で勝利している。当時2年生だった吉沢君が公式戦初先発し、5安打3四球2失点で完投勝利を飾った。

甲子園でのチーム状態は投打とも好調で、県大会から尻上がりに良くなっているようだ。それだけに今日の一戦は大いに期待し、ベスト8へ勝ち名乗りを上げてもらいたかった。結果は4―10で敗れたが、どこにこんなに大差になる要素があったのだろうか。

先発は対戦経験のある吉沢君か、2回戦の明徳義塾を8回2／3を4安打1四球1失点に抑えた皆川君を予想していた。これまで両投手が試合をつくり、後半にクローザーとして丸山君が抑える勝利の方程式は不動のものだと思っていた。

監督が熟慮の末に決定したことなので結果論を語ったり、采配について批判する気は毛頭ない。140キロ後半を投げるエース級を4人も抱え、先発を誰にするのか悩みどころだろう。

丸山君はリードオフマンとしての打撃と走塁、守備では野手としての気持ちが大きかったのではないか。投手として長いイニングを投げるのは負担が大きすぎる。テンポの速さと球種の少なさは不調の時は単調になる恐れがある。

途中からの登板ならば中堅から捕手の組み立てや打者の動きを観察できる。ベンチから中堅まで約100メートルを5回まででも片道10本走り、登板の用意ができるからクローザーには向いている。

徳栄のスタメンには左打者6人が並び、左対策として丸山君を先発で起用したのだと思う。相手の意表を突く作戦だったかもしれない。だが、立ち上がりの4失点や、リリーフした皆川君も交代直後に2失点するのは経験したことがなかったのではないか。

勝敗は別として、育英ナインが一戦ごとに強くなっていく個々の意識の高さを何度も見せてもらった。楽しませてもらった。ありがとう。監督からの教えは宝物になるでしょう。

(17) THE JOMO SHINBUN 2017年（平成29年）8月17日（木曜日）

上毛スポーツ

育英守り抜く

第99回 夏の甲子園

甲子園球場で16日行われた全国高校野球選手権大会2回戦で、前橋育英はバッテリーを軸とした堅守を発揮し、昨夏4強だった明徳義塾（高知）の攻勢を退けた。随所に飛び出した好プレー、初戦は当たりがなかった選手の活躍と、次戦への収穫も目立った。3回戦は大会第11日の19日第2試合（午前10時半開始予定）で花咲徳栄（埼玉）とぶつかる。

関連記事 18、19面

皆川 戸部 リズム生んだバッテリー

誕生日、勝利の贈り物 荒井監督「本当に幸せ」

上毛新聞 2017年8月17日付

2018年（平成30）

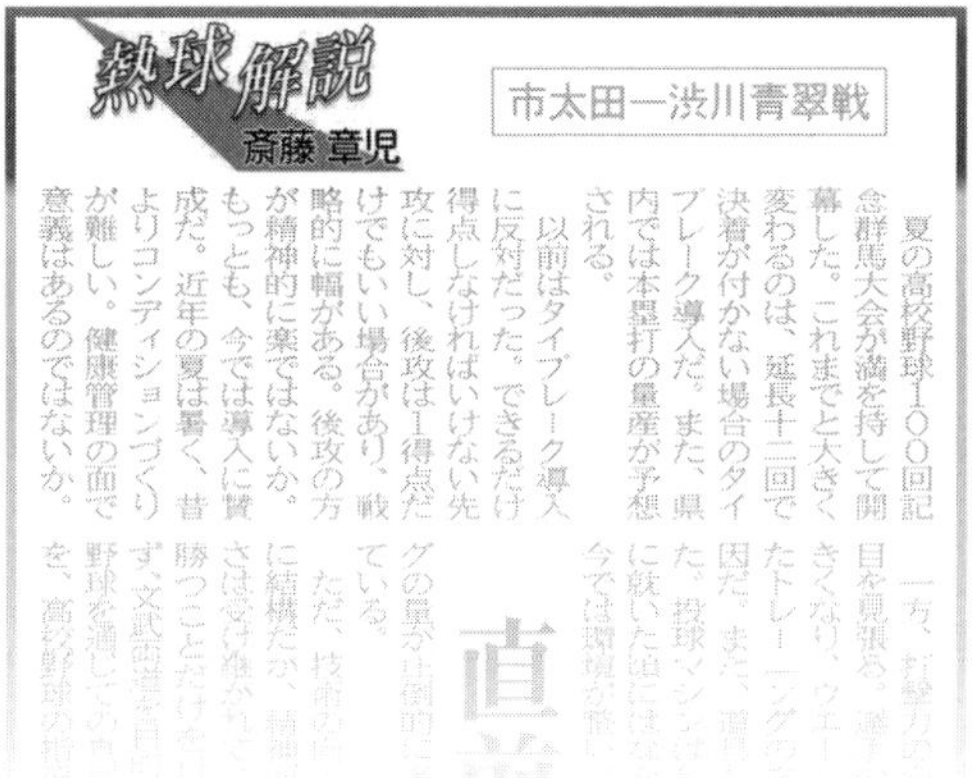
熱球解説

斎藤 章児

市太田―渋川青翠戦

夏の高校野球100回記念群馬大会が満を持して開幕した。これまでと大きく変わるのは、延長十三回で決着が付かない場合のタイブレーク導入だ。また、県内では本塁打の量産が予想される。

以前はタイブレーク導入に反対だった。できるだけ得点しなければいけない先攻に対し、後攻は1得点だけでもいい場合があり、戦略的に幅がある。後攻の方が精神的に楽ではないか。もっとも、今では導入に賛成だ。近年の夏は暑く、昔よりコンディションづくりが難しい。健康管理の面で意義はあるのではないか。

第100回全国高校野球選手権群馬大会〈1回戦〉

▶8回裏市太田1死、右越え打を放ち一気に三塁を突く山村

2018年7月9日（月） 上毛新聞敷島球場

	1	2	3	4	5	6	7	8	9	10	計
渋川青翠	1	0	0	0	0	0	0	1	3		5
市太田	2	0	0	1	1	2	0	0	×		6

市太田耐えた、4人継投 反撃阻止

　市太田が中盤までの得点を守りきった。初回は暴投と菊地の犠飛で逆転。四回と五回に1点ずつ加え、六回は今井の2点二塁打で差を広げた。投手は4人が継投し、5失点で食い止めた。

　渋川青翠は4点を追う九回、根木と八重樫の連続適時打で1点差に迫るも、一歩届かなかった。

渋川青翠

				打	安	点	振	球
⑥	野村	(2)	渋川金島	3	0	0	1	0
8	根木	(3)	渋川	2	2	1	0	0
⑧6	八重樫	(3)	前橋富士見	4	2	2	1	1
⑤	石川	(3)	渋川北	4	0	0	3	1
③7	中島	(3)	渋川古巻	4	1	2	0	0
①3	戸川	(3)	前橋東	4	0	0	0	0
②	根岸	(2)	前橋芳賀	2	0	0	0	2
⑨	米山	(3)	前橋三	4	2	0	0	0
④	平石	(3)	渋川古巻	3	0	0	1	1
⑦	萩原	(2)	榛東	1	0	0	0	0
1	宮下	(2)	渋川	2	0	0	2	0
H	坂本	(3)	前橋みずき	1	0	0	0	0

犠盗失併残
0 1 0 0 7　34 7 5 8 5

市太田

				打	安	点	振	球
②	山村	(3)	太田南	3	1	0	0	2
⑧	中山裕	(3)	桐生相生	4	2	1	1	1
⑥	今井	(3)	太田休泊	4	1	2	1	1
⑨	山越	(3)	太田西	4	0	0	3	0
③1	菊地	(3)	太田毛里田	3	2	2	0	0
⑤	萩谷	(3)	太田西	3	1	0	1	1
④	木村	(1)	伊勢崎あずま	4	0	0	0	0
①	大戸	(3)	太田宝泉	0	0	0	0	0
H	山口	(3)	太田	1	0	0	0	0
1	名田	(3)	太田	2	0	0	1	0
H	金子	(3)	桐生川内	1	0	0	0	0
1	藤生	(2)	太田	0	0	0	0	0
3	中山颯	(2)	太田木崎	0	0	0	0	0
⑦	武井	(2)	太田藪塚本町	4	3	0	0	0

犠盗失併残
1 4 1 0 9　33 10 5 7 5

▷**本塁打** 菊地　▷**三塁打** 菊地　山村　▷**二塁打** 米山　根木　中山裕　武井　今井　▷**審判** 武藤勝　高橋厳　小板橋　猪俣

熱球解説　直前の調整に課題

夏の高校野球100回記念群馬大会が満を持して開幕した。これまでと大きく変わるのは、延長十二回で決着が付かない場合のタイブレーク導入だ。また、県内では本塁打の量産が予想される。

以前はタイブレーク導入に反対だった。できるだけ得点しなければいけない先攻に対し、後攻は1得点だけでもいい場合があり、戦略的に幅がある。後攻の方が精神的に楽ではないか。もっとも、今では導入に賛成だ。近年の夏は暑く、昔よりコンディションづくりが難しい。健康管理の面で意義はあるのではないか。

一方、打撃力の向上には目を見張る。選手の体が大きくなり、ウエートを含めたトレーニングの充実が一因だ。また、道具も発達した。投球マシンは私が監督に就いた頃にはなかった。今では環境が整い、スイングの量が圧倒的に多くなっている。

ただ、技術の向上は大いに結構だが、精神面の大切さは受け継がれてほしい。勝つことだけを目標とせず、文武両道を目的とする。野球を通じての真理の追究を、高校野球の指導者は100回大会の節目に確認してほしい。

本題に入ろう。昨秋の大会で準優勝した関学附と関東大会を懸けた今春の準決勝で互角の試合を演じ、惜敗した市太田に注目した。これから成長してもらうためにも、あえて辛口で言わせていただく。

①コンディションのばらつきが目立つ②初回の無安打での2点先取など、4点はもらったもの（これがなければどうなっていたか）③名田投手の変則モーションが生かされていない④3番と4番のタイミングが合っていない⑤高校野球に敗者復活はない―。

午前9時開始の試合だ。4時には起床し、全体での朝練習と個人での自主練習は当たり前。各自では柔軟、体幹、頭を残した八分のティーバッティングぐらいできるはずだ。もっとレベルは高いはずなのに、タイミングの外れたスイングが多かった。

このほかにもたくさんの反省点があった。ならば原因を追究し、修正し、悔いを残さない野球を全員で心掛けよう。

渋川青翠は善戦した。2年生左腕の宮下投手は決して大きくない体で勇気を持って、右打者の内角を攻めていた。これからの成長が非常に楽しみだ。

第100回全国高校野球選手権群馬大会〈準々決勝〉

▶6回裏関学2死二、三塁、高橋の右前打で柴田に続き本塁を狙った貝原を捕手鈴木がタッチアウトにする

2018年7月21日（土） 上毛新聞敷島球場

	1	2	3	4	5	6	7	8	9	10	計
藤岡中央	0	0	0	0	0	0	0	0	0		0
関学附	0	0	3	1	0	1	0	0	×		5

関学附 投打充実、27年ぶり夏4強

関学附が大会屈指の好投手・門馬を攻略した。三回に河田の中前打などから岡本の３ランで先制。四、六回は高橋の適時打で１点ずつ加えた。投げては先発高橋が８回零封で反撃を封じた。

藤岡中央は二回、永尾と田口の連打などで２死二、三塁とした先制機に一本が出なかった。

藤岡中央

④	高橋誠	(2)	藤岡北	3 0 0 1 1
③	杉　本	(3)	埼玉上里北	4 1 0 1 0
①	門　馬	(3)	藤岡北	3 0 0 0 1
⑧	下　田	(3)	藤岡北	4 1 0 0 0
②	鈴　木	(3)	藤岡北	3 0 0 0 1
⑥	高橋紀	(3)	藤岡北	4 0 0 0 0
⑦	永　尾	(3)	埼玉上里	4 1 0 1 0
⑤	田　口	(1)	藤岡小野	2 1 0 0 0
H	門　倉	(3)	藤岡小野	1 0 0 0 0
5	黒　沢	(3)	藤岡北	0 0 0 0 0
⑨	馬　淵	(2)	藤岡北	1 1 0 0 0
H	岩　崎	(3)	埼玉神川	1 0 0 1 0
9	斎　藤	(3)	玉村南	0 0 0 0 0

犠盗失併残
1 1 1 0 7 30 5 0 4 3

関学附

⑧	岡　本	(3)	栃木足利毛野	4 1 3 1 0
⑥	中　里	(3)	桐生相生	4 0 0 0 0
③	長　島	(3)	埼玉幸手東	4 0 0 1 0
②	来　須	(3)	埼玉加須騎西	4 1 0 1 0
⑤1	柴　田	(3)	埼玉加須西	3 1 0 1 0
④	貝　原	(2)	栃木足利西	4 2 0 1 0
⑨	砂　永	(3)	太田城西	2 0 0 1 0
⑦	河　田	(2)	埼玉羽生南	3 1 0 2 0
①	高　橋	(3)	埼玉羽生西	2 2 2 0 1
5	増　田	(3)	埼玉加須平成	0 0 0 0 0

犠盗失併残
2 2 0 1 4 30 8 5 8 1

▷**本塁打** 岡本　▷**二塁打** 柴田　▷**審判** 田村淳　中野　常沢　磯

熱球解説　門馬投手　改善の余地

10日のこの欄で、「今年の県内は本塁打の量産」が予想されると述べたが、昨年の39本を3回戦で既に抜き去り、昨日までで48本。どこまで記録が伸びるのだろうか。2打席連続本塁打もすごかったが、一発で試合を決める逆転サヨナラ本塁打も印象に残る。今後さらに打者のレベルは上がり、投手受難の時代が続くのだろうか。

この試合は、藤岡中央の門馬投手が農大二戦で悪かったのでどのように修正してくるのか期待した。しきりに肩を気にしていたのが故障でなければ良いが。

五段階チェックで見れば、①立ち②割れ③ひねり④投げ⑤乗り―とあるが、左足を上げた時に、農大二戦は①の立ち姿が悪かった。関学附戦は肩、腰が一緒にテークバックできていて、体幹の軸は良かったように見えた。

③ひねりから④投げに移る時、目標であるキャッチャーのミットから目を離さないようにしていた。頭が早く左方向に倒れるため体の開きが早く、球離れも当然早くなり、抜けたようなボールが右打者の内角高めに行く。いったんミットから目を離した方がスムーズに肩が回る。移動して②割れの時にミットを見た方が頭も倒れないし、体の動きも楽になる。ボールももう一つ前で離れるし、プレート板の三塁側も使えるようになると思う。

関学附は昨秋、今春と決勝で健大高崎に敗れたが、関東大会では甲子園常連校の作新学院、常総学院と戦い、確実に勉強してきている。

健大高崎はこの夏を目標に、準々決勝から準決勝、決勝とチームの状態を上げていくだろう。関学附は決勝まで勝ち上がり、秋春の雪辱を果たしたいところだ。

新しい指導者として、羽鳥監督が就任してから注目していたが、与えられた戦力を適材適所で育て上げたり、チーム作りの手腕は傑出している。これから良い選手も集まるだろう。群馬のレベル向上のためにも誠に喜ばしいと言える。もう何年前になるだろうか。横田部長、梶田監督でセンバツ出場した頃の関学附復活間近のような気がする。

早稲田大の旧安部野球場のセンター、スコアボードの裏に野球部の初代部長で学生野球の父と言われた故・安部磯雄さんの銅像があり、そこにこんな言葉があった。

「知識は学問から、人格はスポーツから」

第100回全国高校野球選手権群馬大会〈決勝〉

▶9回裏育英、一走の橋本が本塁に頭から滑り込んでサヨナラ勝ちを決め仲間に祝福される

2018年7月25日（水） 上毛新聞敷島球場

	1	2	3	4	5	6	7	8	9	10	計
健大高崎	3	0	0	0	0	2	0	0	0		5
前橋育英	1	0	0	1	0	0	0	3	1x		6

育英 3年連続甲子園 健大にサヨナラ

前橋育英は同点で迎えた九回裏、先頭の橋本が中前打で出塁し、梅沢の左翼線二塁打で一気に生還し、試合を決めた。八回は代打石田の右翼線2点二塁打と笹沢の中前適時打で同点に追い付いた。先発恩田は5失点ながら完投した。

健大高崎は1点先行の六回、高山の二塁打を足場に今井の2点適時打で3点差にするも、逆転された。

健大高崎

				打	安	点	振	球
⑦3	山下	(3)	大阪柏原柏原	3	1	0	0	2
④	小林	(3)	三重松阪西	4	0	0	0	1
⑥	大越	(3)	神奈川横浜岩崎	3	0	0	1	0
⑤	高山	(3)	前橋南橘	4	1	1	0	0
②	大柿	(3)	栃木東陽	4	0	0	0	0
③	嶋本	(3)	大阪豊中四	3	1	1	0	1
R	日野	(3)	神奈川横浜川和	0	0	0	0	0
7	奥田	(3)	三重朝日	0	0	0	0	0
⑧	今井	(3)	岐阜長良	4	3	2	0	0
⑨	享保	(3)	兵庫尼崎立花	3	0	0	0	0
9	古屋	(3)	新潟新津二	0	0	0	0	0
①	吉田	(2)	太田綿打	1	0	0	0	0
H	関口	(3)	栃木西方	1	0	0	1	0
1	久保田	(2)	栃木下野国分寺	1	0	0	1	0
1	藤原	(2)	愛知瀬戸水無瀬	1	0	0	1	0
			犠盗失併残 2 1 1 0 6	32	6	4	4	4

前橋育英

				打	安	点	振	球
⑧	久保	(3)	前橋木瀬	5	2	1	0	0
⑥	北原	(3)	榛東	5	0	0	0	0
③	橋本	(3)	館林四	5	2	0	0	0
②	小池	(3)	桐生川内	5	3	1	0	0
⑦	梅沢	(3)	高崎並榎	4	1	1	0	1
⑨	丸山	(2)	高崎高松	3	0	0	0	0
⑤	剣持	(2)	伊勢崎四	3	1	0	2	0
H	石田	(3)	高崎南八幡	1	1	2	0	0
R	川原	(2)	高崎高松	0	0	0	0	0
5	森脇	(2)	埼玉狭山中央	0	0	0	0	0
①	恩田	(3)	東吾妻	3	0	0	0	0
④	笹沢	(3)	高崎新町	3	3	1	0	1
			犠盗失併残 2 0 2 0 10	37	13	6	2	2

▷**二塁打** 嶋本　高山　小池2　石田　梅沢　▷**審判** 井汲　木暮　星野　長谷川

熱球解説 凡事徹底 再認識を

100回記念群馬大会は、高校球児たちによってさまざまなドラマが演じられた。決勝戦は3連覇を目指す前橋育英と、昨秋・今春優勝した健大高崎の2強対決で幕を下ろした。予想された通りレベルの高い対戦だった。決勝戦にふさわしい手に汗握るプレーの連続で、一球たりとも目が離せない好ゲームが展開され、球場内は大いに沸いた。1回戦から両校の仕上がり具合に注目していた。健大は順当な滑り出し。圧倒的な攻撃力で準々決勝まで全てコールド勝ちで進んだ。準決勝の高崎商戦は拙攻で好機を逃し辛くも勝利。育英は試合を通じて投・攻・守それぞれ徐々に調子を上げ決勝に照準を絞ってきた。決勝戦については、育英は初回、堅守を誇る守備に失策が出て1安打で3点を健大に献上したが、打線は好調のようで初回と四回に適時打が出た。六回表、健大二走の高山君が内野ゴロで挟まれたが、育英内野手にミスが出てアウトにできなかったのが痛かった。その後、健大今井君の2点タイムリーで3点差となった。育英は守備にほころびが生じ失点したが八回、先頭の4番小池君が二塁打で反撃の口火を切った。その後下位打線がつながり、3点を奪い同点とした。九回には1死一塁で梅沢君が左翼線への長打を放ちサヨナラ。ゲームセットとなった。決勝を見る限り、自軍がピンチの時にアウトを一つ取ることの難しさを痛感した。考え方としては技術より精神面の強化が重要。特に健大の投手陣で①先発—②セットアッパー（中継ぎ）—③クローザー（抑え）と交代時期は問題ないが、後半に登板する投手は気持ちの準備をしなくてはならない。精神面の整え方が今後の課題。

凡事徹底を再確認すべし。この試合で県大会終了だが、私は全ての高校球児にこの言葉を贈りたい。「技術は二流でもマナーは一流たれ」

▶粘り強い投球で完投した育英の恩田

第100回全国高校野球選手権記念大会〈1回戦〉

▶3回裏近大1死一塁、花田の二ゴロで一走川瀬を二封、一塁へ送球し併殺とする遊撃手北原

2018年8月7日（火） 甲子園球場

	1	2	3	4	5	6	7	8	9	10	計
前橋育英	0	1	0	1	0	0	0	0	0		2
近大付	0	0	0	0	0	0	0	0	0		0

育英 光る堅守

前橋育英がロースコアの息詰まる投手戦を制した。先発主戦の恩田は6安打完封。140㌔台の切れのある直球に、鋭いスライダーやカーブを織り交ぜ、テンポ良く打たせてアウトを積み上げた。

守備は好プレーでもり立てた。初回に捕手小池が二盗を阻止。二回には無死一、二塁でのバントを一塁橋本が三塁に送球して封殺に仕留めた。八回は左翼丸山が本塁への返球で失点を防いだ。

攻撃は少ない好機を生かした。二回、四球で出塁した丸山が、剣持の右越え二塁打でかえり先制。四回は小池が中前打と相手失策で二塁に進み、丸山の左前打で2点目のホームを踏んだ。

前橋育英

				打	得	安	点	振	球
⑧	久保	(3)	前橋木瀬	4	0	1	0	0	0
9	上原	(3)	中之条	0	0	0	0	0	0
⑥	北原	(3)	榛東	3	0	1	0	1	1
③	橋本	(3)	館林四	4	0	0	0	0	0
②	小池	(3)	桐生川内	4	1	1	0	0	0
⑦	梅沢	(3)	高崎並榎	3	0	0	0	1	0
78	川原	(2)	高崎高松	1	0	0	0	1	0
⑨7	丸山	(2)	高崎高松	3	1	1	1	1	1
⑤	剣持	(2)	伊勢崎四	3	0	1	1	1	0
①	恩田	(3)	東吾妻	3	0	0	0	1	0
④	笹沢	(3)	高崎新町	3	0	0	0	1	0
	計			31	2	5	2	7	2

近大付

			打	得	安	点	振	球
④	川瀬	(3)	4	0	2	0	1	0
⑧	花田	(3)	4	0	0	0	1	0
⑤	山本	(3)	4	0	2	0	0	0
③	高倉	(3)	3	0	0	0	0	1
⑨	山中	(3)	3	0	0	0	0	1
⑦	大沢	(3)	3	0	0	0	0	0
⑥	道正	(3)	3	0	1	0	0	0
①	大石	(3)	2	0	1	0	1	0
②	西川	(3)	2	0	0	0	1	0
	計		28	0	6	0	4	2

▷**二塁打** 剣持

熱球解説

好機 確実に生かす

「長く重みのある歴史の上に立つ…」開会式の選手宣誓で近江高主将の中尾雄斗君が述べた一節である。１００回記念大会の節目にふさわしい宣誓だった。各地の予選で惜しくも敗れ去った全国の高校球児を代表して述べたことが素晴らしい。

これからの長い人生にはさまざまな出来事や価値観があって戸惑うばかりだろう。球児たちには、野球を通して培った「真理の追究」(何が正しいのか、正しくないのか)を糧にしてほしい。

それでは本題に入ろう。近大付との1回戦は、投手を中心に堅実な守備からリズムをつくり、守り抜きながら攻撃を仕掛けるという同じスタイル同士の対戦となった。いわゆる強いチームというイメージよりは負けにくい戦い方をする。打ち勝つよりも、どちらが守り勝つかがポイントで、ロースコアの試合は想定内だった。

そうした中で、県大会の準決勝ごろから調子が上向きだった育英打線が少ない好機で確実に得点を挙げた。二回2死から四球と7番剣持君の右翼線への二塁打で先取点。四回は4番小池君が中前打を打ち、守備がもたつく間に二塁へ進む好走と、二ゴロで三塁へ。続く6番丸山君の左前打で2点目を奪った。相手の先発大石君の調子が上がる前に、得点を奪えたことが大きかった。

6、7番の2年生コンビの活躍が目立った一方で、三回は1死から上位打線が続いたが併殺に打ち取られた。五回以降はノーヒットに抑えられてしまった。それほど深刻ではないが、今後のためにも球に逆らわず逆方向に引っ張ることを意識してほしい。

持ち前の守備も良かった。初回に、捕手の小池君が盗塁阻止したことで、相手は警戒して走りづらくなった。何度かミスはあったが、三回に併殺も出て全体的に非常に安定していた。相手の守備も良かったが、育英の方が一枚も二枚も上手だったように感じる。

先発の恩田君は緩急の差が大きく多彩な投球が見事だった。１４０キロ台の直球と１００キロ以下のカーブにスライダー、スプリット、チェンジアップ。これらの持ち球の組み立てと制球力が抜群だった。走者を背負ってからも、投球の間隔を短くしたり、長くしたり、走者を手玉に取っていた。高校生とは思えないくらい、いろいろな引き出しを持っている投手だと感じた。

結果は2―0だったが、スコア以上の試合内容だった。今年の育英の3年生は「谷間の世代」とも言われていたが、２０１３年に全国優勝したチームに似てきた。今年の夏は楽しみだ。

第100回全国高校野球選手権記念大会〈2回戦〉

▶2回表育英1死満塁、恩田の中前打で梅沢に続き丸山がかえり逆転

2018年8月13日（月） 甲子園球場

	1	2	3	4	5	6	7	8	9	10	計
前橋育英	0	3	0	0	0	0	0	0	0		3
近江	1	0	0	0	0	2	0	0	1x		4

育英 サヨナラ負け、力尽く

前橋育英は序盤のリードを守り切れず、サヨナラ負けした。先発恩田は143球を1人で投げ抜いたが、最終回に力尽きた。

初回に1点先制されて迎えた二回表、梅沢がチーム初安打となる右前打で突破口を開いた。丸山は8球目まで粘って四球を選び好機を広げ、剣持の左前打で1死満塁に。続く恩田の2点中前打で逆転した。なおも1死一、三塁で笹沢がスクイズを決めて2点差にした。その後は打線が沈黙。救援した左腕林に、四回から九回まで2安打無得点に抑えられた。

守備では六回、4連打で同点に追い付かれた。九回は失策と単打、四球で無死満塁となり、決勝の中前打を打たれた。

前橋育英

	氏名	学年	出身	打	得	安	点	振	球
⑧	久保	(3)	前橋木瀬	4	0	0	0	1	0
⑥	北原	(3)	榛東	4	0	1	0	1	0
③	橋本	(3)	館林四	4	0	0	0	2	0
②	小池	(3)	桐生川内	4	0	0	0	1	0
⑦	梅沢	(3)	高崎並榎	3	1	2	0	1	1
⑨	丸山	(2)	高崎高松	3	1	0	0	1	1
⑤	剣持	(2)	伊勢崎四	3	1	1	0	0	0
①	恩田	(3)	東吾妻	3	0	1	2	0	0
④	笹沢	(3)	高崎新町	2	0	0	1	1	0
	計			30	3	5	3	8	2

近江

	氏名	学年	打	得	安	点	振	球
⑧	木村	(3)	4	1	3	0	0	1
⑥	土田	(1)	5	1	1	0	0	0
④5	家田	(3)	4	1	1	2	0	1
⑤3	北村	(3)	5	0	2	1	0	0
⑨	瀬川	(3)	3	0	1	0	1	2
②	有馬	(2)	3	0	1	1	1	1
③	山田	(3)	3	0	1	0	1	0
4	中尾	(3)	1	0	0	0	0	0
①	佐合	(3)	1	0	0	0	0	0
H	川村	(3)	1	0	0	0	0	0
1	林	(2)	2	0	0	0	0	0
⑦	住谷	(2)	3	1	2	0	0	1
	計		35	4	12	4	3	6

▷**二塁打** 瀬川　北原

熱球解説　欲しかった追加点

高校野球100回記念大会は、半分過ぎたところだが、危険な猛暑のため例年に比べ、足をつる選手が多く、これからが心配。体調の管理に努めてもらいたい。

甲子園の舞台では連日白熱した試合が展開され、球場の観衆は大いに沸き、テレビの前で観戦していたファンも楽しんだと思う。立大同期の中矢信行氏（元愛媛県高野連審判長）の息子の太氏が監督をしている済美（愛媛）と星稜（石川）を観戦したが、高校野球ならではの意外な結末にしばらく興奮が冷めやらなかった。

試合は星稜リードの7―1で八回裏、済美の打線が爆発して一挙8点の猛攻で逆転。しかし星稜が九回表2点を返してタイブレークに入った。十三回表、星稜が2点を挙げて逃げ切りを図るも、その裏に済美がサヨナラ満塁ホームランを放つという、劇的な結末を誰が予想しただろうか。

何が起こるか分からないのが高校野球。勝負はげたを履くまで分からない。

前橋育英―近江戦は、1点を追う二回に育英がワンチャンスを生かして3点を奪い、主導権を握ったかに見えたが、あと1点で良いから追加点が欲しかった。

近江2番手の左腕林君の攻略は、右打者の多い育英ならできたのではないか。通常はホームベース寄りの投手側に立ち、内角を投げにくくさせた上で、甘く入ってきたカーブやスライダーを右方向へ狙うべきと言われている。ところが右打者の右への打球は、六回久保君の詰まった二飛だけだった。

相手投手に翻弄されたままではなく、攻撃側9人で1人の投手を揺さぶり、ペースを狂わせることが必要だった。4投手を擁する近江に隙ができるのはイニング途中の継投だろう。4人目まで引きずり出すような明確な打撃方針、研究が感じ取れなかったのは残念。

育英らしい積極的な堅守は健在だっただけに、惜しい。同点に追いつかれた六回、なお1死一、二塁の危機を「6―4―3」で切り抜け、八回無死一塁はバント処理から「1―6―3」と2併殺は見事だった。この大会は大逆転の試合が多く、見る者に野球の楽しさを教えてくれているが、甲子園から学ぶことも大切だ。

『「やれば出来る」は魔法の合いことば』（済美学園歌「光になろう」より）。

(19) THE JOMO SHINBUN 2018年(平成30年) 7月26日 (木曜日)

上毛スポーツ

第100回 全国高校野球群馬大会

記念大会の幕切れは劇的サヨナラだった——。25日の全国高校野球選手権記念群馬大会決勝は、前橋育英が春季関東王者の健大高崎に6—5のサヨナラ勝ちで、夏の甲子園の切符を手にした。県代表は3年連続4度目。北原翔主将は「甲子園に校歌を響かせる」と必勝を誓った。

関連記事 20、21面

劇勝

育英 終盤に集中力

故障を克服 梅沢決めた

上毛新聞 2018年7月26日付

心のキャッチボール

私の高校野球

相手を思いやる心のキャッチボール

私の大学時代の野球部寮に「不如人和」という言葉が額に飾ってありました。〝人の和にしかず〟と読みます。この言葉は、早稲田大学野球部部長として東京六大学野球の発展に多大なる功績のあった、安部磯雄先生が述べられたものです。〝人の和に勝るものはない〟。つまり「チームワーク」こそ最も大切である、ということでしょうか。

昨年春の県大会から、三年ぶりに復帰し、幸運にも夏の第七六回全国高等学校野球選手権大会に出場できたのは、この「不如人和」という言葉のおかげでした。この言葉のもっている意義の深さを、今までの甲子園出場をかけて学んだ教訓から、述べてみようと思います。

「不如人和」を実践するために不可欠なことは、正しいキャッチボールです。相手から投げられたボールを身体の正面で、しかも両手でしっかりと受けとる。これはとりもなおさず、素早く相手の胸に正確に投げ返すことにつながります。それは相手に対する礼儀であり、相手の立場を思いやる気持ちでもあるのです。相手に対する「思いやり」があればキャッチボールはもっと上達します。このちょっとした「思いやり」がチームプレーの根本精神であり、それは相手の心と「心のキャッチボール」をすることなのです。

キャッチボールが相手に対する「思いやり」なら、チームプレーは周囲に対する「気くばり」です。正しいキャッチボールができない者はチームプレーに参加できないのと同様に、「思いやり」のない者に「気くばり」はできません。

相手を思いやる気持ち（心のキャッチボール）があって、気配り（チームプレー）ができるようになると、お互いが自分の「役割と責任」を果たし、周囲とつながることによって、チームのために協力し合い、そしてチーム全員に「感謝」するところにまで高められていくのです。「自分さえ良ければ…」という観念は捨てることです。こういう利己主義には責任も義務も伴いません。利己主義と個人主義は違います。個人主義というのは個人の行動や思想は自由だが、その自由に義務が付随し責任を持たなければいけない。それだけに自分を大切にすることが必要なのです。自分にとって何が大切なのかをわきまえることです。

キャッチボールがポジションごとの連携プレーとな

り、チームプレーに育っていく。監督が〝ゴー〟のサインを出す、選手はなぜこの場面で〝ゴー〟なのか、それから起きるさまざまな試合展開を瞬時に認識し果敢に行動する。

野球の楽しさは、ここから始まるのではないでしょうか。野球というスポーツは本来楽しいもの、みんなが楽しくなければ野球ではない。「不如人和」というのは、こういうことだと思います。

選手と心が通わず〝勝てない監督〟

私は昭和四十二年に東京農大二に赴任し同時に野球部監督になりました。高校教師になって監督になるようにすすめて下さったのは、恩師の故野口定男教授（立大野球部部長）と芹沢利久監督でした。大学三年のとき腰を痛めて、下級生の指導をしている姿に将来の私を見てもらったのだと思います。立大卒業後、ヤシカカメラに入社したのですが、三年目で硬式野球部が休部となったのをきっかけに退職し、聴講生で教員の資格を取得しました。

東京農大二から話をもらったとき、高校野球の神様的存在の故稲川東一郎監督（桐生）が健在だったのが、群馬に来るきっかけになりました。私にとって甲子園よりも、〝打倒・稲川〟がすべてだったのですが、目標だった稲川監督は赴任後まもなく他界、一戦もまじえることはありませんでした。そのことがいまだに心残りです。

目標を失ったその当時の私の頭の中には「甲子園」のことしかなく、寸刻の練習にも精魂をこめ、グラウンドで生徒と真正面にぶつかっていく毎日でした。ノック一本にもその気をこめ、部員たちのどんなさ細なミスも許しませんでした。オレの野球をしっかりと受けとめるだけの根性の持ち主がいれば、必ず勝てるはずだという自負がありました。

就任した四十二年夏、群馬県の代表決定戦でセンバツ帰りの桐生に3―1、北関東大会で作新学院に4―2で勝ったのですが、決勝戦は五月女投手のいる鹿沼農商に0―1で負けました。監督一年目で実現できる、と思ったのがいけなかったのです。その後はまったく勝てません。焦りも出てきて練習は深夜にまで及ぶこともしばしばありました。心を「鬼」にして選手を厳しく鍛えました。しかし、それでもここ一番、で勝てませんでした。〝オレは一日として練習を怠ったこともないのに〟と、時に〝逃げ〟を見せる部員たちに腹を立てたりもしました。

四、五年すると、〝勝てない監督〟、〝斎藤では勝てない〟という周囲の声が高まり、私の中の野球に対するプライドがたまらなく傷つくことも多くなりました。身体もガタガタになっていて、心身共に疲労困ぱいして四十六年秋、監督を退きました。

当時を振り返ると私自身の未熟さが恥ずかしいのですが、本当のことだから仕方ありません。結局、部員たちと心が通い合っていなかったのです。そんな当たり前のことが私には十分わからず、ただがむしゃらに練習を積んだだけでした。

五十年夏、思いがけない事件で、秋季大会出場辞退ということもあり、再度監督を引き受けた五十一年夏、準決勝でエースの深井隆（立大―日本石油）は、雨で日程がつまって、四日間で四連投という悪条件下のマウンドでした。無理をおして登板し、とうとう逆転されてしまいました。恥ずかしい話ですが、私は試合中から涙が出て止まりませんでした。不公平な組み合わせと強行日程が恨めしく、情けなく思ったのです。

五十二年夏、五十三年夏と連続してベスト4。五十四年夏には決勝まで進出し、甲子園を射程に入れ、同年秋には、高仁（元ヤクルト）―清水（元日本ハム）のバッテリーで関東大会優勝。翌五十五年のセンバツへとつながったのです。

積極的なプレーには女神がほほ笑む

「勝てない監督」が、やっと勝てたわけですが、ここまでの道のりは決して楽な戦いではありませんでした。強豪・前橋工が大きく立ちはだかり、何度となく涙を流しました。五十三年の春は、準々決勝で主砲・酒井浩一（現ＪＴ高崎監督）の満塁ホーマーを含む三打席連続本塁打などで五回コールド15―0で勝ったまでは良かったのですが、五十三年秋から五十四年春、同年夏と前橋工にいずれも決勝で敗れ、この年の私は、まるで巨大な風車に立ち向かっていくドン・キホーテみたいでした。しかし同年秋に準決勝で、その前橋工を延長十七回の末3―1で下し、余勢をかっての関東大会出場だっただけに甲府工、国学院栃木、熊谷商、八千代松陰と立て続けに破り優勝までしてしまいました。

東京農大二は十五年ぶり二度目のセンバツ出場。私にとっては記念すべき初出場。「東の横綱」と下馬評は高かったが結果は3―7で松江商に破れました。選手も私も硬くなり自分たちの野球ができないまま無残にも初戦敗退でした。しかし、甲子園での戦いは貴重な教訓を与えてくれました。消極的なプレーは魔物にとりつかれるが、積極的なプレーには女神がほほ笑むのです。「失敗を恐れず大胆にやれ」ということだと思います。

例えば守備では「ボールを持って無難に取ろうと思わず、常に出足を利かして一歩でも前へ出る」ということです。それでエラーしても良いではないか。出足をつけて前へ出ることが守備範囲を広くします。そして相手の打者が変わるたびに守備位置を変え、投手が投げるたびにスタートを切っている選手はいつも積極性を失わない選手です。こういう選手は自分のプレーは何か、何を要求されているのかを知っています。こういうふだんの積極性のある行動が、「実践的な選手」をつくりあげるのです。

走塁でも「ひとつの塁をとって満足せず、常に果敢に次の塁へ進む気持ちを忘れないこと」。すなわち現状に甘んじるなということです。もし失敗したら工夫し、考えればよいではないか。無難にこなしている者に進歩は小さい。むしろ失敗が出発点になり、その経験が人間を形成する有力な材料になるのです。若いうちは、「消極的な失敗より、積極的な失敗をしろ」と言いたい。

この甲子園を契機に、私の高校野球に対する気持ちは一変しました。ここ一番、で負ける原因はどこにあるのか。部員たちと心が通じ合えるには、何をしたらいいか。あまりにも「勝つ」ことばかりにとらわれて大事なことを見失っていました。

高校野球が教育の一環として存在する以上、当然教育者としての考え方で何を教え、どう指導するかを明確に認識しておかなければならなかったのです。そこで今までの監督主導型の指導方法から部員たちに主体性を持たせ、自主性を尊重する野球へと大きく変わりました。すなわち、やらされる野球から自分で積極的にやる野球になったのです。

昭和六十年夏…忘れられない日航機墜落

五十七年夏の甲子園に出場した阿井英二郎投手（元ロッテ）は、捕手から投手に転向した二年生の秋季練習で自分が納得いくまで投げ込み、夜の十時を過ぎることが、たびたびありました。もちろん、渡辺努（星野女子高ソフトボール監督）らほとんどの部員も自分のテーマに真剣に取り組んでいました。「自主性の尊重」で結果が出てくると、野球が楽しくなってきます。

夏の県大会では、前橋育英の松原投手（巨人—西武）、準決勝で前橋工の渡辺投手（西武）、決勝で高崎商の近藤投手（東京ガス）に投げ勝っての甲子園でした。東京農大二にとって夏は初出場、初戦の川之江に7—2で勝ったのですが、二回戦で新谷投手（西武）のいる佐賀商に1—5で負けてしまいました。試合開始直後の2球目の打球が阿井の右足のくるぶしに当たり、本来の力を出せないままに、敗れ去ったのは残念でした。その阿井は今、高校教師を目指して日大の通信教育で勉強しています（プロ野球に在籍した者が、高校野球の指導が出来るようになるには教職に就いて、なお五年の経験が必要です）。

六十年夏の甲子園は三回戦まで勝ち進みましたが、あの桑田投手（巨人）、清原選手（西武）のいたPL学園と決勝を争った宇部商に5—8で敗れました。この年の忘れることのできない不幸な出来事に、日航機墜落事故がありました。初戦、エース竹内久生（法大—日産自動車）の好投で、智弁学園に2—1で延長十回サヨナラで勝ったあとの八月十二日の夕方のことでした。二年生でベンチに入っていた竹下政宏の父親がその飛行機に乗っていたのです。悲痛の思いで御巣鷹山の事故現場に向かった竹下のためにも、と同じ二年生の横川正邦（NTT東京）はじめチーム全員が頑張って二回戦は熊本西に9—1で勝ちましたが、複雑な気持ちでした。大惨事をテレビで見た後、「九九パーセント不可能なことでも、一パーセントに希望をかけよう」。宿舎を立つ前に竹下にいった言葉も後になって空しかった（乗員乗客五百二十四人のうち四人の生存者がいた）。

私の高校野球

平成元年夏は投手力がやや弱く、打ち勝っての甲子園でした。初戦の日向戦は織田投手（早大—巨人）を打ち込み一六安打で10—6で勝ちましたが、二回戦で智弁学園の九本を上回る十一本の安打を放ちながら2—6で負けました。このチームは高山健一（青学大—本田技研和光）などが、チーム内で競い合って自主的に練習し、ベンチプレスにしても投手陣を除くレギュラー全員が、一〇〇キロ以上をあげていました。

「不如人和」人の和を生んだ楽しい野球

平成四年春の甲子園に出場したチームは、初戦の佐賀商に1—2で敗れはしましたが井野智広（立大）が主将としてのリーダーシップを大いに発揮してくれました。清水将海（青学大）以外は傑出した選手はいませんでしたが、お互いが協力し合って良くまとまっているチームでした。

この試合を最後に持病の腰痛が悪化し、やむなくグラウンドを去りましたが、平成六年春の大会から二度目の復帰をしました。途中から引き受けたチームでしたので、気持ちはこれまでと違って楽でした。

選手の個性を生かし、適材適所に配置変えし、楽しい野球を心がけたのが成功したようです。エースの伊藤央樹（日大）の他に先発、中継ぎ、抑えを用意し、三塁手の岡野勝俊（青学大）を捕手に、捕手の植原宏（東海大）を一塁手に…、というようにコンバートしたことが選手たちには新鮮に感じたのでしょう。新しいポジションで連携プレーに取り組んでいる彼らの姿に、「不如人和」を見ました。

甲子園では延岡学園に12―4で勝ったものの、創価には2―3で負けました。しかし楽しく野球ができました。これからも楽しい野球を追求していこうと思います。

勝てば良いという野球もありますが、むしろ勝利に向かってお互いが努力する過程に価値感を求めたい。それでなければ全員でやる野球にはならないし、みんなで感動のある青春を体験することにもなりません。そして三年間を通じ、友を得、感謝の心を知り、努力の大切さを感じ、「不如人和」人の和に勝るものはないことを知り得た時、他人の価値が理解できる謙虚な人になり、「真のスポーツマン」として育ってくれることと思います。

高校野球はひたむきな心を求めるもので、一生懸命やることによって必ずゆさぶられるような感動が訪れます。いつも努力が先で楽しみは後、一生懸命やれば必ず報われることを知って、お互いが共通の目的と目標に向かって努力すれば、そこには必ずや気迫がみなぎり目標を達成することができる、と確信します。

報知新聞社発行「報知高校野球」（リレー連載85）
一九九五年掲載

高校野球の指導における問題点

今、高校野球は

第七六回全国高等学校野球選手権大会は、甲子園球場に超満員の五万五千人の大観衆を集め、佐賀商業高校が劇的な逆点で初優勝を飾った。今大会には史上最多の四〇八八校が参加し、大会の規模は年々大きくなっている。

しかし、スポーツの多様化、特にサッカーやバスケットボールといったスポーツの人気が盛んになり、甲子園球場の観客動員数は、昨年と比較して一万一千人減少し、今後の行く先に一抹の不安を投げかけている。

一昔前までの「スポーツといえば野球」といった風潮は今はない。むしろ「数多くあるスポーツの一つとしての野球」という考え方が、青少年の間には定着しているようである。こうした現状の中で高校野球界での問題点は何なのかといったことを、社会的現象面、歴史的背景からとらえ、指導者の考えていることに迫ってみようと思う。

高野連の設立

高校野球は二つの全国大会を中心に発展してきたが夏の選手権大会は大正四年に第一回全国中等学校優勝野球大会として、七三校の参加のもと朝日新聞社の主催で開催され昨年で七六回を数える（農大二高は四回出場）。一方、春の選抜大会は大正十三年に毎日新聞社の主催により第一回大会が開催され、昨年で六六回の大会を迎えた。（農大二高は三回出場）。

両大会とも新聞社の主催で開催されていることが大きな特徴であり、このことが後の制度や組織のうえに大きな影響を与えることになる。

一般に高校の競技大会は高等学校体育連盟（高体連）の主催により開催されているが、高校野球は高体連に実質上加入していない。高体連は昭和二十三年に設立され、それまで日本体育協会（日体協）所属の各協議団体の主催で行われていた競技大会の開催権を持つようになった（主管は各競技団体）。

当然高校野球も高校の一競技スポーツであるとの理由から高体連へ加入すべきであるという論議がなされたが、

一、昭和二十一年にいち早く全国中等学校野球連盟（後の日本高等学校野球連盟〈高野連〉）が結成されて

いること
二、学生野球には学生野球憲章があり、高校野球は日体協には加入せず独立していること
三、大会は新聞社のバックアップにより、すでに三十年の歴史を有すること
四、技術的に大会の開催が高体連では不可能なこと
などの理由により高校野球の高体連の加入は見送られた。
　この高野連の設立の経過が現在も踏襲されており、高校野球は高校生の競技でありながら高体連に属さないという他の高校競技とは違った特殊な性格を持っているのである。
　このように高校野球は一つの社会現象としてとらえられ、またその成立の経過から特殊な性格を持ち、単に高校の一競技と割り切れない面が多々ある。

問題点と方向性

　こういった状況の中で高校野球に携わる指導者も、高校野球の指導者であるが故の様々な問題や悩みを抱えている。
　そこで、現場の指導者が様々な角度から考えている問題点の内容を、滋賀県立栗東高校、今井義尚教諭による「全国の高校野球部監督のアンケート結果報告書」から幾つか引き抜いてみた。

Ⅰ　科学的知見の導入と合理的練習
　生徒一人一人の力を最大限に伸ばして、発揮させるには、より科学的な方法の導入が必要であり、そのためには指導者自身が各方面にわたり積極的なアプローチを試み、理論的なバックボーンを持って指導にあたることが大切である。

Ⅱ　現代社会に生きる生徒の特徴
　暖衣飽食、個人主義の横行といった社会の変化の中で、家庭も少子核家族化が進み「我が子のみ」という考えがはびこっている。このような中で育つ子供は、虚弱であり、精神的にも貧弱で、自己規定が早く、向上心や素直さに欠ける。野球に対する意識も、現在指導的立場にいるものが持っていたような「野球一途」の考えはない。このような背景を持つ生徒をいかにしたら心身ともにたくましく、自ら進んで意欲的に活動できる生徒に育てられるかが大きな課題である。

Ⅲ　野球による人格形成
　野球部だからといって野球のみでの成長は有り得ない。学習や学校生活、家庭生活など本人にかかわ

る全ての活動を通して人間的な成長を目指していくことが将来の糧となり、今やっている野球にも影響をおよぼす。野球部員である前に、高校生としての自覚を持たせ、幅広く人間性を向上させる指導をすることが必要である。

Ⅳ　高校野球を取り巻く周辺

高校野球は長い伝統があり、組織や考え方にも一定の固定した概念が存在するが、そのものに固執するあまり現在の社会や生徒にそぐわない面がかなりある。今後の高校野球を発展させるためにも、現状をみすえた現場と組織の意思疎通や連携が必要である。また、野球部を支えるはずの保護者やＯＢなどの組織についても、その存在意識、目的を明確にし、野球部の発展に寄与できるような組織であらねばならない。経済的なことや進路、有望選手の補強なども含め、指導者だけでなく周囲や社会が問題意識をもってとらえるべきで課題が数多くある。

Ⅴ　望ましい指導のあり方

生徒が最も力を発揮したり伸びるのは、生徒自らが意欲を持って取り組むときである。しかし、現代の生徒が育った社会や受けてきた教育は、現在指導的立場にいるものが受けたものとは大きく異なっており、監督主導型の指導では生徒を最大限に伸ばすことに限界を感じる。全国で活躍するチームほど選手自らが考え、行動している様が顕著である。どのようにしたら本当の意味での「楽しさ」を味わわせ、自主性をつけさせながら、指導者の意図を生徒に意識づけられるかということが大きな課題であり、この解決のために指導者自身の意識改革と向上心が必要である。

以上、五つの観点から指導者の意見をまとめてみたが、高校野球の中核をなすものは「野球による人格形成」をベースとした、本当の意味での楽しさを味わわせ、自主性を引き出す「望ましい指導の在り方」にあることがわかる。

しかし本当の意味での「楽しさ」とは何なのか。自主性をどのようにとらえ、それを引き出す手立てはどうすればよいのか、といった切り込んだ内容については、ここでは結論に至っていない。現場の指導者として今後、これらの問題点を最大の研究課題として、できる限り取り組んでいきたいと思う。

「たかが野球、されど高校野球」

「農大二高野球部新聞」（平成七年三月一日発行）掲載

野球への主体的な姿勢を育てるトレーニングを

体力トレは〝追い込まず〟意欲を持たせる工夫を

オフ・シーズンのトレーニングが、夏に照準をおいた体づくりにあることは異論のないところです。しかし、三～四カ月におよぶオフ・シーズンで、トレーニングに対するモチベーションを持続させ、効果的な体力養成をすすめるためには、どんなトレーニング方法がよいのか、指導者なら誰もが悩むことでしょう。本校ではここ数年来、ウエートトレーニングによる筋パワーの養成をオフ・トレーニングの中心にすえてきました。

体力トレーニングは、子どもにとってつらいのが普通ですが、それを、例えば「追い込む」ことで乗り越えようとして、チーム全体に「野球をやらされている」といった雰囲気をつくってしまっては何にもなりません。野球は個人プレーの集合体ですし、自分でやる野球、それぞれの個性が輝く野球をしていきたいと思っています。ですから、オフ・シーズンのトレーニングで留意しているのも、効果的なトレーニング方法の工夫はもちろんですが、トレーニング全体を通じて子どもたちの主体性を大切にし、「こうしよう」「これをやろう」という気持ちが大きく育つようにトレーニングを組み立てることなのです。ともすれば単調になりがちなオフのトレーニングですが、子どもたちの取り組み方が主体的で、意欲的だと、プレーの面にもそれが表れ、それぞれが個性を発揮することにつながるのです。

ノックだけではスピード、パワーを獲得できない

オフ・シーズン中の練習は、二時間ほどで切り上げています。その中で中心になるのが、マシンや器具を使った筋パワーの養成です。いわゆる無酸素系の力を高めようというわけです。

野球の基本は、投球・送球、打撃、捕球、走塁ですが、走塁にしてもダイヤモンドを走り回る走力ではなく、アウトになる前にベースに飛び込むダッシュが、他の技能にしても投手などを除けば瞬発力とパワーがプレーの水準を左右します。今年は打撃力が低く、守備力で負けない野球をしてきたのですが、守備の強さをつくるのにノックでは限界があるというのが実感です。ノックだけでは、スピードとパワーを獲得できないのです。また、ランニングによる伝統的なトレーニングを否定するわけではないのですが、ダッシュのインターバルのほうが野

球にとって実際的と考え、本校ではこれを採用しています。

ウエートトレーニングによって培われるスピードとパワーは、今日の野球にとっては必須といえましょう。ウエートトレーニングは年間を通して行っているのですが、オフではその比重を増やしているのです。

トレーニングにあたっては、四カ月ごとに体力測定を行うほか、トレーニングの内容をその都度工夫したり、互いに競い合ってトレーニングをすすめるようにしています。オフでは、ちょうどその前と後に体力測定ということになるのですが、そのときまでのトレーニングの結果を確認し、次期の目標数値を算出するわけです。目標は、現在の体力を基礎にトレーニングで獲得できる範囲のもので、各部位についての「ここまでなら伸びるはずだ」という目標です。トレーニング・メニューも、それぞれの目標にあったものが考案されます。

こうして自分の目標が定められると、子どもたちは競い合ってトレーニングをします。マシンや器具は、雨天練習場の隣に小さなトレーニングセンターをつくって設置しているのですが、子どもたちは更衣室やミーティング用の部屋にまで器具を持ち込んでしまいました。練習の中で時間をとって行うトレーニングだけでなく、朝ちょっとした時間にとか、練習後シャワーを浴びる前になど、それぞれが自分たちの時間で課題をこなしているのです。

トレーニング内容は専門家の指導を仰ぐ

実は、四年ほど前からこうしたトレーニングは、専門家に直接見ていただいています。私も勉強しましたが、やはり専門家にお願いするのが一番です。以前は、毎月トレーニング・メニューを送っていただいたりもしましたが、直接指導していただけるようになって、子どもたちのトレーニングに対する認識が変わってきました。来校するのは二週間に一度ですが、このときは集中的にトレーニングを行い、子どもたちがやっているトレーニング方法をチェックしてもらいます。子どもたちは、負荷のかけ方や正確な動作、自分たちが工夫したことなど、積極的に質問しています。今では、私などより子どもたちのほうがトレーニングについて詳しいほどです。

私も「腰が高いのだが」とか「下肢が弱いようだ」などと相談をもちかけ、トレーニング内容を検討してもらうのですが、実際の指導はほとんど任せています。科学的なトレーニングは、野球の技術や戦術の延長ではなく、ひとつの専門分野です。こうしたトレーナーの役割は、もっと重視されるべきではないでしょうか。子どもたちも専門家のもとで、安心してというより確信をもってトレーニングに励んでいます。費用も思ったほどかからないのです。

トレーニングというと、黙々と課題を消化していくという印象が強いですし、実際にもそうやってオフ・シーズンを過ごしていくわけですが、指導者から「おまえはこれだ」と課題を与えてやらせるのと、「何のために」「何をすれば」「どんな効果があるのか」を子どもたちが考えて行うのとでは、結果として獲得できるものが全く違います。最も大きな成果は、〈自分からすすんで取り組む〉という気風です。これは、独自に追求して獲得できるものではなく、やはり日々の練習を通じて養われるものでしょう。トレーニングでも、意欲的に取り組む環境をつくってやれば、子どもたち自身がいろいろと工夫しながらすすめています。大切なのは、やはりその気にさせる「導入」ということでしょうか。

個性を見いだし積極的な姿勢を育てる

〈自分からすすんで取り組む〉ということでは、私自身もこれまでのオフ・シーズンの中でいろいろな経験があります。本校の修学旅行は二年生の三月中旬なのですが、これに参加させたことがあります。一週間の旅行から戻ると、すぐ二十五日です。また、冬休み中の練習をやめた年もありました。このときは、多くがアルバイトをしていました。私も落ち着きませんでしたが、そのいずれの年も夏の甲子園に出場できたのです。子どもたちもあわてたのか、それぞれ自分でトレーニングをしていたようです。冬休みの練習をしなかった年は、体力測定で全員が自己目標をクリアしていました。

私は、選手に個性がないと野球は成り立たないと思っています。どの子どもも個性をもっているはずで、そういう個性を引き出したいのです。そのためには〈やらされている野球〉ではだめです。オフ・シーズンは、〈やらされる野球〉からの脱却を図るにもよい機会になります。それを意識して、毎年工夫してきました。修学旅行や冬休みのこともそうなのですが、昨年は「一日一言」といって、格言なり何なりを子どもに選ばせて、なぜ自分はこの言葉なのかを、みんなの前で発表させるのです。個性を出すといっても、それを表に出す気概がなければならないわけですし、積極性の訓練としてやってみました。

また、子どもたちには「百本の消極的成功なら、十本の積極的ミスのほうがよい」といつもいっています。ミスであっても積極的なものは、プレーとして考えれば個性だからです。プレーとして完成していく可能性があるのです。「一日一言」にしても積極的ミスにしても、「自分はこうだ」というものを、ぶつけてきてほしいのです。子どもたちとの間で、こうしたやりとりをじっくり交わせるのもオフ・シーズンならではでないでしょうか。

ボールを使った練習ルールの知識習得も

さて、今年は関東大会が終わってからがオフということになります。オフの間にどれだけ筋パワーをつけていくか、どのようなトレーニングをするかは、体力測定によって決めることはすでに述べました。オフに入る前のミーティングでは、シーズン中の野球のデータも分析し、チームと各人の技術的な目標も決めます。そして、それらの目標に応じた練習課題も決めていくのですが、これもバットスイング何回といったようなものを、一人ひとりが自己申告しています。それをチェックすることはないのですが、こうした自主的な課題は、ウエートトレーニングとともに、チームで行う練習以外の時間にも、積極的に取り組む気風がうまれています。

また、オフ・シーズンであっても、コンディションに気をつけながら、なるべくボールに触れるようにするのが基本方針です。

とくに最近は十二月でも暖かい日が続くことが多く、もちろん肩を使うことはありませんが、トスや捕手のキャッチングなど、条件が許せば毎日でもボールに触れるようにしています。シャドープレーでも、例えば捕球するところまではボールを使っています。暖かい日にはノックも行います。やはり、ボールに慣れるということで、小中学生の頃にあまりボールに親しんでいないせいか、とくに一年生などはボールに触れる機会を増やす必要を感じるのです。

オフの間に解決しておきたい技術的な課題という面でも、やはりボールを使った練習をしたいものです。バッティングを例にとれば、一月中旬にはティーバッティングを始めて、フォームができた者からどんどんマシンを使って打たせています。とくにバッティングは、体の手入れができていれば、回数をこなしていくべきです。

こうした練習のほかに、オフ・シーズンの課題として欠かせないものに、ルールや戦術の勉強があります。野球教室ということで、とくにルールについては問題をつくって回答させたりします。野球選手は、他の競技の者に比べて、驚くほど自分がやっている競技のルールを知りません。例えばインフィールドフライ、あるいはアピールプレーなど。ルールブックを与えて自分で勉強せよと指示しても、ルールブック自体が難しく、適切な指導が必要です。

フォームを矯正するのも、オフ・シーズンにやっておくべきことです。自分の弱点はわかっているので、それを克服すること、どう改善したらよいかを話し合いながら、いろいろやってみてこれだというフォームを実感させます。これは、オフを通した課題として追求します。

以上のような練習を、例えば三班くらいに分けてひとつはウエートトレーニング、もうひとつはティーバッティング、そしてシャドープレーなどというふうに、二時間の練習時間を区切って回していったり、トレーニングだけの日は、器具ごとに分けて順番に行ったりするわけです。

最後に、勉学についても触れておきたいと思います。オフの練習時間が二時間ほどであるのも、勉強時間をしっかりとってほしいということからです。最近は進学を希望する者も増えており、練習時間の短い時期には、それだけ勉強時間をとるように指導しています。休み時間には、なるべく職員室に顔を出して先生方に質問するなり、指導を仰ぐなり、この面でも積極的であるように指導しています。

ベースボールマガジン社発行
「ベースボールクリニック」一九九一年十二月号掲載

読者からの手紙

謹啓　秋も深まりつつあります。

ずいぶん御無沙汰しておりますが、覚えていてくださっているでしょうか？　小生五八国体のころ、桐生高校の野球部長をし、太田東高校のグラウンド開きのとき先生とチームに来ていただいたものです。今、県教育委員会の文化財保護課にいます。

さて、突然のお手紙ですが、それは、先生の「斎藤章児のワンポイント」に感激し、御礼を言うためです。

実は、小生の三男があの前工との決勝で、セカンド・一番（若林宏）で出ていました。しかし、あの有様です。小生は元伊東高野球部長で現太田高校長の高井求先生と応援していました。校長も父兄も私も、そして選手一同も、あの試合後、何ともやるせない思いと、翌日の新聞での批判の恐ろしさにみんなガックリしていました。

しかし、先生の「ワンポイント」で、ほんとうに救われる思いでした。それまでうなだれていた太田高校野球部関係者が「生きかえった」のです。億万のお金にも勝る先生の筆力でした。それこそみんなどんなに喜んだことか。私など涙が出ました。

「ワンポイント」はいつも愛読し、的確な指摘や解説で常々感心していましたが、今度、自分の息子のチームが大失態を演じたにもかかわらず、普段のこと、文武両道やら仲間との連携、さらには高校野球の健全性にまで結びつけて書いていただいたことには、言葉でいい尽くせぬ感激をいたしました。

小生自身太田高校卒で、柔道でしたが、文武両道に苦しみました。しかし、それが一生の生き方となり、運動部の指導者とともに文化部も指導し、自分自身常に武道（野球）と学問を両立させるべく努めて来ました。それが今、文化財保護課にいる由でもあります。そして、三人の息子にもそれを要求し、みな努力しています。三人とも難関の太田高校へ入りましたが、学校でも珍しいと言っています。

今度の三男も、どんなに練習で疲れても、遅くなっても夜八～九時から十二時、一時まで、毎日勉強します。まさに先生の書いておられる通りなのです。中央戦のあと、準決勝で関東大会出場を決めたあと、そして、大敗でガックリしたあの夜も、三～四時間はキチンと勉強していました。

その息子が、「斎藤先生のワンポイントでほんとうに救われた」とうなるように、朝一番で言っていました。

小生の兄も、女房もみんな同様です。ほんとうに、ほんとうにありがとうございました。

古澤監督も良い勉強となり、今後はああいう失敗をしないよう選手とともに頑張ると思います。いつも先生の筆力に救われるのではなく、今度こそ野球の面でおほめいただくよう、小生も一父兄として努めます。

息子はすでに夏、レギュラーに選ばれましたが、肩をこわし、今秋も出られないと思っていました。しかし、中央戦から出て、三得点中二得点をかせぎ、藤岡戦では太高初のスクイズを決めました。それが、あの決勝で……だったのですが、生き返ったのは先生のワンポイントのおかげです。

先生のあの一文で、息子は生涯「文武両道」を目ざす生き方をするでしょう。ほんとうにありがとうございました。

太田高校野球部関係者に代わって厚く御礼申し上げます。乱文乱筆にて失礼しました。

謹言

平成五年十月十二日

若林　宏宗

※試合内容は本文三二項参照

斎藤章児のワンポイント

立派な太田の文武両道

前橋工と太田。点差ほどの力の差があるとは思われなかったが、日ごろの練習でどれだけ一球一打に集中力を持って取り組んでいるかーが結果に結びついたように思う。その意味で「高校野球の試合にあすはない」という精神で臨んできた前橋工が優勝という形で結果を出した。

一方、決勝こそ大差で敗れたが、太田も立派だった。勉強とスポーツ、いわゆる文武の両道を極めることは、よほどの努力と素質がないと難しい。練習から帰っての遅い夕食。それからの勉強は、強い意志がなければ思い通りにはいかないだろう。

ましてや進学希望の生徒の多い太田の選手諸君は、勉学と野球の両立に苦しみながら毎日ボールを追ってきたはず。進学校と言われる太田の選手が、仲間と連携して練習に励む姿は美しい。汗とほこりにまみれて白球を追った日々はかけがえのない青春の思い出として忘れることはないはずだ。

こんなチームがあってこそ高校野球は健全に発展していく。勉強一筋に明け暮れるのも青春、スポーツに打ち込むのも青春。それぞれに価値がある。学生野球協会の初代会長、早稲田大学の安部磯雄先生の言葉に「知識は学問から、人格はスポーツから」というのがある。

（前農大二監督）

上毛新聞（1993年10月11日付）

視点

心のキャッチボール　―相手を思いやる気持ち―

われわれの求めている高校野球は争うことにあらず、まず協力することにある。お互い、協力することによって、無限の可能性が広がるといえないだろうか。

野球は投げたり、打ったりだけの「足し算」のスポーツでなく、相手の捕りやすい所へ投げてやろう、走者を進めるバッティングをしよう、という「思いやり」が加わることで「掛け算」のスポーツになりうるはずである。

そのためには、お互いの気持ちを考えて、今この時点で自分はどういうプレーをすればよいかを学ぶことが大切である。

「思いやり」を身につけ、「役割行動」を知っている選手がそろうと、たとえ「歩」の集まりだとしても、敵陣に攻め込んだ時に裏を返したように働く「と金野球」が展開できる。それが野球を知っている選手ということになる。

「チームワーク」とか「人の和」とか言葉で言ってみても、肩をたたいて「頑張ろうぜ！」と言えば、できるものではない。お互いの立場や人柄を理解し合うと同時に、時にはけんかも口論もしたり、またお互いが努力し合う姿の中から謙虚な心、許す心、耐える心が共通の目標に集う者の連帯感として芽生えてくるのである。

ただ勝てばよいという野球もあるが、むしろ勝利に向かって、お互いが努力する過程に価値観を求めたい。それでなければ全員でやる野球にはならないし、みんなで感動のある青春を体験することにもならない。

次に野球部において、何が「チームの常識」になるかということである。グラウンドや用具の手入れができるチーム、寮や部屋の玄関、便所等の清掃が行き届いた生活、元気でよく走る練習態度、目上の人に対する礼儀、明るいあいさつ、思いやりのあるプレーと友人関係等々、これらのことを上級生が率先して模範を示しながら、「チームの常識」をつくり、伝統と習慣を継承することである。

次に「これを養う春の如し」というが、父母には春の日差しのような温かい気持ちと厳しいまなざしで部員の一人一人をよく見てやってほしい。

部員は温かい気持ちを栄養にし、厳しいまなざしに気付いた時、心技とも成長してくれるはずである。

高校野球はひたむきな心を求めるもので、一生懸命やることによって必ず揺さぶられるような感動が訪れる。

いつの場合にも努力が先で楽しみは後、一生懸命やれば必ず報われることの哲学を知って、お互いが共通の目的と目標に向かって努力すれば、そこには必ずや気迫がみなぎり、目標を達成することができると確信する。

こうして三年間を通じ、友を得、感謝の心を知り、努力の大切さを感じ、人の和に勝るものはないことを知り得た時、他人の価値が理解できる謙虚な人となり、「真のスポーツマン」として育ってくれることと思う。

上毛新聞／視点（二〇〇四年一月十一日付）

高校野球に望む ―一生懸命やれば感動が―

私の学生時代の野球部寮に「不如人和」という言葉が額に飾ってありました。

〝人の和にしかず〟。これは、早稲田大学の初代野球部長として、東京六大学野球の発展に多大なる功績のあった阿部磯雄先生が述べられたものです。つまり、「チームワーク」こそ最も大切である、ということでしょうか。

私は長いこと、高校野球に携わってきましたが、教えることの難しさ、勝負の怖さ、野球の奥行きの深さなどに行き詰まることが、たびたびありました。そん

視点

な時に、この言葉が私の心にあったことが、チームの方向を誤らずにやってこれたのだと思っています。

　私がこの「不如人和」の持っている意義を実践するために、選手に求めたものは、野球の基本であるキャッチボールを徹底させることでした。毎日、練習の始めに必ずやっているキャッチボールを、ほとんどの選手が「たかがこんなことぐらい」と思いながら、手を抜いているのです。

　キャッチボールが満足にできない者が、いざ試合になって、正しい送球ができるだろうか。ほとんどの選手が練習の始めに機械的に行われるものとして、それほど重視していないように見受けられました。

　キャッチボールは、考えもなく相手めがけて投げるのではなく、正確なコントロールをつけること、また、あるときは正面より左右いずれの球に対しても、フットワークを使って身体の正面で捕球するくらいの心掛けが必要です。

　正しいキャッチボールを身につけるということは、相手に対する礼であり、思いやる気持ちでもあるのです。「思いやり」があれば、キャッチボールはもっと上達します。このちょっとした「思いやり」が、チームプレーの根本精神でもあるからです。


　私は機会あるごとに「心のキャッチボール」という言葉を使っていますが、キャッチボール（思いやり）ができるようになると、ポジションごとの連携プレー（心配り）に発展し、チームプレーに育っていくのです。

　こうなれば、しめたものです。お互いが自分の「役割と責任」を果たし、チームのために協力し合い、チームの全員に感謝できるようになり、選手の意識はこうして高められていくのです。

　監督がサインを出す。選手はなぜこの場面で、このサインなのか、それから起きるさまざまな試合展開を瞬時に認識し、果敢に行動する。こういう選手が育ってくれれば、本望ではないでしょうか。「不如人和」というのは、こういうことだと思います。

　選手が正しいキャッチボールを身につけることができれば、野球というスポーツをもっと楽しいものにすることができます。

　まさに「たかが野球」であっても、私には「されど野球」です。

　昨年度でユニホームを脱いだ私は、この野球に出会ったことを、ありがたいことと感謝しております。


上毛新聞／視点（二〇〇四年四月十六日付）

高校野球県大会開幕
最高のパフォーマンスを

高校野球の季節がやってきた。「カーン」という打球音をともに青空に白球が飛び交い、完成がわき起こる光景は夏の風物詩になっている。球児の純真無垢で一心不乱な姿に多くの人が感銘を受ける。応援したくなるのが人情だろう。

さて、ことしの大会。昨秋、今春ともに決勝は前橋育英と健大高崎の対戦となり、いずれも前橋育英が勝利した。実績から両校を中心に優勝が争われることになるだろう。ただ、高校野球はトーナメント形式。1敗も許されない。強いチームが勝ちあがるとは限らない。勝ったチームが強かったということになる。

昨年、野球憲章の内容が分かりやすく改訂され、高野連は「教育の一環」を強く打ち出した。高校野球の理想的なあるべき姿とは日々の練習を通じての人間形成（＝目的）であり、文武両道（＝目標）にある。

上武大が六月の大学選手権で日本一になった。有名選手がいなくても、練習次第で勝てるというお手本。勇気づけられた学校もあるだろう。四年生の裏方を中心に全員が戦力としてグラウンド狭しと動きまわり、無駄のない実戦的な練習をしている。戦う前の練習場ですでに優勝を決めていたと思える。本来、勝負を決するのは試合場でなく、練習場であることを心掛けたいものである。

勝ち負けにはいろいろな要素があるが、普段とても考えられないちょっとしたミスで敗戦につながることがある。高校生の心理は微妙に動き、不安が態度に表れる。どんなに優れた選手でも精神的に不安感を持った時は思いもかけないミスをする。そのため選手は忍耐強く基本練習の反復をし、試合に備えて心技体を整える。

入部後の二年四カ月は苦しかったこと、つらかったことの連続であったと思う。しかし、人生八十年の時代、たかだか二年四カ月であっても、苦しい練習があったからこそ、現在の成長があることは高校野球を経験しただれもが知っている。

最後に選手たちへ。高校野球の集大成としての舞台。悔いのないよう最高のパフォーマンスを披露してください。ピンチに動じないため「焦らず、慌てず、気負わず」にプレーしてください。健闘を祈ります。

上毛新聞（二〇一三年七月四日付）

2012年（平成24）に完成した東農大二高野球グラウンド（高崎市寺尾町）の部室に掲げられた「球道伝心」の書

2010年（平成22）1月、少年野球の指導中に転倒し頸髄を損傷、四肢麻痺により車いすでの生活を余儀なくされたが、懸命のリハビリを経て、拙いながらも一文字一文字書き仕上げた一枚。

あとがきにかえて

齋藤は『おれの野球では勝てないのか』（二〇一五年 上毛新聞社刊）の出版後、上毛新聞に掲載された「齋藤章児の目」「熱球解説」などをとりまとめ、一冊にすることを望んでおりました。そして、さらに野球の技術、守備、投球、打撃など各部門にわたり伝えたいことを書きたいとたびたび言っていましたが、それはかないませんでした。

主人の思いを知っていた大嶋和幸・農大二高野球部前ＯＢ会長の後押しもあり、私も主人の思いを形にしたいと考えました。

主人は再びグラウンドに自分の足で立ち、汗と土ぼこりにまみれてみたいと、何度夢見ていたことか。子どもたちの笑顔を見るために。

「球道伝心」「心のキャッチボール」など、主人が野球指導にあたる中で考えついたこれらの言葉は齋藤の野球人生を集約したものではないかと思います。野球を通しての多くの出会い、野球を通じての人間教育、野球一筋の人生でした。

おわりに刊行に寄せて温かい言葉をいただいた阿井英二郎氏、出版に際しご協力いただいた武尾誠氏、上毛新聞社出版部の皆さまに、この場をお借りして厚く御礼申し上げます。

大変お世話になりました。ありがとうございました。

令和三年四月吉日

齋藤　偕子

斎藤　章児（さいとう・しょうじ）

東京生まれ。中学の時から野球を始め、立教高校、立教大学でチームのかなめの捕手を務める。卒業後、1967年（昭和42）に東京農大二高教諭となり、同時に野球部の監督に就任、通算27年間で春２回、夏４回の甲子園出場を果たす。2000年（平成12）から４年間、立教大硬式野球部監督を務めた。2007年に育成功労賞（日本高野連、朝日新聞社）を受賞。野球シーズンには地元群馬テレビの関連番組に出演、上毛新聞紙上に観戦コメントを掲載。2010年（平成22）１月に少年野球指導中の事故で車椅子の生活になる。2019年（平成31）死去。著書に『おれの野球では勝てないのか』(2015年、上毛新聞社刊)

これがおれの高校野球だ！
試合に学ぶ勝ち方のヒント

2021年７月４日　初版第１刷発行

著　者　齋藤　章児
発　行　上毛新聞社デジタルビジネス局出版部
〒371-8666　前橋市古市町1-50-21
TEL 027-254-9966　Fax 027-254-9965

ISBN978-4-86352-285-5